LE LIVRE D'OR

DE LA

FAMILLE BONAPARTE

POISSY. — TYPOGRAPHIE ARBIEU.

basson del. Hédouque Imp. r. du Four S. G. 55. Paris. Joanny sc.

NAPOLÉON III

LE

LIVRE D'OR

DE LA

FAMILLE BONAPARTE

ÉTUDES HISTORIQUES

BIOGRAPHIES ET PORTRAITS NAPOLÉONIENS

PUBLIÉS

D'APRÈS DES DOCUMENTS AUTHENTIQUES ET DES NOTES PARTICULIÈRES

RECUEILLIES ET MISES EN ORDRE AVEC LE PLUS GRAND SOIN

PAR UNE SOCIÉTÉ DE LITTÉRATEURS ET DE PUBLICISTES

TOME QUATRIÈME

PARIS

ADMINISTRATION GÉNÉRALE DES PUBLICATIONS ILLUSTRÉES

A. BOURET Jne, ÉDITEUR

RUE DE LA VICTOIRE, 18

1855

LE COUP D'ÉTAT.

(SUITE.)

Le décret sur les biens de la famille d'Orléans agita profondément les partis.

On a osé, à propos de ce décret, accuser d'ingratitude et de dureté celui qui avait vu ses intentions incessamment calomniées, ses affections de famille indignement blessées par le gouvernement de Louis-Philippe. L'histoire, à la fois juste et sévère, dira où était l'ingratitude. Rappelons seulement quelle avait été, à l'égard de la mère du roi Louis-Philippe, la noble conduite de la mère de Louis-Napoléon, lors de la réaction impériale de 1815.

Nous l'avons dit, la duchesse douairière d'Orléans s'était vue forcée, au retour de l'île d'Elbe, de rester à Paris au moment où la famille royale en sortait tout entière. Elle dut implorer de l'Empereur et l'autorisation de séjourner et les moyens de vivre. Elle écrivit, à cette occasion, à la reine Hortense une lettre, en date du 28 mars 1815, dans laquelle elle s'adressait « à sa gracieuse bienveillance, » réclamait « ses bons offices, » implorait la « magnanimité » de l'Empereur et assurait la reine de « la gratitude de son obéissante servante Louise-Marie-Adelaïde de Bourbon, duchesse d'Orléans. »

Le bienfait suivit de près la demande et, le 2 avril 1815, la duchesse d'Orléans écrivait à la mère de Louis-Napoléon cette lettre de remercîment :

« Madame,

» Vous avez été extrêmement aimable en offrant votre médiation près de Sa Majesté l'Empereur pour obtenir, en ma faveur, l'autorisation de rester en France et *une allocation suffisante pour m'y mettre à même d'y vivre d'une manière convenable à mon rang*.

» Je sais, Madame, ce que vous avez déjà fait, et que

c'est en grande partie à vos démarches que je suis redevable des deux cent mille francs par an que Sa Majesté a eu la bonté de m'accorder....... »

Le fils de celle qui exprimait en ces termes sa reconnaissance, assis plus tard sur le trône de France, refusa au fils de la reine Hortense la permission d'embrasser son père expirant !

Et le *Moniteur*, journal officiel de la monarchie constitutionnelle, ne craignit pas, après l'affaire de Boulogne, de calomnier le prince en avançant cet infâme mensonge, que Louis-Napoléon avait, après la tentative de Strasbourg, consenti à un exil *sur parole* aux États-Unis.

M. Capefigue ayant, dans ses extraits de l'*Histoire de l'Europe depuis l'avénement du roi Louis-Philippe*, tome IX, chapitre IV, répété cette calomnie, le prince lui écrivit de Londres, le 10 novembre 1846, la réclamation suivante :

« Monsieur,

» La grave accusation formulée contre moi dans votre *Histoire*, me force à m'adresser à vous pour réfuter une calomnie déjà vieille, que je ne m'attendais pas à voir remettre en lumière par l'historien de Charlemagne, à qui je devais le souvenir de quelques mots flatteurs.

» Vous croyez que, lorsqu'en 1836 je fus expulsé de France, malgré mes protestations, j'ai donné ma parole de rester perpétuellement exilé en Amérique, et que cette parole a été violée par mon retour en Europe. Je renouvelle ici le démenti formel que j'ai si souvent donné à cette fausse allégation.

» En 1836, le gouvernement français n'a pas même cherché à prendre ses sûretés avec moi, parce qu'il savait trop bien que je préférais de beaucoup un jugement solennel à ma mise en liberté. Il n'a donc rien exigé de moi, parce qu'il ne pouvait le faire, et je n'ai rien promis, parce que je n'ai rien demandé.

» En 1840, veuillez vous en souvenir, M. Franck-Carré, remplissant les fonctions de procureur général près la Cour des Pairs, fut forcé de déclarer lui-même que j'avais été mis en liberté *sans conditions*. Vous trouverez ces propres paroles dans le *Moniteur* du mois de septembre. Vous vous en rapporterez, je l'espère, à un homme qui s'exprimait ainsi en lisant mon acte d'accusation. Je pus donc avec une conscience très-libre repartir pour l'Europe en 1837, et y venir fermer les yeux de ma mère.

» Si la préoccupation de ce pieux devoir m'avait fait oublier une promesse jurée, le gouvernement français n'aurait pas eu besoin, après la mort de ma mère, de réunir un corps d'armée sur la frontière de Suisse pour décider mon expulsion; il n'aurait eu besoin que de me rappeler ma parole. Si, d'ailleurs, j'y avais manqué une première fois, on ne me l'eût pas demandée une seconde, comme on l'a fait pendant mon séjour à Ham, lorsque l'on discutait les conditions de mon élargissement. Si je m'étais fait, comme vous semblez le croire, un jeu de ma parole, j'aurais souscrit à cette exigence, tandis que j'ai mieux aimé rester six ans captif et courir les risques d'une évasion que de me soumettre à des conditions que mon honneur repoussait.

» Permis à vous, Monsieur, de blâmer ma conduite politique, de torturer mes actes et de fausser mes intentions; je ne m'en plaindrai pas : vous usez de votre droit de juge ; mais je ne permettrai jamais à personne d'attaquer ma loyauté, que j'ai su, grâce à Dieu, garder intacte au milieu de tant de cruelles épreuves.

» J'attends avec confiance, Monsieur, que vous donniez à cette lettre une aussi grande publicité qu'à vos propres écrits.

» Recevez l'assurance de ma considération distinguée.

» NAPOLÉON LOUIS. »

En 1814, l'Empereur accordait spontanément une pension de quatre cent mille francs à la mère de Louis-Philippe.

En 1850, sous la présidence de Louis-Napoléon, la chambre reconnaissait un douaire de trois cent mille francs de rente à la duchesse d'Orléans.

Qu'on apprécie la différence des actes !

On ne sait pas assez qu'en acceptant des mains du peuple une présidence décennale, qui ne devait être que l'aurore d'un gouvernement durable et héréditaire, Louis-Napoléon avait le droit de réclamer de l'État la restitution des biens dont la famille Bonaparte était légitimement propriétaire au moment où l'Empire s'écroula sous les efforts de la coalition européenne. Ces biens avaient en effet, été confisqués sans qu'aucune destination nationale et populaire vînt au moins compenser l'illégalité de cette mesure exceptionnelle.

On l'a vu, c'est spontanément que les états généraux de la Hollande avaient offert au prince Louis, frère de l'Empereur, la couronne de ce pays. Le prince Louis devint donc légalement roi de Hollande. Plus tard il abdiqua en faveur de son fils aîné, le grand-duc de Berg, décédé quelque temps après.

L'Empereur ne ratifia pas cette abdication. Dominé par des considérations politiques d'ordre supérieur, il prononça la réunion de la Hollande à la France ; mais en même temps, pour dédommager la reine Hortense, connue depuis sous le titre de duchesse de Saint-Leu, et ses enfants, il leur assura, en échange de la couronne qu'ils perdaient, un million de revenus sur des domaines de l'État. Ces domaines consistaient spécialement en forêts et en immeubles, qui avaient appartenu, en 1789, à la famille d'Orléans et à la famille de Condé, et qui avaient été confisqués par le gouvernement de la république, en vertu des lois concernant les émigrés.

L'État possédait alors régulièrement ces forêts et ces immeubles. L'Empereur avait donc le droit de les détacher du domaine de l'État dans un intérêt public, puisqu'ils étaient concédés, à titre onéreux, comme un faible dédommagement de la perte d'une couronne et en échange d'un pays qui était réuni à la France. Ce n'était point un don gratuit. C'était un traité, un contrat qui engageait la France envers la duchesse de Saint-Leu et ses enfants. Après la chute de l'Empereur, le roi Louis XVIII proposa lui-même à cette princesse de recéder ces biens à l'État, pour qu'ils pussent être restitués, soit à la famille de Condé, soit à la famille d'Orléans, en échange d'une inscription, à titre onéreux, de cinq cent mille francs de rente sur le grand-livre de la dette publique. La cession fut faite par la duchesse de Saint-Leu. Mais l'inscription ne fut jamais délivrée. Une seule des deux parties contractantes tint son engagement. Ce fut la duchesse de Saint-Leu qui vit ainsi ses enfants dépouillés, sans compensation, d'immeubles dont ils étaient régulièrement légitimes propriétaires.

Devenu l'unique héritier de la duchesse de Saint-Leu, le prince Louis-Napoléon pouvait donc réclamer l'exécution d'un contrat sur la foi duquel sa mère avait consenti à céder des biens qui lui appartenaient sans conteste. Louis-Napoléon n'en a jamais eu la pensée. Il n'a jamais songé à demander la restitution des deux cent millions en espèces, qui faisaient partie du domaine privé de l'Empereur, et qui ont été confisqués, ni celle des six cent soixante-dix mille francs de rente annuelle acquise par la princesse Pauline, avec le produit de la vente de son duché de Guastalla, rentes également possédées en France à titre onéreux. Il en est de même des arrérages des pensions, émoluments et dotations dus à divers membres de la famille Bonaparte, au moment où la maison de Bourbon fut rétablie sur le trône de ses ancêtres. Ces arrérages étaient une propriété acquise, puisqu'ils constituaient une dette. La cessation du paiement de ces pensions, émoluments et dotations ne devait pas avoir d'effet rétroactif. Ne pas les payer c'était les confisquer, c'était confisquer une propriété toute privée et toute individuelle.

Mais le prince a cru qu'il n'était pas digne de lui d'occuper la France des intérêts de sa famille. Aussi a-t-il renoncé pour elle, comme pour lui-même, à de justes et légitimes revendications. Mandataire de la France et du peuple, il n'est pas de ceux qui placent l'argent à côté du devoir et de l'honneur.

Cependant Louis-Napoléon attendait avec impatience le moment de remettre aux grands corps constitués de l'État, les pouvoirs qu'il avait reçus de la nation.

Les électeurs avaient été convoqués pour le 29 février, et le 29 mars, c'est-à-dire un mois après, avait lieu l'installation solennelle du Sénat et du Corps législatif.

Cette installation eut lieu aux Tuileries avec toute la pompe qui convenait à une pareille solennité.

La salle des Maréchaux, brillamment restaurée, était tendue de riches tapisseries de velours rouge brodé d'or.

Le fauteuil que devait occuper le président de la république s'élevait dans l'embrasure de la grande croisée de l'Horloge, sous un dais surmonté d'une aigle d'une grande dimension. Des deux côtés du fauteuil on voyait des faisceaux de drapeaux également surmontés d'aigles.

A la droite du fauteuil de M. le président, mais sur un plan un peu inférieur, était dressé le fauteuil du président du Sénat; à droite et à gauche de ces deux fauteuils, les places des ministres et du conseil d'État.

Des banquettes de velours, disposées dans toute la largeur de la salle, étaient destinées aux sénateurs, aux membres du Corps législatif, et aux personnes assez nombreuses, malgré l'exiguïté relative du local, qui avaient été conviées à cette solennité. Les galeries qui règnent à l'entour de la salle étaient exclusivement réservées aux dames.

A une heure moins un quart, le corps diplomatique au grand complet, et ayant à sa tête le nonce du pape et lord Cowley, ambassadeur d'Angleterre, fit son entrée et alla se placer sur une estrade adossée au mur latéral à la droite du fauteuil de M. le président.

Peu d'instants après, ce fut au tour du Corps législatif, conduit par son président, M. Billault.

La plupart des députés avaient profité de la latitude que leur avait laissée le gouvernement de se présenter en habit de ville. A peine distinguait-on vingt députés en costume, parmi lesqueles MM. Granier de Cassagnac, Belmontet, de La Guéronnière.

Le Sénat parut peu après le Corps législatif. Tous les sénateurs étaient en grand costume, ainsi que MM. les cardinaux, Mgr l'archevêque de Paris en robe violette.

Quelques minutes avant une heure, les membres du conseil d'État, conseillers, maîtres des requêtes et auditeurs, tous en costume et couverts de broderies, vinrent occuper les places qui leur avaient été réservées. Enfin, à une heure précise, le président de la république fit son entrée, accompagné de M. le président du Sénat, de MM. les ministres et de sa maison militaire. Il portait le costume de lieutenant général de l'armée.

L'assistance s'était levée, et le président lut le discours suivant, au milieu d'un profond silence fréquemment interrompu par des applaudissements enthousiastes.

« Messieurs les sénateurs, Messieurs les députés,

» La dictature que le peuple m'avait confiée cesse aujourd'hui. Les choses vont reprendre leur cours régulier. C'est avec un sentiment de satisfaction réelle que je viens proclamer ici la mise en vigueur de la Constitution, car ma préoccupation constante a été non-seulement de rétablir l'ordre, mais de le rendre durable, en dotant la France d'institutions appropriées à ses besoins.

» Il y a quelques mois à peine, vous vous en souvenez, plus je m'enfermais dans le cercle étroit de mes attributions, plus on s'efforçait de le rétrécir encore, afin de m'ôter le mouvement et l'action. Découragé souvent, je l'avoue, j'eus la pensée d'abandonner un pouvoir ainsi disputé. Ce qui me retint, c'est que je ne voyais pour me succéder qu'une chose : l'anarchie. Partout, en effet, s'exaltaient des passions ardentes à détruire, incapables de rien fonder ; nulle part ni une institution, ni un homme à qui se rattacher ; nulle part un droit incontesté, une organisation quelconque, un système réalisable.

» Aussi lorsque, grâce au concours de quelques hommes courageux, grâce surtout à l'énergique attitude de l'armée, tous les périls furent conjurés en quelques heures, mon premier soin fut de demander au peuple des institutions. Depuis trop longtemps la société ressemblait à une pyramide qu'on aurait retournée et voulu faire reposer sur son sommet; je l'ai replacée sur sa base. Le suffrage universel, seule source du droit dans de pareilles conjonctures, fut immédiatement rétabli ; l'autorité reconquit son ascendant ; enfin, la

France adoptant les dispositions principales de la Constitution que je lui soumettais, il me fut permis de créer des corps politiques dont l'influence et la considération seront d'autant plus grandes que leurs attributions auront été sagement réglées.

» Parmi les institutions politiques, en effet, celles-là seules ont de la durée qui fixent d'une manière équitable la limite où chaque pouvoir doit s'arrêter. Il n'est pas d'autre moyen d'arriver à une application utile et bienfaisante de la liberté. Les exemples n'en sont pas loin de nous.

» Pourquoi, en 1814, a-t-on vu avec satisfaction, en dépit de nos revers, inaugurer le régime parlementaire? C'est que l'Empereur, ne craignons pas de l'avouer, avait été, à cause de la guerre, entraîné à un exercice trop absolu du pouvoir.

» Pourquoi au contraire, en 1851, la France applaudit-elle à la chute de ce même régime parlementaire? C'est que les chambres avaient abusé de l'influence qui leur avait été donnée, et que, voulant tout dominer, elles compromettaient l'équilibre général.

» Enfin, pourquoi la France ne s'est-elle pas émue des restrictions apportées à la liberté de la presse et à la liberté individuelle ? C'est que l'une avait dégénéré en licence, et que l'autre, au lieu d'être l'exercice réglé du droit de chacun, avait, par d'odieux excès, menacé le droit de tous.

» Cet extrême danger, pour les démocraties surtout, de voir sans cesse des institutions mal définies sacrifier tour à tour le pouvoir ou la liberté, a été parfaitement apprécié par nos pères, il y a un demi-siècle, lorqu'au sortir de la tourmente révolutionnaire, et après le vain essai de toute espèce de régimes, ils proclamèrent la Constitution de l'an VIII, qui a servi de modèle à celle de 1852. Sans doute elle ne sanctionne pas toutes ces libertés aux abus mêmes desquelles nous étions habitués, mais elle en consacre aussi de bien réelles. Le lendemain des révolutions, la première des garanties pour un peuple ne consiste pas dans l'usage immodéré de la tribune et de la presse, elle est dans le droit de choisir le gouvernement qui lui convient. Or, la nation française a donné, peut-être pour la première fois, au monde le spectacle imposant d'un grand peuple votant en toute liberté la forme de son gouvernement.

» Ainsi, le chef de l'État, que vous avez devant vous, est bien l'expression de la volonté populaire; et devant moi, que vois-je? deux chambres: l'une élue en vertu de la loi la plus libérale qui existe au monde, l'autre nommée par moi, il est vrai, mais indépendante aussi, puisqu'elle est inamovible.

» Autour de moi, vous remarquez des hommes d'un patriotisme et d'un mérite reconnus, toujours prêts à m'appuyer de leurs conseils, à m'éclairer sur les besoins du pays.

» Cette Constitution qui, dès aujourd'hui, va être mise en pratique, n'est donc pas l'œuvre d'une vaine théorie et du despotisme ; c'est l'œuvre de l'expérience et de la raison. Vous m'aideréz, Messieurs, à la consolider, à l'étendre, à l'améliorer.

» Je ferai connaître au Sénat et au Corps législatif l'exposé de la situation de la république. Ils y verront que partout la confiance a été rétablie, que partout le travail a repris, et que, pour la première fois, après un grand changement politique, la fortune publique s'est accrue au lieu de diminuer.

» Depuis quatre mois, il a été possible à mon gouvernement d'encourager bien des entreprises utiles, de récompenser bien des services, de secourir bien des misères, de rehausser même la position de la plus grande partie des principaux fonctionnaires, et tout cela sans aggraver les impôts ou déranger les prévisions du budget que nous sommes heureux de vous présenter en équilibre.

» De pareils faits, et l'attitude de l'Europe, qui a accueilli avec satisfaction les changements survenus, nous donnent un juste espoir de sécurité pour l'avenir. Car si la paix est garantie au dedans, elle l'est également au dehors. Les puissances étrangères respectent notre indépendance, et nous avons tout intérêt à conserver avec elles les relations les plus amicales. Tant que l'honneur de la France ne sera pas engagé, le devoir du gouvernement sera d'éviter avec soin toute cause de perturbation en Europe, et de tourner tous nos efforts vers les améliorations intérieures, qui peuvent seules procurer l'aisance aux classes laborieuses et assurer la prospérité du pays.

» Et maintenant, Messieurs, au moment où vous vous associez avec patriotisme à mes travaux, je veux vous exposer franchement quelle sera ma conduite.

» En me voyant rétablir les institutions et les souvenirs de l'Empire, on a répété souvent que je désirais rétablir l'Empire même. Si telle était ma préoccupation constante, cette transformation serait accomplie depuis longtemps ; ni les moyens ni les occasions ne m'ont manqué.

» Ainsi, en 1848, lorsque six millions de suffrages me nommèrent, en dépit de la Constituante, je n'ignorais pas que le simple refus d'acquiescer à la Constitution pouvait me donner un trône ; mais une élévation qui devait nécessairement entraîner de graves désordres ne me séduisit pas.

» Au 13 juin 1849, il m'était également facile de changer la forme du gouvernement ; je ne le voulus pas.

» Enfin, au 2 décembre, si des considérations personnelles l'eussent emporté sur les graves intérêts du pays, j'eusse d'abord demandé au peuple, qui ne l'eût pas refusé, un titre pompeux. Je me suis contenté de celui que j'avais.

» Lors donc que je puise des exemples dans le Consulat et l'Empire, c'est que là surtout je les trouve empreints de nationalité et de grandeur. Résolu aujourd'hui, comme avant, de faire tout pour la France, rien pour moi, je n'accepterais de modification à l'état présent des choses que si j'y étais contraint par une nécessité évidente. D'où peut-elle naître? Uniquement de la conduite des partis. S'ils se résignent, rien ne sera changé; mais si par leurs sourdes menées ils cherchaient à saper les bases de mon gouvernement; si, dans leur aveuglement, ils niaient la légitimité du résultat de l'élection populaire; si enfin ils venaient sans cesse par leurs attaques mettre en question l'avenir du pays, alors, mais seulement alors, il pourrait être raisonnable de demander au peuple, au nom du repos de la France, un nouveau titre qui fixât irrévocablement sur ma tête le pouvoir dont il m'a revêtu.

» Mais ne nous préoccupons pas d'avance de difficultés qui n'ont sans doute rien de probable. Conservons la république; elle ne menace personne, elle peut rassurer tout le monde. Sous sa bannière, je veux inaugurer de nouveau une ère d'oubli et de conciliation, et j'appelle sans distinction tous ceux qui veulent concourir avec moi au bien public.

» La Providence, qui jusqu'ici a si visiblement béni mes efforts, ne voudra pas laisser son œuvre inachevée. Elle nous animera tous de ses inspirations et nous donnera la sagesse et la force nécessaires pour consolider un ordre de choses qui assurera le bonheur de notre patrie et le repos de l'Europe. »

Ces paroles, dont on ne saurait nier la grandeur, témoignent suffisamment d'une loyauté et d'une sagesse dignes d'un grand prince. Elles furent accueillies par des bravos unanimes, et Louis-Napoléon put se convaincre qu'il y a toujours en France un écho sympathique pour de pareils sentiments.

Après la lecture de ce remarquable discours, M. le président s'assit, et M. de Casabianca, ministre d'État, procéda immédiatement à l'appel nominal des sénateurs et des députés pour la prestation du serment. Puis, cet appel terminé, il déclara ouverte la session de 1852, et invita les membres du Sénat et du Corps législatif à se réunir le lendemain dans leurs locaux respectifs.

Le lendemain, un incident signalait l'ouverture de la session du Corps législatif. Trois députés, représentants isolés d'un reste d'opposition, MM. Cavaignac, Carnot et Hénon, adressaient au président de l'Assemblée une lettre dans laquelle ils osaient traiter de violation du droit l'éclatant résultat de l'élection populaire. En même temps des refus de serment, dus à des opinions extrêmes et provoqués par des influences extérieures, dénotaient des espérances contraires à la volonté nationale.

Mais que pouvaient ces impuissantes protestations contre l'élu de huit millions de suffrages? La France n'était-elle pas avec lui?

Le Corps législatif passa donc outre et commença aussitôt ses travaux.

Un sénatus-consulte du 1er avril fixa la dotation du prince

président à douze millions et affecta à son usage les Tuileries, le Louvre, les châteaux de Fontainebleau, de Compiègne, de Versailles, de Trianon, de Saint-Cloud, de Meudon, de l'Élysée et de Pau.

Les représentants de la religion catholique n'avaient pu eux-mêmes rester indifférents aux efforts tentés par le prince pour relever et régénérer le sentiment religieux. Le Saint-Père, à l'annonce de l'heureux coup d'État qui sauvait la France et l'Europe, s'était écrié: « Dieu s'est chargé d'acquitter notre dette. » Pie IX s'empressa d'envoyer au prince, en qualité d'ablégat apostolique du saint-siége, monsignor Flavio Chigi qui, en lui présentant les lettres pontificales, lui adressa ce discours au nom du successeur de saint Pierre :

« Prince illustre,

» Je ressens une joie extrême de la faveur insigne que notre Saint-Père le pape Pie IX a bien voulu m'accorder en me chargeant de la haute mission que je viens remplir auprès de vous, qui présidez avec tant de sagesse et avec tant de gloire pour votre nom au gouvernement de cette illustre nation française. Lorsque, dans son empressement à se conformer à vos désirs, et prenant en considération les qualités éminentes et les mérites qui distinguent à un si haut degré l'archevêque de Bordeaux, le souverain pontife l'eut admis dans l'auguste collége des cardinaux de la sainte Eglise romaine, il m'a désigné pour apporter la barrette de pourpre, insigne de cette haute dignité, dont il doit être décoré de votre main. A cette occasion, il m'a recommandé de vous exprimer en son nom la bienveillance toute particulière que son cœur paternel éprouve à la fois pour vous et pour toute cette nation française que vous gouvernez, pour cette nation qui a rendu de si brillants services à la religion catholique et à la société, et qui réunit à l'éclat de la gloire militaire, celui des lettres, des sciences, des arts, et tant d'autres illustrations. En outre, il m'a chargé de vous témoigner sa vive satisfaction pour les nobles efforts que vous consacrez au rétablissement de l'ordre et de la tranquillité publique, en même temps que vous mettez votre gloire à protéger notre sainte religion et ses ministres. Et puisque, dans votre sagesse, vous savez parfaitement à quel point la religion catholique et son enseignement salutaire concourent à la paix, au solide et vrai bonheur des peuples, le souverain pontife a la confiance que vous redoublerez d'efforts et de dévouement, et que vous ne reculerez devant aucune épreuve pour assurer à la religion de nouveaux progrès en France et pour étendre universellement son influence, son éclat et sa domination.

» Par cette conduite, votre nom sera célébré partout et toujours, et il sera transmis par l'histoire à la postérité.

» Heureux d'avoir servi d'interprète aux sentiments du souverain pontife, je vous supplie, prince illustre, d'accueillir, avec la bonté qui vous caractérise à un si haut point, le témoignage de mon profond dévouement, et je vous conjure en même temps d'être assuré que, du fond de mon cœur, j'adresse à Dieu mes prières pour qu'il continue de vous accorder de plus en plus chaque jour, à vous et à toute la nation française, prospérité, gloire et puissance. »

Le même jour, Son Éminence l'archevêque de Bordeaux, désigné par le prince pour le chapeau de cardinal, revêtait, pour la première fois, la pourpre en présence du sauveur de la France et lui adressait en ces termes ses remercîments et ceux de la religion elle-même :

« Monseigneur,

» La religion rappelée dans nos temples, la justice recouvrant sa majesté et ses droits, la paix intérieure maintenue au milieu des guerres du dehors, la patrie enfin arrachée subitement à l'incendie, au pillage, à l'extermination, telles sont les premières impressions de ma vie ; et celui à qui mon pays a dû ces bienfaits portait votre nom. La France n'est pas ingrate, car cinquante ans plus tard ce nom acclamé, acclamé tout à coup comme un souvenir et une espérance, court des cités aux campagnes et se transforme deux fois en deux faits immenses par l'élan le plus spontané et le plus irrésistible dont l'histoire des peuples ait gardé la mémoire.

» Il faudrait avoir banni Dieu du gouvernement des choses d'ici-bas pour n'y pas reconnaître les desseins de la Providence, se révélant tour à tour sévère et miséricordieuse. Trop peu de jours nous séparent de la tourmente qui vient de secouer le monde pour que nous ayons pu oublier que la confusion était partout; « que les institutions chancelaient comme dans les vapeurs de l'ivresse, et que la terre tremblait sur ses fondements. »

» Quelques heures ont suffi, et la France prouve à l'univers qu'elle n'est anarchique que par surprise, et la nation se souvient qu'elle n'a été forte, libre et fière que sous un chef en qui elle se sent vivre, et qui la personnifie, comme vous, Monseigneur, au milieu de ses intérêts les plus chers.............

» Que les nobles âmes s'unissent donc, que tous les bons esprits s'entendent, que l'Eglise n'ait pas à subir de nouvelles entraves, qu'on se montre sans défiance à son égard, et, chacun dans notre sphère, nous ferons servir notre action morale au rétablissement des idées de justice, d'autorité, si fatalement obscurcies dans l'anarchie des révolutions. Nous avions en effet perdu le respect; cette parole, qui a eu un grand retentissement dans le monde, est à elle seule l'explication la plus complète et la plus énergique de la maladie qui nous tourmente. Ce respect, dont l'absence se fait si douloureusement sentir, il faut le remettre en honneur, si nous voulons travailler avec quelques chances de succès à l'œuvre si difficile et si importante de la régénération sociale.

» La Providence, prince, qui vous a aidé si puissamment à encourager tant d'entreprises utiles, à opérer tant de réformes, à sécourir tant de misères, *à replacer enfin la pyra-*

mide sur sa base, ne voudra pas laisser son œuvre inachevée, et donnera à tous les pouvoirs de l'Etat la sagesse et la force nécessaires pour consolider un ordre de choses qui assurera le bonheur de notre patrie et le repos de l'Europe. »

Ainsi chacun apportait l'expression de ses vives sympathies à celui qui avait restauré l'autorité dans un pays où l'ère des révolutions ne paraissait pas près de se fermer.

En moins de quelques mois, Napoléon avait ramené le calme dans la rue, l'espoir dans les esprits, la sécurité dans les transactions.

Il avait droit à toutes ces sympathies, tous ces remercîments lui étaient dus !.....

Mais combien de choses restaient encore à faire !

Le 22 avril le prince se rendit à Lamothe-Beuvron, dans le but d'examiner, par ses propres yeux, les travaux d'amélioration praticables dans la Sologne. Il arrêta, avec ses ingénieurs, la création d'un canal dérivé de la Sauldre jusqu'à Blancafort. Créer des prairies qui trouveront dans le volume d'eau les éléments nécessaires à la végétation, élever des bestiaux, transporter les engrais et les amendements, sillonner de rigoles asséchantes un terrain sablonneux et reposant sur un fonds imperméable, fertiliser le sol et le rendre salubre, telles seront les conséquences de ce voyage.

En vain, le prince avait voulu garder l'incognito dans cette course. Des flots pressés de paysans l'entourèrent et le suivirent de leurs acclamations reconnaissantes.

Louis-Napoléon profita de ce voyage improvisé pour faire un pieux pèlerinage au château de la Ferté-Beauharnais. Ce manoir du XVIIe siècle, entouré d'arbres séculaires, c'était le fief-seigneurie des Beauharnais. C'est là que le père du prince Eugène et de la reine Hortense s'était retiré au

commencement de la terreur: c'est là qu'on vint l'arracher à sa famille pour le traîner à l'échafaud.

Cependant une fête militaire, annoncée pour le 10 mai, devait réunir toute l'armée de Paris, c'est-à-dire près de soixante mille hommes. Les préparatifs se poussaient avec activité, et la foule de la capitale, si avide de ces sortes de spectacles, se portait à l'envi vers le Champ de Mars; les Champs-Élysées se couvraient de baraques, les boulevards et les rues regorgeaient de curieux que la province envoyait à Paris; tout annonçait enfin un concours immense de peuple prêt à saluer de ses acclamations le chef qu'il s'était donné. L'armée, de son côté, comprenait l'importance de l'acte qui allait s'accomplir. Il s'agissait de restituer à ce drapeau qui avait fait le tour du monde le glorieux emblème dont il avait été déshérité. Le clergé tout entier s'était associé à cette manifestation, et monseigneur l'archevêque de Paris avait voulu bénir lui-même ces aigles qu'on rendait à nos soldats.

Dès le matin, une affiche contenant une proclamation de Napoléon avait été placardée sur les murs de Paris.

« Soldats, disait le prince, dans un magnifique langage, l'histoire des peuples est en grande partie l'histoire des armées. De leurs succès ou de leurs revers dépend le sort de la civilisation et de la patrie. Vaincues, c'est l'invasion ou l'anarchie; victorieuses, c'est la gloire ou l'ordre.

» Aussi les nations comme les armées portent-elles une vénération religieuse à ces enblèmes de l'honneur militaire, qui résument en eux tout un passé de luttes et de triomphes.

» L'aigle romaine, adoptée par l'empereur Napoléon au commencement de ce siècle, fut la signification la plus éclatante de la régénération et de la grandeur de la France. Elle disparut dans nos malheurs. Elle devait revenir lorsque la France, relevée de ses défaites, maîtresse d'elle-même, ne semblerait plus répudier sa propre gloire.

» Soldats,

» Reprenez donc ces aigles, non comme une menace contre les étrangers, mais comme le symbole de notre indépendance, comme le souvenir d'une époque héroïque, comme le signe de noblesse de chaque régiment.

» Reprenez ces aigles qui ont si souvent conduit nos pères à la victoire, et jurez de mourir, s'il le faut, pour les défendre. »

L'aspect du Champ de Mars était magnifique.

Sur les talus de droite et de gauche, étaient plantés de hauts mâts rouges surmontés de banderolles tricolores et d'écussons portant les numéros des régiments, avec l'indication des batailles où ils avaient figuré.

Plus haut, toujours sur les amphithéâtres de gazon latéraux, s'élevaient huit tribunes de cent mètres de long et pouvant contenir quatre mille spectateurs avec billets.

Au centre de la vaste enceinte, plus près toutefois de l'Ecole-Militaire que du pont d'Iéna, se dressait l'autel monumental où devait se donner la bénédiction des aigles. L'autel présentait un carré à quatre faces. Quatre *velum* en velours cramoisi s'étendaient entre les colonnes et étaient soutenus par des lances inclinées.

Vis-à-vis l'Ecole, s'élevait un grand escalier de cinquante marches. A droite et à gauche de cet escalier d'honneur, étaient deux paliers aboutissant aux estrades que devaient occuper les chefs de corps pendant la bénédiction des drapeaux.

Sous le pavillon de l'horloge de l'Ecole-Militaire, avait été dressée la tribune du président. On y arrivait par un vaste escalier interrompu par trois grands paliers. La façade était surmontée d'un fronton rond, au centre duquel, sur un fond bleu parsemé d'abeilles, planait un aigle immense portant le grand cordon de la Légion d'honneur.

Au-dessous des renommées, des colonnes, des draperies, des portières de velours, retenues par des embrasses d'or; à droite et à gauche des guirlandes de feuilles de chêne dorées, puis des écussons sur lesquels on lisait 7,500,000, chiffre de voix relevé en faveur du prince Louis-Napoléon Bonaparte au 20 décembre, des médaillons où se trouvaient écrits ces mots: *Vox populi, vox Dei.*

L'intérieur de l'estrade présidentielle était tendu de velours cramoisi étoilé d'or. Les écussons portaient le chiffre du président et le monogramme de l'Empereur. Ajoutez à ces détails une forêt de bannières avec des devises, des noms de victoires, des tapis d'une richesse éblouissante, des vases de fleurs, etc., et vous aurez une faible idée de l'effet que produisait cette tribune ornée avec un goût particulier.

Sur cette estrade, étaient placés deux fauteuils, un pour Louis-Napoléon Bonaparte au milieu; à sa droite, était le fauteuil destiné à son oncle, le prince Jérôme Bonaparte, président du Sénat, derrière deux siéges pour deux aides de camp.

Alentour, la foule était immense, le coup d'œil splendide.

Un des incidents les plus curieux de la journée fut, sans contredit, l'arrivée, dans le Champ de Mars, du clergé de Paris tout entier.

« A dix heures trois quarts, dit un témoin oculaire, le clergé de Paris, composé de tout le chapitre métropolitain de Notre-Dame, de MM. les chanoines honoraires de l'église de Paris, de MM. les curés et les vicaires, et des séminaires diocésains, se trouvait réuni dans l'église de Saint-Pierre du Gros-Caillou. A onze heures un quart, il s'était mis en marche processionnellement, dans l'ordre suivant :

» Les séminaires marchent devant sur deux rangs ; ils sont suivis de MM. les curés, vicaires et du personnel ecclésiastique de toutes les paroisses de Paris ; le clergé de la métropole s'avance derrière, ainsi que MM. les chanoines ; enfin, vient la croix du chapitre, et monseigneur l'archevêque, mitre en tête, entouré de ses grands vicaires ; on remarque autour de lui plusieurs évêques, portant la croix épiscopale sur la poitrine et le camail violet ; parmi eux, M. Pavy, évêque d'Alger, attire tous les regards par sa longue barbe grise ; la procession est fermée par les frères de la Doctrine chrétienne.

» Le clergé de Paris porte l'habit de chœur d'été, c'est-à-dire, le simple surplis blanc. Les curés se distinguent par l'étole rouge qu'ils portent par-dessus leurs surplis ; le clergé métropolitain et MM. les chanoines ont revêtu le costume canonial, c'est-à-dire le camail noir bordé de rouge.

» La procession est escortée d'un grand nombre de prêtres étrangers au clergé de Paris. A midi moins un quart elle fait son entrée dans le Champ de Mars. La troupe porte les armes ; le clergé se développe lentement sur deux longues files, et va prendre place sur les siéges qui lui sont réservés autour et au pied de l'autel. »

Au moment où l'archevêque de Paris montait les marches de l'autel, Louis-Napoléon Bonaparte paraissait sur le quai de Billy, entouré d'un immense et brillant cortége. Le prince montait un cheval couvert de drap bleu bordé et frangé d'or. Il portait le costume de général de division avec le ruban rouge en sautoir et le chapeau à panache. A sa droite et un peu en arrière, se tenait le prince Jérôme ; à sa gauche, le général de Saint-Arnaud, ministre de la guerre.

Nous n'avons pas l'intention de raconter un à un les divers épisodes de cette mémorable journée. Elle est restée dans les souvenirs de chacun. Pour l'armée surtout, elle avait un intérêt spécial. Plus de quatre-vingt mille hommes se trouvaient réunis dans le Champ de Mars. Le défilé, commencé à deux heures, finissait à peine à quatre heures. Pendant ce laps de temps, l'air ne cessa de retentir des acclamations les plus enthousiastes ; un même cri, le même vœu, sortant de toutes les bouches et de tous les cœurs : *Vive Napoléon*, *Vive l'Empereur !*

Du reste, la France n'était pas seule représentée à cette solennité vraiment nationale. L'Europe entière semblait avoir voulu témoigner hautement de ses sympathies pour le prince Napoléon, en assistant à la revue.

L'Angleterre, l'Autriche, la Prusse, la Russie, l'Emigration polonaise, hongroise et italienne, le Danemark, la Suède, la Bavière, la Hollande, la Belgique, la Suisse, l'Espagne, le Portugal, le Piémont, la Turquie, la Grèce, l'Amérique même, avaient envoyé à Paris ce qu'elles avaient de plus distingué et de plus illustre. Ces nobles hôtes y reçurent l'accueil qui convenait aux nations amies qu'ils représentaient.

Mais quittons un moment ce tableau riant d'un État où la sécurité règne désormais, assurée par le gouvernement d'un grand prince.

Une question d'une importance relative s'agitait depuis quelque temps dans les hautes régions de la politique et préoccupait plus d'un esprit jaloux de conserver au pays la paix dont il jouissait. Malgré les enseignements du passé, malgré leur impuissance bien constatée, les anciens partis monarchiques se remuaient et tentaient de renouer dans l'ombre cette chaîne si souvent brisée par les révolutions.

On disait que la branche aînée et la branche cadette de la famille des Bourbons étaient sur le point d'opérer une fusion, et cette alliance impossible, insensée de deux principes opposés et contraires, suffisait pour jeter l'alarme dans quelques cœurs timorés.

Jusqu'alors, les fils de Louis-Philippe s'étaient montrés très-fermes, et les négociateurs officieux qui s'en étaient mêlés, comme M. de Salvandy, avaient été, assurait-on, souvent mal accueillis.

Vers le mois de mai, les négociations furent reprises, et grâce au général Changarnier, elles avaient été poussées assez loin, pour préoccuper un instant l'opinion publique.

Sans doute cette fusion était impossible : et tout dans le passé, comme dans l'avenir, s'opposait énergiquement à ce qu'elle s'accomplît.

Le jour, en effet, où les deux dynasties se fussent confondues, on aurait vu la partie de la bourgeoisie qui pouvait encore être attachée aux princes de la branche cadette, se donner entièrement au président de la république qu'elle appuyait déjà, et auquel elle devait bientôt se rallier tout à fait, comme au seul et véritable représentant du parti de l'ordre et du progrès.

Quant aux anciens libéraux de la Restauration, qui, après avoir soutenu Louis-Philippe, eussent consenti à faire cause commune avec les amis du comte de Chambord, on aurait pu les compter sans peine.

La fusion était donc un vain fantôme, mais sans y attacher plus d'importance qu'elle n'en mérite, on ne peut nier qu'elle ne témoignât des menées de certains partisans incorrigibles.

Vainement leur disait-on, *si la fusion se fait, l'Empire*

se fera ; l'un sera la conséquence de l'autre ; et si l'Empire se fait, la fusion ne devra l'imputer qu'à elle-même.

Ils n'écoutaient rien, et continuaient leur œuvre, tentant de réconcilier des partis irréconciliables.

Vainement on leur faisait remarquer la sagesse du prince Louis-Napoléon, qui à diverses reprises avait refusé le trône, pour qu'on ne pût pas croire qu'il mettait son ambition au-dessus de la tranquillité du pays.

Rien ne les arrêtait.

Pourquoi donc ferions-nous l'Empire? disaient les amis du prince.—Si l'Empire eût été proclamé le 10 mai, qu'aurions-nous de plus ? un empereur au lieu d'un président, un trône à la place d'un fauteuil.

Aurions-nous un pouvoir plus fort, une autorité plus concentrée, des institutions mieux réglées? — Non.

A ces objections on aurait pu répondre, que la France avait besoin de repos, qu'elle ne voulait plus rouvrir l'abîme des révolutions ; qu'elle voulait être gouvernée ;—que les dix années accordées à Louis-Napoléon, laissaient encore trop d'incertitude dans les esprits prévoyants ; que tant qu'il n'aurait pas fondé une dynastie nouvelle, appuyée sur la large base du suffrage universel, tout serait en question. C'est ce que pensaient vraisemblablement les légitimistes et les orléanistes, et ils voulaient s'unir pour le cas d'une éventualité favorable.

Ils ne tenaient aucun compte des événements accomplis,

des huit millions de suffrages accordés au prince président, de la France entière accueillant avec un enthousiasme sans égal les institutions que Louis-Napoléon lui avait données ; ces hommes se croyaient encore au temps où tout un pays était l'apanage d'une famille, ou celui d'un homme : ils avaient oublié les terribles et sanglantes révolutions effectuées pour la revendication de libertés nouvelles !...

Ils devaient être encore victimes de leurs illusions.

Cette fois cependant, les temps étaient changés, et c'est le peuple tout entier qui allait répondre à l'imprudent défi des vieux partis.

D'ailleurs, l'expérience avait été déjà favorable au nouveau pouvoir. Que voulait-on de plus ? En moins de trois années, le gouvernement de Louis-Napoléon avait plus fait pour le bien du pays, que les gouvernements qui s'étaient succédé depuis trente années. Était-il vraisemblable que l'on ne désirât en changer que pour retourner dans l'abîme du passé ?... Ne devait-on pas au contraire chercher à consolider ce gouvernement si sympathique à la nation, et qui paraissait si animé du désir de faire le bien, si disposé à se sacrifier lui-même à l'intérêt commun ?

Ces pensées se trouvent bien mieux exprimées que nous ne le ferions dans le Message du président lu au Corps législatif, au moment de la clôture de la session de 1852.

Ce Message est utile à consulter :

« Messieurs,

» Au moment où la session de 1852 va se clore, je tiens à vous remercier de votre concours et du loyal appui que vous avez donné à nos institutions nouvelles. Vous avez su résister à ce qu'il y a de plus dangereux parmi des hommes réunis, l'entraînement de l'esprit de corps, et, toute susceptibilité écartée, vous vous êtes occupés des grands intérêts du pays, comprenant que le temps des discours passionnés et stériles était passé, que celui des affaires était venu.

» L'application d'un nouveau système rencontre toujours des difficultés : vous en avez fait la part. Si le travail a semblé manquer à vos premières séances, vous avez compris que le désir d'abréger la durée de ma dictature et mon empressement à vous appeler autour de moi en avaient été la cause, en privant mon gouvernement du temps nécessaire à la préparation des lois qui devaient vous être soumises.

» La conséquence naturelle de cet état de choses exceptionnel était l'accumulation des travaux à la fin de la session. Néanmoins la première épreuve de la Constitution, d'origine toute française, a dû vous convaincre que nous possédions les conditions d'un gouvernement fort et libre. Le pouvoir n'est plus ce but immobile contre lequel les diverses oppositions dirigeaient impunément leurs traits. Il peut résister à leurs attaques, et désormais suivre un système sans avoir recours à l'arbitraire ou à la ruse. D'un autre côté, le contrôle des assemblées est sérieux, car la discussion est libre et le vote de l'impôt décisif.

» Quant aux imperfections que l'expérience aura fait connaître, notre amour commun du bien public tendra sans cesse à en affaiblir les inconvénients, jusqu'à ce que le Sénat ait prononcé.

» Dans l'intervalle de la session, *j'appliquerai tous mes soins à rechercher les besoins du pays et à préparer des projets qui permettent de diminuer les charges de l'État sans rien compromettre des services publics*. A votre rentrée, je vous ferai connaître le résultat de nos travaux et l'état général des affaires par le Message que la Constitution m'oblige à vous adresser tous les ans.

» En retournant dans vos départements, soyez les échos fidèles du sentiment qui règne ici : la confiance dans la conciliation et la paix. Dites à vos commettants qu'à Paris, ce cœur de la France, ce centre révolutionnaire qui répand tour à tour sur le monde la lumière ou l'incendie, vous avez vu un peuple immense s'appliquant à faire disparaître les traces des révolutions et se livrant avec joie au travail, avec sécurité à l'avenir. Lui qui naguère, dans son délire, était impatient de tout frein, vous l'avez vu saluer avec acclamation le retour de nos aigles, symboles d'autorité et de gloire.

» A ce spectacle imposant où la religion consacrait par ses bénédictions une grande fête nationale, vous avez remarqué son atitude respectueuse. Vous avez vu cette armée si fière, qui a sauvé le pays, se relever encore dans l'estime des hommes, en s'agenouillant avec recueillement devant l'image de Dieu, présentée du haut de l'autel.

» Cela veut dire qu'il y a en France un gouvernement animé du bien, qui repose sur le peuple, source de tout pouvoir, sur l'armée, source de toute force, sur la religion, source de toute justice.

» Recevez l'assurance de mes sentiments.

» LOUIS-NAPOLÉON. »

Si nous citons fréquemment les paroles prononcées par le prince président, c'est qu'il est évident, pour nous, que ses discours ou Message, portent plus manifestement l'empreinte de sa pensée ; en cela encore, Louis-Napoléon différera des rois qui l'ont précédé sur le trône ; il laissera après lui, outre le souvenir d'actes régénérateurs, des écrits que ne désavoueraient pas les meilleurs écrivains de la langue française. La pensée toujours élevée y revêt une forme nette et concise ; c'est la forme de l'homme d'État dont la pensée pratique se revêt d'un style énergiquement simple et lumineux. On y retrouve la trace de fortes et consciencieuses études, et souvent, en parcourant ces discours, nous nous sommes demandé ce que nous devions le plus admirer de la pureté de l'écrivain ou de la profondeur de l'homme d'État.

En fermant la session de 1852, Louis-Napoléon avait promis d'appliquer ses soins à rechercher les besoins du pays, il ne tarda pas à tenir cette promesse.

De grands travaux s'exécutaient sur les principales lignes de chemins de fer; celle de Strasbourg, notamment, venait d'être achevée et l'inauguration devait en avoir lieu prochainement. Le prince accepta l'invitation qui lui fut faite d'y assister, et la solennité fut fixée au 18 juillet.

Après les fêtes militaires venaient celles de l'industrie. Nous ne connaissons pas de plus noble occupation pour un prince, placé à la tête d'une grande nation, par l'acclamation populaire; il est bon et profitable que le pouvoir s'instruise ainsi par lui-même des besoins réels du pays, et se mette souvent en communication directe avec ceux dont il tient son mandat. C'est pour n'avoir pas mis en pratique ces principes élémentaires de bonne administration, que les gouvernements précédents étaient tombés. — L'égoïsme ne recueille jamais que l'indifférence!

Dès le début, Louis-Napoléon avait compris la grandeur de sa mission, et il n'avait voulu se servir des pouvoirs illimités qui lui étaient confiés, que dans l'intérêt de tous et de chacun.

Ce titre suffirait seul à lui assurer la reconnaissance du pays, si l'on songeait jamais à contester les autres.

Mais la France ne devait pas s'y tromper. Aucune des qualités de Louis-Napoléon n'échappa à son bon sens, et elle savait déjà que s'il possédait l'énergie qui sauve, il avait aussi l'intelligence et l'honnêteté qui fécondent.

Cette confiance du peuple, il était facile de l'observer dans les diverses occasions où il pouvait manifester plus ouvertement ses sympathies. A plusieurs reprises, le prince président s'était trouvé en contact immédiat avec le peuple, et jamais dans ces rencontres, l'enthousiasme n'avait fait défaut.

L'inauguration du chemin de fer de Strasbourg en fut une nouvelle preuve.

A peine le président a-t-il quitté la gare située entre les faubourgs Saint-Denis et Saint-Martin, que les ovations commencent. A Lagny, à Meaux, à Château-Thierry, à Châlons-sur-Marne, partout les arcs de triomphe, les guirlandes de fleurs, les trophées, se dressent comme par enchantement sur le passage du train présidentiel; à Bar-le-Duc, les aigles se mêlent aux panoplies, les décorations déploient un luxe inouï, et malgré l'orage qui éclate, la population tout entière se précipite à la rencontre du cortége aux cris de : *Vive Napoléon! Vive l'Empereur!*

A Nancy, l'orage continue sans calmer l'enthousiasme; on remarque dans le cortége du président quelques officiers prussiens dont l'un était chargé, dit-on, de complimenter Louis-Napoléon Bonaparte au nom du roi Frédéric-Guillaume.

A Strasbourg enfin, c'est sous une pluie de bouquets, sous une longue succession d'arcs de triomphe, ornés de banderoles et d'écussons, au son des cloches, au bruit du canon et du tambour que le président fait son entrée dans la ville.

L'Allemagne entière semblait s'être donné rendez-vous dans la vieille capitale de l'Alsace: les bateaux du Rhin, le chemin de Kehl, celui de Strasbourg à Bâle, avaient apporté des masses de visiteurs du Wurtemberg, du pays de Bade, de la Suisse, de la Bavière même: on les reconnaissait, les femmes surtout, à leurs costumes pittoresques, aux couleurs vives et heurtées.

Ce voyage de Louis-Napoléon avait un caractère particulier, une signification spéciale.

Toute la route parcourue par le prince offrait une fête tranquille, paisible et douce. Les populations étaient accourues de toutes parts; on les voyait se presser aux abords de toutes les gares, à peine retenues par de fragiles barrières; des groupes de moissonneurs épars dans la campagne, et commençant les opérations de la récolte, s'arrêtaient pour saluer les convois. Les autorités civiles et militaires étaient réunies aux diverses stations en grande tenue. Toutes les brigades de gendarmerie, toutes les municipalités, tous les curés y étaient avec leurs enfants de chœur, les écoles avec leurs maîtres et toutes les pensions de demoiselles avec de nombreux essaims de jeunes filles d'une tenue gracieuse et charmante. A tous les chefs-lieux enfin, les préfets et les évêques avec une foule de prêtres.

Les inscriptions placées sur les arcs de triomphe de Strasbourg témoignent des mêmes préoccupations pacifiques; on lisait en lettres éclatantes des phrases comme celles-ci :

A la propagation des idées et des arts !

Le Rhin et le Danube réunis à l'Océan !

Route des Alpes à la mer du Nord !

Dans Louis-Napoléon ce que l'on acclamait surtout ce jour-là, c'était la renaissance de l'industrie, le développement donné aux transactions commerciales, l'impulsion imprimée aux affaires.

Le contre-coup de l'accueil que le prince avait reçu dans l'Est, se fit instantanément sentir à Paris. L'enthousiasme de la province ne pouvait manquer de trouver de l'écho au cœur de la capitale.

Comme dans toutes les villes qu'il avait traversées, c'est au son des cloches, et au bruit du canon pacifique des grandes solennités nationales que Louis-Napoléon fait sa rentrée dans Paris.

Depuis la gare de Strasbourg jusqu'à la Madeleine, les cris de *Vive Napoléon* et *Vive l'Empereur* saluent le cortége. Les chapeaux et les casquettes se lèvent, les mouchoirs s'agitent aux fenêtres, les tambours battent aux champs sur toute la ligne, la foule se précipite émue et transportée.

Pendant que ces acclamations retentissent dans les airs, le prince est debout dans sa calèche découverte, il salue du geste et du regard : la joie qui éclate sur son passage se reflète sur son front ; il recueille en ce moment la récompense légitime des efforts qu'il a tentés.

Il y a dans ces manifestations spontanées d'un grand peuple

libre, quelque chose qui touche profondément le cœur et élève l'esprit. La France avait tant souffert; tant de sang avait coulé des blessures que les révolutions lui avaient faites, qu'elle se jetait avec ivresse au-devant de celui qui lui assurait la paix et l'avenir.

Toutefois, au milieu de ces épanchements, une certaine tristesse pesait encore de temps en temps sur la pensée de tous et glaçait nos joies les meilleures. On savait que le prince président était digne de la confiance que la nation avait placée en lui ; on n'ignorait pas qu'il avait exposé sa vie pour sauver la patrie menacée, et chacun était convaincu qu'il redoublerait d'efforts et d'abnégation pour assurer son repos et son bonheur. Mais les passions politiques ne sont jamais entièrement apaisées dans un pays comme la France ; Paris surtout renferme toujours dans son sein, un certain nombre d'esprits inquiets, pour lesquels les bouleversements sociaux sont un espoir et les révolutions politiques un appât..... A quelque moment qu'on les prenne, de tels hommes sont prêts à tout. Périsse la patrie plutôt que leur ambition jalouse !

Ces hommes étaient une menace et un danger permanent, et après les secousses redoutables que l'on avait éprouvées, il était permis de craindre encore de leur part quelques tentatives coupables.

Dernièrement encore, n'avait-on pas découvert un commencement de conspiration ? La pensée des conspirateurs s'étaite mnifestée au grand jour. C'était au prince même qu'on en voulait, et, désespérant de réussir dans un coup de main, les misérables avaient songé à atteindre l'homme entre les mains de qui reposait la seule force capable de terrasser l'anarchie.

Le complot de la rue de la Reine-Blanche n'avait pas eu le temps de se développer. Néanmoins les objets saisis disaient assez quel en était le but : des canons, des balles, des biscaïens, des grenades, tout ce qu'il fallait pour monter une machine infernale.

Les meneurs de cette méprisable conspiration étaient un ancien déporté de Belle-Ile-en-Mer, un ex-instituteur, un membre de la Solidarité républicaine et rédacteur de la *Commune de Paris*, un docteur en médecine, un ex-lieutenant d'artillerie de marine, et un tailleur, concierge de la maison isolée qu'avaient choisie les associés pour leurs réunions et la fabrication de leurs appareils.

Depuis quelque temps, la police savait que des individus connus par leurs antécédents politiques et leurs opinions démagogiques, s'occupaient de l'organisation d'une société secrète, ayant pour but d'attenter à la vie du président de la république et de renverser le gouvernement actuel : on n'avait pas tardé à apprendre qu'ils étaient parvenus à confectionner des machines infernales d'une nouvelle espèce.

Dès ce moment le préfet prit des mesures pour s'emparer des coupables, et les mettre dans l'impossibilité d'accomplir leur crime !

« Toutes les mesures étant prises, dit un journal de cette époque, on est entré dans la cour et de là, dans la maison éloignée de quelques mètres seulement. En entrant, on a trouvé deux individus occupés à entourer des tubes en fonte, de toile de coutil goudronnée, et une assez grande quantité d'autres objets servant à la confection de ces espèces de machines. Dans les autres parties de la maison et dans le jardin, d'autres individus, parmi lesquels se trouvaient plusieurs femmes, s'occupaient également d'un travail analogue. Tous ces individus, au nombre de treize, y compris les femmes et une jeune fille, ont été mis sur-le-champ en état d'arrestation, et des perquisitions ont été faites ensuite à leurs domiciles respectifs.

» On a saisi d'abord un certain nombre de ces tubes en fonte, qui ont une longueur d'environ cinquante centimètres sur quatre à cinq centimètres de diamètre, dans le corps, et environ cinq millimètres d'épaisseur ; plusieurs étaient complétement entourés extérieurement par la toile de coutil goudronnée d'une épaisseur de près de deux centimètres. Ces tubes de fonte paraissent n'être autres que des bouts de conduits pour les eaux ou le gaz ; mais tous, du moins ceux d'environ cinquante centimètres de longueur, ont l'une des extrémités, celle qui devait être emboîtée, terminée par une courbe ; la partie emboîtée, destinée à former la culasse, est remplie à l'intérieur d'une espèce de mastic, sur une longueur de dix à douze centimètres. C'est à l'origine intérieure de ce mastic que vient répondre une forte lumière percée dans le tube. »

Ces préparatifs n'avaient besoin d'aucun commentaire ; y eût-il eu doute d'ailleurs, les recherches ultérieures auraient convaincu les plus incrédules.

Les perquisitions effectuées chez les individus arrêtés amenèrent la saisie de divers papiers, de recettes pour la fabrication de la poudre, de correspondances avec des membres du comité révolutionnaire de Londres et des lettres d'affiliés. Dans ces correspondances, rien n'était caché du but que l'on se proposait, et si l'on avait laissé faire ces insensés, la France aurait été encore une fois replongée dans l'abîme sanglant des révolutions.

Ces souvenirs étaient tout récents, quand eut lieu l'ovation faite à Louis-Napoléon, lors de son retour de l'inauguration du chemin de fer de Strasbourg, et nul ne pensait sans frémir à l'avenir qui était destiné à la France, si cette main ferme venait à lui manquer jamais.

Qu'étaient-ce, en effet, que dix années, en présence des menaces que les partis ne craignaient pas d'exprimer. Pouvait-on donner encore un jour seulement à l'incertitude, et n'était-il pas prudent de fermer la porte à toute surprise, en assurant définitivement le pouvoir à celui qui avait su si bien en user ?

Telles étaient les préoccupations de tous les esprits sérieux au moment dont nous parlons ; chacun exprimait ses craintes, espérant que le prince les entendrait, et les cris multipliés de *Vive l'Empereur* qui retentissaient sur son passage tout en traduisant la reconnaissance du pays, indiquaient en même temps la seule issue possible à la situation.

C'est sur ces entrefaites qu'eut lieu la convocation des conseils généraux des départements. Ces espérances, ces vœux, ces désirs, qui ne s'étaient encore manifestés qu'à l'état de rumeur, allaient recevoir une consécration nouvelle, officielle, irrécusable.

Les conseils généraux sont les interprètes les plus fidèles du pays ; ils connaissent les besoins de chaque contrée, ils peuvent les exprimer, sans que leurs déclarations puissent jamais être suspectées. Chaque menbre est d'ailleurs nommé par l'élection ; ils sont les représentants naturels de chaque cité, de chaque canton.

Eh bien, à peine sont-ils réunis qu'ils s'empressent de mêler leurs voix à la grande voix du pays.

Les conseils d'arrondissement suivent leur exemple, et bientôt sur tous les points du territoire, la même prière s'élève vers le président de la république.

Nous choisissons au hasard.

Voici celui du conseil de Béziers:

« Le conseil,

» Pénétré d'une respectueuse reconnaissance pour l'immense service rendu au pays par Son Altesse le prince Louis-Napoléon ;

» Considérant que l'indécision qui règne dans les esprits au sujet de l'instabilité du pouvoir, est une des causes qui paralysent toujours à un haut degré le mouvement de la prospérité publique ;

» Que les partis attendent que les pouvoirs déférés à monseigneur le prince président, par le plébiscite du 20 décembre 1851, s'approchent de leur terme, pour recommencer la lutte détestable dont nous avons été les témoins ;

» Qu'il importe de mettre le plus tôt possible un terme à cette situation inquiétante et dangereuse pour l'avenir de la nation française ;

» Considérant que Son Altesse le prince Louis-Napoléon, héritier direct de l'empereur Napoléon et chef de la famille Bonaparte, est seul digne et capable, pour garantir dans l'intérêt de tous, l'ordre et la tranquillité générale, d'être le chef d'un nouveau pouvoir héréditaire,

» Émet le vœu

» Qu'aux termes de la constitution du 15 janvier 1852, le Sénat adopte un sénatus-consulte, à l'effet de proposer aux suffrages de la nation, le rétablissement de l'Empire héréditaire en la personne de Son Altesse le prince Louis-Napoléon et en celle de ses descendants. »

Le vœu du conseil de Cahors n'était pas moins explicite :

« Considérant que la condition essentielle de la prospérité d'un pays est la stabilité de son gouvernement ;

» Que la constitution ne satisfait pas complétement à cette

condition; qu'en effet, les dix années de tranquillité qu'elle nous donne ne forment qu'un provisoire au terme duquel se présentent les dangers dont la main de l'Élu du 10 décembre a si providentiellement sauvé la société tout entière;

» Que si ce provisoire, si court pour la vie d'un peuple, a été unanimement acclamé, c'est que la pensée commune se reportait aux périls qu'on venait de courir, et non à l'avenir qu'il préparait ;

» Que si l'abîme des révolutions n'est pas dès à présent et à tout jamais fermé, ces dix années ne sont qu'une trêve pendant laquelle les partis se prépareront aux luttes nouvelles qui déchireront le pays ;

» Qu'il n'y a qu'un seul moyen de conjurer les périls et d'assurer à la patrie des destinées longues et prospères,

» Le conseil émet le vœu à *l'unanimité :*

» Que le Sénat rende un sénatus-consulte à l'effet de restituer au gouvernement la forme impériale avec son mode d'hérédité. »

Partout où il y a un vœu à émettre, on demande le rétablissement de l'Empire; ceux des conseils qui se bornent à de simples remercîments, le font dans des termes qui ne laissent aucun doute sur leur pensée; c'est un concert général d'éloges pour la conduite ferme, sage, énergique, tenue par le prince président depuis le 2 décembre, c'est un encouragement à persévérer, c'est un désir ardent que le pouvoir se consolide dans ses mains et qu'il continue *l'œuvre si bien commencée.* De toutes parts, on conclut à l'Empire héréditaire.

En présence d'une unanimité sans exemple dans l'histoire municipale de la France, le prince hésitait encore pourtant. Il craignait, s'il accédait aux prières qui lui parvenaient de tous côtés, qu'on ne vît dans cet acte l'influence d'une ambition personnelle. Les faits étaient patents cependant, et il ne pouvait se résoudre à y ajouter foi ; il prit le parti le plus sage, et, dans le but de voir par lui-même, et de juger sur les lieux de l'état des esprits, il se détermina à parcourir le midi de la France, bien décidé à ne prendre de résolution définitive, qu'après avoir constaté ce qu'il y avait de réel au fond de toutes ces adresses des conseils d'arrondissement et des conseils généraux.

Son départ fut fixé en conséquence au 16 septembre suivant, et son retour au 16 octobre. L'itinéraire en fut arrêté ainsi qu'il suit :

Nevers, Moulins, Roanne, Saint-Étienne, Lyon, Grenoble, Valence, Avignon, Marseille, Toulon, Aix, Nîmes, Montpellier, Narbonne, Carcassonne, Toulouse, Agen, Bordeaux, Angoulême, Rochefort, la Rochelle, Niort, Poitiers et Tours.

En même temps qu'il donnait cet itinéraire, le *Moniteur* ajoutait cette note qui mérite d'être citée :

« Dans toutes les villes où le prince président est présumé devoir séjourner pendant le voyage du Midi, les conseils municipaux ont voté pour sa réception des sommes considérables. Ce sont là de précieux témoignages de sympathie ; il en est vivement touché et se trouve heureux d'en exprimer, dès à présent, sa reconnaissance. Mais, comme le but du voyage du chef de l'État est de se mettre en contact avec des populations qu'il ne lui a pas été permis de visiter encore, d'étudier sur les lieux mêmes leurs intérêts, et de s'entendre avec elles sur toutes les améliorations désirables, il ne verrait pas sans quelque regret des fêtes trop somptueuses, et il apprendra avec satisfaction qu'une partie des sommes votées puisse se détourner au profit de la classe nécessiteuse et s'appliquer à des œuvres de bienfaisance. »

Ainsi, au moment où sa pensée était puissamment attirée vers les plus hautes questions politiques, Louis-Napoléon se préoccupait encore des malheureux, et trouvait l'occasion de les faire participer d'une manière plus effective aux réjouissances auxquelles son voyage allait donner lieu.

LE VŒU DE LA FRANCE.

CERTES il est arrivé bien souvent qu'un prince aimé de son peuple s'est mis à parcourir ses États, recueillant partout des marques non équivoques de sympathie, d'enthousiasme ou d'amour. Tous les rois ont voyagé de la sorte, et les acclamations des populations accourues ont retenti joyeuses sur leur passage ; mais rien pourrait-il jamais être comparé au triomphe qui attendait Louis-Napoléon dans ce voyage à travers la France tout entière ? L'accueil qu'il reçut alors éclata comme une révélation inattendue, foudroyante pour tous les partis, auxquels elle apprenait, et cette fois d'une façon péremptoire, les véritables sentiments du pays.

Désormais, il n'y avait plus à s'y méprendre, et c'est de ce voyage que doit dater le nouvel Empire !...

Dans ce voyage, il y a pour l'historien sérieux qui cherche avant tout la vérité, deux faits importants qui peignent Louis-Napoléon tout entier, et font ressortir toute la sincérité qu'il apportait dans sa mission. Nous voulons parler du discours de Lyon et de celui de Bordeaux.

A quoi bon, en effet, revenir sur les triomphes qui l'accueillent sur la route ; l'acclamation du 20 décembre nous a fait connaître suffisamment l'esprit de la France, et nous savons déjà quelles sympathies il réveille sur son pasage. C'est une sorte de sacre populaire auquel rien ne manque.

Ouvriers, bourgeois, gentilshommes, femmes, enfants, vieillards, tous les rangs, tous les âges, tous les sexes mêlés et confondus accourent sur ses pas, et les cris de *Vive l'Empereur* s'élèvent vers lui avec une solennelle unanimité. Quel plus touchant concert pour le cœur d'un prince, quel plus beau spectacle pour une nation !

De Paris à Lyon, le chemin est semé de fleurs, couvert

d'arcs de triomphe, les bannières flottent au vent, les tambours battent, les cloches sonnent, les *vivat* retentissent.

A Lyon, mêmes acclamations.

Lyon cependant est un grand centre industriel, la seconde ville de France ; il y a là des traditions révolutionnaires, l'opinion s'effraie à l'avance, on craint des manifestations hostiles, malveillantes.....

Voyez !.....

Ce n'est pas seulement la sympathie d'un peuple pour un bon gouvernement, c'est l'exaltation de la reconnaissance et de la joie.

« Il est imposible de décrire l'enthousiasme avec lequel Son Altesse est accueillie, impossible encore de dire l'admirable spectacle que présente la ville de Lyon sur les quais du Rhône : d'un côté, les troupes formant la haie ; de l'autre, une immense population ayant devant elle les députations des communes rurales et les enfants des écoles de Lyon.

» Sur toute la ligne, ce n'est qu'un cri de *Vive l'Empereur*, qui se prolonge en traversant la place Bellecour et la rue Saint-Dominique, jusqu'à l'hôtel de la Préfecture, où le prince est reçu par les corps constitués, les autorités, les maires et tout le corps d'officiers. »

Toutes ces acclamations, bien faites pour enivrer, avaient profondément fait réfléchir le prince président de la république. La voix du peuple, *Vox Dei*, le poussait à l'Empire.

C'était évident, mais devait-il accepter ? Devait-il accepter, surtout dans l'intérêt de la France, dont le bonheur était son unique mobile ? Son silence pouvait être mal interprété, mais s'il parlait que devait-il dire, pour n'effrayer personne et rassurer tout le monde ?

Le lendemain 20 septembre, on inaugurait la statue équestre de Napoléon, sur la place qui porte le nom de l'Empereur. Le prince s'y rendit, accompagné, comme la veille, par l'empressement de la foule, et là, en présence d'un concours immense de peuple, à deux pas de la statue de son oncle, il prononça le discours suivant :

« Lyonnais,

» Votre ville s'est toujours associée, par des incidents remarquables, aux phases différentes de la vie de l'Empereur. Vous l'avez salué Consul, lorsqu'il allait par delà les monts cueillir de nouveaux lauriers ; vous l'avez salué Empereur tout-puissant, et lorsque l'Europe l'avait relégué dans une île, vous l'avez encore, des premiers en 1815, salué Empereur.

» De même aujourd'hui votre ville est la première qui lui élève une statue. Ce fait a une signification. On n'élève des statues équestres qu'aux souverains qui ont régné : aussi les gouvernements qui m'ont précédé ont-ils toujours refusé cet hommage à un pouvoir dont ils ne voulaient pas admettre la légitimité.

» Et, cependant, qui fut plus légitime que l'Empereur,

élu trois fois par le peuple, sacré par le chef de la religion, reconnu par toutes les puissances continentales de l'Europe, qui s'unirent à lui et par les liens de la politique et par les liens du sang ?

» L'Empereur fut le médiateur entre deux siècles ennemis, il tua l'ancien régime en rétablissant tout ce que ce régime avait de bon ; il tua l'esprit révolutionnaire en faisant triompher partout les bienfaits de la révolution. Voilà pourquoi ceux qui l'ont renversé eurent bientôt à déplorer leur triomphe ; quant à ceux qui l'ont défendu, ai-je besoin de rappeler combien ils ont pleuré sa chute ?

» Aussi, dès que le peuple s'est vu libre de son choix, il a jeté les yeux sur l'héritier de Napoléon, et par la même raison, depuis Paris jusqu'à Lyon, sur tous les points de mon passage s'est élevé le cri unanime de *Vive l'Empereur !* Mais ce cri est bien plus, à mes yeux, un souvenir qui touche mon cœur qu'un espoir qui touche mon orgueil.

» Fidèle serviteur du pays, je n'aurai jamais qu'un but, c'est de reconstituer dans ce grand pays, si bouleversé par tant de commotions et par tant d'utopies, une paix basée sur la conciliation pour les hommes, sur l'inflexibilité des principes d'autorité, de morale, d'amour, pour les classes laborieuses et souffrantes, de dignité nationale.

» Nous sortons à peine de ces moments de crise où les notions du bien et du mal étant confondues, les meilleurs esprits se sont pervertis. La prudence et le patriotisme exigent que, dans de semblables moments, la nation se recueille avant de fixer ses destinées ; et il est encore pour moi difficile de savoir sous quel nom je puis rendre les plus grands services.

» Si le titre modeste de président pouvait faciliter la mission qui m'était confiée et devant laquelle je n'ai pas reculé, ce n'est pas moi qui, par intérêt personnel, désirerais changer ce titre contre celui d'Empereur.

» Déposons donc sur cette pierre notre hommage à un grand homme, c'est honorer à la fois la gloire de la France, et la généreuse reconnaissance du peuple, c'est constater aussi la fidélité des Lyonnais à d'immortels souvenirs. »

On pouvait conclure de ce discours que la question de l'Empire n'était pas encore absolument décidée dans l'esprit de Louis-Napoléon. Mais la nation devait-elle tenir compte des hésitations d'un prince duquel elle attendait une stabilité si désirable, et sans laquelle le pays pouvait craindre de voir recommencer encore les luttes sanglantes des partis ?

Sans doute il importe peu aux hommes providentiels d'accomplir leur auguste mission sous un titre ou sous un autre. Leur gloire personnelle n'en est ni amoindrie, ni rehaussée dans la postérité. Mais les nations ont des instincts dont il faut tenir compte, parce qu'ils s'accordent généralement avec leurs véritables intérêts. En consolidant le pouvoir de leur chef, c'est leur prospérité qu'elles veulent garantir. La France, déjà si fière de voir à sa tête l'héritier du nom le plus glorieux, voulait s'assurer un long avenir de grandeur et de paix en donnant un pouvoir durable au prince qui l'avait sauvée.

Un incident du voyage devait d'ailleurs ouvrir bientôt les yeux à tous.

Le 24 septembre, en effet, c'est-à-dire, au moment même où tout le Midi n'était qu'une immense et retentissante acclamation, on découvrait à Marseille une machine infernale !

« Depuis quelque temps, dit, à ce propos, un journal du 22 du même mois, le ministre de la police générale était sur les traces d'une société secrète dont le but devenait chaque jour plus manifeste. Elle avait résolu d'attenter à la vie du prince. La ville de Marseille avait été choisie pour l'exécution de ce complot. M. Sylvain Blot, inspecteur général du ministère de la police, en suivait avec soin le développement.

» La confection d'une machine infernale ayant été résolue, plusieurs se mirent à l'œuvre, et la machine fut assez rapidement terminée ; elle se composait de deux cents canons de fusil, et de quatre canons de tromblon de fort calibre, le tout se divisant en vingt-huit assemblages. Ces vingt-huit pièces furent déposées, pour plus de précaution, en vingt-huit endroits différents, jusqu'au jour où on aurait pu trouver un local convenable pour poser et monter les machines. Les conjurés s'occupèrent dès lors du choix de cet emplacement, qui devait être naturellement situé sur le passage de Son Altesse le prince président.

» Ils arrêtèrent d'abord leur choix à un premier étage d'une maison de la rue d'Aix, où ils devaient transporter et monter la machine la nuit qui précéderait l'arrivée du prince à Marseille. Quelques soupçons des conjurés les firent renoncer à ce choix; un second emplacement fut choisi, comme le premier, il était situé sur le passage du prince, grand chemin d'Aix : une petite maison fut louée tout entière : elle se composait d'un rez-de-chaussée et d'un premier étage partagé en deux pièces, avec trois fenêtres de front. La machine infernale devait être placée au premier étage ; c'est dans cet emplacement même qu'elle a été saisie.

» Au moment où on s'en est emparé, un des conjurés était dans la maison même où se trouvait la machine infernale. »

Ce nouveau complot était une nouvelle révélation ; la France comprit qu'elle devait se resserrer d'autant plus autour de l'homme qui seul pouvait la sauver, et dont les jours étaient menacés. Les partis ne perdaient donc pas espoir ; ils avaient maintenant recours à l'assassinat pour atteindre leur but, rien ne leur était sacré ; dans cette extrémité, il n'y avait plus à hésiter, il fallait à tout prix, déjouer à jamais leurs complots, en tirant définitivement le pays d'un provisoire qui seul expliquait de pareils crimes.

Dès ce moment, il paraît que Louis-Napoléon n'hésita plus, et il résolut de soumettre encore une fois à la sanction du peuple un changement important dans la forme du gouvernement.

C'est ce qu'il fit avec la franchise et la loyauté qu'il avait toujours jusqu'alors apportées dans tous les actes de son gouvernement. Jamais homme politique n'avait parlé à une nation un langage plus net et plus décisif.

Le 9 octobre, la chambre et le commerce de Bordeaux avaient invité S. A. I. à un banquet; voici en quels termes il répondit au toast porté par M. Duffour-Dubergier :

« Messieurs,

» L'invitation de la chambre et du commerce de Bordeaux, que j'ai acceptée avec empressement, me fournit l'occasion de remercier votre grande cité de son accueil si cordial, de son hospitalité si pleine de magnificence; et je suis bien aise aussi, vers la fin de mon voyage, de vous faire part des impressions qu'il m'a laissées.

» Le but de mon voyage, vous le savez, était de connaître par moi-même nos belles provinces, d'approfondir leurs besoins. Il a toutefois donné lieu à un résultat beaucoup plus important.

» En effet, je le dis avec une franchise aussi éloignée de l'orgueil que d'une fausse modestie, jamais peuple n'a témoigné d'une manière plus directe, plus spontanée, plus unanime, la volonté de s'affranchir des préoccupations de l'avenir, en consolidant dans la même main le pouvoir qui lui est sympathique. C'est qu'il connaît, à cette heure, et les trompeuses espérances dont on le berçait, et les dangers dont il est menacé.

» Il sait qu'en 1852 la société courait à sa perte, parce que chaque parti se consolait d'avance du naufrage général par l'espoir de planter son drapeau sur les débris qui pourraient surnager. Il me sait gré d'avoir sauvé le vaisseau en arborant seulement le drapeau de la France.

» Désabusé des absurdes théories, le peuple a acquis la conviction que ces réformateurs prétendus n'étaient que des rêveurs, car il y avait toujours disproportion, inconséquence, entre leurs moyens et les résultats promis.

» Aujourd'hui la nation m'entoure de ses sympathies, parce que je ne suis pas de la famille des idéologues. Pour faire le bien du pays, il n'est pas besoin d'appliquer de nouveaux systèmes, mais de donner, avant tout, confiance dans le présent, sécurité dans l'avenir.

» Voilà pourquoi la France semble revenir à l'Empire.

» Il est néanmoins une crainte à laquelle je dois répondre. Par esprit de défiance, certaines personnes se disent : l'Empire c'est la guerre. Moi je dis : l'Empire, c'est la paix ! C'est la paix, car la France le désire ; et, lorsque la France est satisfaite, le monde est tranquille.

» La gloire se lègue bien à titre d'héritage, mais non la guerre. Est-ce que les princes qui s'honoraient justement d'être les petits-fils de Louis XIV ont recommencé ses luttes?

» La guerre ne se fait pas par plaisir, elle se fait par nécessité. Et, à ces époques de transition où partout, à côté de tant d'éléments de prospérité, germent tant de causes de mort, on peut dire avec vérité : Malheur à celui qui, le premier, donnerait en Europe le signal d'une collision dont les conséquences seraient incalculables.

» J'en conviens, et cependant j'ai, comme l'Empereur, bien des conquêtes à faire. Je veux, comme lui, conquérir la conciliation des partis dissidents, et ramener dans le courant du grand fleuve populaire les dérivations hostiles qui vont se perdre sans profit pour personne.

» Je veux conquérir à la religion, à la morale, à l'aisance, cette partie encore si nombreuse de la population, qui, au milieu d'un pays de foi et de croyance, connaît à peine les préceptes du Christ; qui, au sein de la terre la plus fertile du monde, peut à peine jouir de ses produits de première nécessité.

Nous avons d'immenses territoires incultes à défricher, des routes à ouvrir, des ports à creuser, des rivières à rendre navigables, des canaux à terminer, notre réseau de chemins de fer à compléter; nous avons, en face de Marseille, un vaste royaume à assimiler à la France. Nous avons tous nos grands ports de l'Ouest à rapprocher du continent américain par la rapidité de ces communications qui nous manquent encore. Nous avons enfin partout des ruines à relever, des faux dieux à abattre, des vérités à faire triompher.

» Voilà comment je comprendrais l'Empire, si l'Empire doit s'établir.

» Telles sont les conquêtes que je médite, et vous tous qui m'entourez, qui voulez, comme moi, le bien de notre patrie, vous êtes mes soldats. »

Ce discours n'était pas important seulement parce qu'il annonçait comme décidé un changement sur lequel il ne pouvait plus guère exister de doute dans l'esprit de personne, il l'était surtout à cause des assurances positives et solennelles qu'il donnait du maintien de la paix.

Ces assurances, ces déclarations si formelles et si catégoriques, dont tout ami de l'humanité devait s'empresser de prendre acte, parurent à chacun de nature à calmer toutes les appréhensions; la France entière s'en émut, et Paris s'apprêta à témoigner hautement de ses sympathies pour un acte que huit millions de suffrages allaient bientôt légitimer.

Dès que l'on sut d'une manière certaine que le prince ferait sa rentrée dans la capitale, le 16 octobre à deux heures de l'après-midi, les arcs de triomphe semblèrent sortir de terre, comme sous l'influence magique d'une baguette invisible.

Au pont d'Austerlitz, arc de triomphe voté par la commission municipale.

Sur le boulevard Bourdon, arc de triomphe élevé par les

soins de la direction de l'*Hippodrome* et des *Arènes nationales*.

A la hauteur du *Cirque d'hiver*, troisième arc de triomphe.

L'arc de triomphe des théâtres, sur le point culminant du boulevard du Temple.

L'arc de triomphe de la porte Saint-Martin.

Le sixième arc de triomphe, à la hauteur de la rue Lepelletier, confié aux soins de la direction de l'*Opéra*.

Enfin l'arc des Tuileries sur le devant de la grande grille de la Concorde.

Tout Paris était ce jour-là sur les boulevards.

Splendide journée assurément, qui rassemblait dans un même triomphe la gloire d'hier et la gloire d'aujourd'hui, qui confondait pour la France nouvelle les brillants souvenirs de la veille et les grandes espérances du lendemain. L'orgueil de la patrie remuait fortement tous les cœurs lorsque, devant les rangs pressés de la jeune armée, paraissaient ces vieux soldats aux uniformes vénérés, troués sur maints champs de bataille. Ils étaient rares, ces vieux soldats de la République et de l'Empire, épargnés par la balle ou par le temps ; ils étaient vieux et cassés : mais ce jour-là, sous le soleil, entre les faisceaux tricolores, sous les arceaux des monuments élevés par l'enthousiasme populaire, ils semblaient revivre et rajeunir. La France s'admirait elle-même sur leur passage.

Vive Napoléon III, criaient toutes les bouches : *Vive Na-*

poléon III, répétaient tous les arcs de triomphe en lettres d'or ou de feu, toutes les bannières des communes, toutes les adresses des corporations. Et ici encore l'instinct populaire ne réveillait pas seulement des souvenirs de gloire et d'affection, il s'accordait avec les faits, avec les Constitutions de l'Empire, avec l'acte additionnel.

Ouvrons le *Moniteur*, qu'y voyons-nous? l'Empereur se résout à une seconde abdication; mais en descendant du trône, il proclame son fils : « Ma vie politique est terminée, dit-il, je proclame mon fils, sous le titre de Napoléon II, Empereur des Français. »

Cet acte solennel fut confirmé par l'assentiment des deux Chambres.

Le 23 juin, le représentant Manuel s'exprimait ainsi :

« J'ai l'honneur de proposer à la Chambre la déclaration suivante :

» La Chambre des représentants, délibérant sur les diverses propositions faites dans sa séance et mentionnées dans son procès-verbal, passe à l'ordre du jour motivé :

» 1° Sur ce que Napoléon II est devenu Empereur des Français par le fait de l'abdication de Napoléon Ier, et par la force des Constitutions de l'Empire... »

La proposition de Manuel fut votée immédiatement à une immense majorité, et adoptée le même jour par la Chambre des pairs.

On lit dans le *Moniteur* :

« Dans sa séance du 23 au soir, la Chambre des pairs a adopté la délibération de la Chambre des représentants, portant que *Napoléon II est devenu Empereur des Français par le fait de l'abdication de Napoléon Ier et par la force des Constitutions de l'Empire.* »

Le gouvernement provisoire, nommé par les Chambres pour exercer le pouvoir en l'absence et au nom de Napoléon II, adressait le 24 juin à la France une proclamation qui commence ainsi :

Paris, le 24 juin.

ACTES DU GOUVERNEMENT.

PROCLAMATION

DE LA COMMISSION DU GOUVERNEMENT AUX FRANÇAIS.

Français,

Dans l'espace de quelques jours, des succès glorieux et un revers affreux ont de nouveau agité vos destinées.

Un grand sacrifice a paru nécessaire à votre paix et à celle du monde; Napoléon a abdiqué le pouvoir impérial; son abdication a été le terme de sa vie politique : *Son fils est proclamé.*

Le droit au trône impérial était donc bien et dûment établi dans la descendance de Napoléon Ier, et l'instinct populaire ne se trompait pas quand il saluait le prince président du nom de Napoléon III.

Disons de suite que le prince avait marqué la fin de son voyage par un grand acte de justice et de générosité nationale, en rendant la liberté à l'ex-émir Abd-el-Kader. Depuis longtemps cet acte était arrêté dans sa pensée ; il voulut l'accomplir dès que les circonstances lui permirent de suivre, sans aucun danger pour le pays, les inspirations de son cœur.

Au retour de son voyage, le prince s'arrêta au château d'Amboise, et s'étant fait présenter Abd-el-Kader, il lui apprit en ces termes la fin de sa captivité :

« Abd-el-Kader,

« Je viens vous annoncer votre mise en liberté. Vous serez conduit à Brousse, dans les États du sultan, dès que les préparatifs nécessaires seront faits, et vous y recevrez du gouvernement français un traitement digne de votre ancien rang.

» Depuis longtemps, vous le savez, votre captivité me causait une peine véritable, car elle me rappelait sans cesse que le gouvernement qui m'a précédé n'avait pas tenu les engagements pris envers un ennemi malheureux, et rien à mes yeux de plus humiliant pour le gouvernement d'une grande nation, que de méconnaître sa force au point de manquer à sa promesse. La générosité est toujours la meilleure conseillère, et je suis convaincu que votre séjour en Turquie ne nuira pas à la tranquillité de nos possessions d'Afrique.

» Votre religion, comme la nôtre, apprend à se soumettre aux décrets de la Providence. Or, si la France est maîtresse de l'Algérie, c'est que Dieu l'a voulu, et la nation ne renoncera jamais à cette conquête.

» Vous avez été l'ennemi de la France, mais je n'en rends pas moins justice à votre courage, à votre caractère, à votre résignation dans le malheur, c'est pourquoi je tiens à honneur de faire cesser votre captivité, ayant pleine foi dans votre parole. »

Ces nobles paroles émurent l'ex-émir. Après avoir exprimé à Son Altesse sa respectueuse et éternelle reconnaissance, il jura, sur le livre sacré du Koran, qu'il ne tenterait jamais de troubler notre domination en Afrique, et qu'il se soumettrait, sans arrière-pensée, aux volontés de la France.

Si nous accordons à l'acte de la libération d'Abd-el-Kader une attention spéciale, c'est que ce trait de grandeur d'âme avait une haute signification politique. Les nobles hésitations de Lyon n'étaient plus possibles après la haute manifestation de Bordeaux. Le prince avait compris qu'il fallait désormais se sacrifier au vœu de la France et que le titre même du pouvoir définitif était seul capable de rassurer un pays saturé jusqu'au dégoût d'anarchie et de mobilité.

Déjà depuis longtemps l'opinion éclairée réclamait la mise en liberté du vieil ennemi de la domination française en Algérie. Pourquoi donc le cœur si haut du prince avait-il résisté à ces indications de la générosité française ? Le neveu de Napoléon, l'héritier des glorieuses souffrances du captif de Sainte-Hélène, n'ignorait pas que la politique vraiment française a toujours rejeté avec dégoût ces vengeances rancunières qui s'appesentissent sur l'ennemi vaincu. Il savait par une trop cruelle expérience, que la captivité éternelle du vaincu le relève dans l'histoire au détriment du vainqueur, et que l'auréole du martyre couronne les souffrances sans terme du prisonnier. Mais, lui, le sage et profond politique, savait aussi quelles redoutables éventualités pouvait créer à la France algérienne une crise politique dans la métropole. Par une singulière coïncidence, les antiques prophéties des *hadjis* arabes promettaient la défaite des infidèles pour cette même année 1852, dont la terrible échéance avait été marquée en France par une révolution sauvage. De même que les illuminés de l'Islam avaient annoncé pour 1830 l'invasion victorieuse des hommes du Nord, de même aussi leur courte domination devait être secouée après vingt-deux ans de luttes et de revers. Alors, devait apparaître le Moulé-Sa, ce redoutable instrument du dieu de Mahomet, que le fanatisme des Arabes avait depuis longtemps personnifié dans Abd-el-Kader.

Délivrer l'homme en qui reposaient les espérances de l'indépendance arabe, alors que la France elle-même pouvait être paralysée par ses divisions intestines, c'eût été compromettre cette admirable conquête dont la France tirera bientôt tant de force et de ressources inattendues. Le prince Louis-Napoléon avait dû faire taire, en présence de ces difficultés de l'avenir, la générosité naturelle à son cœur.

C'est ainsi qu'on peut expliquer une première réponse faite à une lettre dans laquelle lord Londonderry, ancien ami d'exil du prince, réclamait de celui-ci une grâce encore impossible. Louis-Napoléon avait dû répondre que les circonstances ne permettaient pas encore une magnanimité que les événements pourraient rendre funeste. L'excentricité anglaise ayant dicté à lord Londonderry une seconde épître dont le ton faisait une sorte de mise en demeure, Louis-Napoléon dédaigna de répondre. Il attendait.

Pourquoi donc aujourd'hui croyait-il possible cette délivrance qui, tout à l'heure, eût été un danger? C'est que, même en admettant une trahison de la part de l'ex-émir, la France n'avait plus rien à craindre. Sa grande voix avait sacré d'avance le chef qui devait lui assurer le repos et la stabilité. Il n'était plus possible de décliner la sainte mission qu'imposait un pays tout entier à l'homme marqué de Dieu pour le sauver et le gouverner.

La délivrance d'Abd-el-Kader est, à ce point de vue, un des actes préparatoires et comme l'exorde de l'Empire.

Si quelque chose dut confirmer le prince dans sa résignation aux volontés de la France, c'est l'attitude inouïe de la population parisienne à son retour de voyage. Eh! quoi, cet enthousiasme ardent, cette admiration respectueuse, ces vœux délicatement mais si clairement exprimés, c'était la capitale ordinaire des révolutions françaises qui les déposait aux pieds d'un seul homme, comme un hommage d'espérance et de fidélité! Qu'elles devaient avoir été profondes les déceptions de cette population intelligente et mobile, dont l'énergie mal dirigée avait accumulé en quelques années tant de folles espérances, accueilli tant de chimères!

Et il y avait encore ce caractère particulier dans le sentiment unanime du peuple parisien. Cette fois, il n'était plus l'initiateur violent de la France : cette fois, il n'allait plus imposer au reste du pays une volonté personnelle. Il ratifiait le vœu de trente-cinq millions d'hommes : il contresignait, pour ainsi dire, l'immense décret du salut public.

Révolution définitive celle-là, qui sort des entrailles mêmes d'un peuple, que tous acceptent, désirent et qui n'est imposée par aucun! Le règne des minorités despotiques finit à cette heure solennelle : le règne de la majorité commence.

Que faisaient, en effet, les minorités au moment où le prince rentrait dans Paris, précédé des acclamations de la France? Où étaient les partis? On put, ce jour-là, juger de leur puissance par la dignité de leurs protestations. Quelques hommes, représentants attardés d'espérances déçues, essayèrent, sur le boulevard des Italiens, d'opposer leurs insultes enfiellées au cri d'amour de tout un peuple. L'indignation publique les réduisit au silence.

Pour la capitale, si longtemps, si rudement éprouvée par l'anarchie, un mot résumait surtout les espérances de l'Empire : *La Paix*. La paix sous l'héritier de Napoléon, c'est-à-dire la paix glorieuse et fière qui assure l'ordre, le travail, le crédit, qui donne l'essor à toutes les grandes entreprises publiques et privées, sans toutefois présenter cette prospérité matérielle comme le but final des efforts d'un grand peuple! La paix au profit de tous, et non plus pour le seul avantage d'une caste d'industriels privilégiés! La paix, avec tous les grands souvenirs de la gloire militaire, avec toutes les dignités d'un repos volontaire que personne n'oserait troubler!

C'est cette paix, source d'une prospérité que ne compense aucune concession honteuse, c'est cette paix qui ne coûte rien à la grandeur de la patrie, dont la chambre de commerce de Paris vint remercier le prince à l'avance, en lui montrant, elle aussi, comme seul moyen de réaliser la prospérité générale *le pouvoir suprême*.

L'ingénieux à-propos de la représentation de *Cinna*, au Théâtre-Français, évoqua une fois de plus ces souvenirs, ces espérances, à la faveur des allusions nombreuses délicatement relevées par l'intelligence parisienne dans le chef-d'œuvre de Corneille.

Qui ne l'a lue, qui ne l'a relue cette admirable étude dont les vers sublimes touchaient le grand Condé jusqu'aux larmes; que le premier Consul, couronné des lauriers de Marengo, écoutait comme une haute leçon de politique et dont Colbert disait, en parlant de la scène capitale entre Auguste, Cinna et Maxime : « C'est un traité de droit des gens. »

Interprétée par mademoiselle Rachel et par Beauvallet, cette grande page de l'histoire romaine éveillait dans l'âme des spectateurs d'instructifs souvenirs, des comparaisons fécondes. On y retrouvait en frémissant l'énergique et douloureuse peinture des détestables fruits de la guerre civile : la haine, la vengeance, la démoralisation des doctrines et des cœurs.

Un instant on peut croire que le poëte s'associe aux sophismes d'Émilie et de Cinna, ces types de l'aveuglement féroce dans l'esprit de parti : mais, par une insensible gradation, l'art excellent de Corneille se développe et le bon sens apparaît éclatant au-dessus des vaines chimères. L'apaisement gagne jusqu'aux deux amants dont la raison s'éclaire aux lueurs de l'énergique honnêteté qui les domine.

N'était-ce pas là comme un magnifique enseignement? Chose étrange, à deux siècles de distance, cette même tragédie de *Cinna* avait eu déjà, dans notre pauvre France si labourée par des agitations cruelles, un immense succès d'enseignement et d'application. C'était en 1639 : le cardinal de Richelieu était mort depuis trois ans, laissant après soi la royauté fondée, les ambitions ennemies réduites au silence, la France, une et grande, toute préparée pour Louis XIV. Mais, si Chalais, Montmorency, Cinq-Mars avaient payé de leurs têtes leurs conspirations insensées, il y avait là, parmi les spectateurs, plus d'un Cinna, plus d'une Émilie. Alors, comme aujourd'hui, l'émotion fut profonde et le drame s'éleva aux proportions de l'histoire.

Mais, combien les temps étaient changés! il n'y avait plus, même dans les factions hostiles, assez de ressort pour une Fronde. Il y parut bien quand, cédant aux nécessités de sa position et au vœu du pays, le prince dut en appeler une dernière fois aux suffrages populaires. La sourde rage des partis vaincus se perdit dans l'éclatante manifestation de la France.

Le 19 octobre, le *Moniteur* publiait le décret suivant :

Louis-Napoléon, président de la république française,

Vu les articles 24 et 31 de la Constitution,

Décrète :

Art. 1er. — Le Sénat est convoqué pour le 4 novembre prochain.

Art. 2. — Le ministre d'État est chargé de l'exécution du présent décret.

Le *Moniteur* ajoutait :

« La manifestation éclatante qui vient de se produire dans toute la France, en faveur du rétablissement de l'Empire, impose au prince président de la république le devoir de convoquer le Sénat.

» Le Sénat se réunira le 4 novembre prochain.

» S'il résulte de ses délibérations un changement dans la forme du gouvernement, le sénatus-consulte qu'il aura adopté, sera soumis à la ratification du peuple français.

» Pour donner à ce grand acte toute l'autorité qu'il doit avoir, le Corps législatif sera appelé à constater la régularité des votes, à en faire le recensement et à en déclarer le résultat. »

Dès que ce décret fut connu du public, tous les esprits se rassurèrent, et l'on commença à respirer plus librement. Enfin, Louis-Napoléon s'était rendu au vœu du peuple, les ovations dont il avait été l'objet avaient été comprises, et le trône impérial allait être restauré. Le nom de Napoléon n'était pas seulement un gage de force, c'était encore la certitude d'institutions régulières et sages appuyées sur le suffrage universel. Avec l'Empire inauguré de cette façon, on entrait largement dans une voie nouvelle, on allait vers l'avenir avec confiance, bien certain d'atteindre enfin à ce progrès dont tant de révolutions nous avaient éloignés.

L'explosion des sentiments du pays ne se fit pas longtemps attendre; et la joie ne fut douteuse pour personne.

Des fêtes s'organisèrent immédiatement, et faisant écho à cet élan qui poussait la France entière au-devant de l'héritier de Napoléon Ier, les directeurs des théâtres de Paris organisèrent des représentations extraordinaires, où l'enthousiasme des spectateurs renouvela les triomphes qui avaient accueilli le futur Empereur dans le Midi.

Un jour, c'était Rachel, l'incomparable tragédienne, qui, dépouillant la robe d'Émilie, paraissait sur la scène, en muse grecque, vêtue de blanc, une branche d'olivier à la ceinture et qui récitait ces vers de M. Arsène Houssaye :

Je suis la Muse de l'histoire,
Mon livre est de marbre ou d'airain,
Quand vient l'heure de la victoire,
Je prends mon stylet souverain.

Phidias, l'autre Prométhée,
Qui des hommes a fait des dieux,
En son Parthénon m'a sculptée,
Pieds sur terre et front dans les cieux.

Un cycle rayonnant commence,
Le vieux monde s'est réveillé;
Déjà dans l'horizon immense,
L'étoile d'or a scintillé.

Je suis la Muse prophétique.
Le passé me dit l'avenir :

Toujours jeune et toujours antique,
Le monde ne doit pas finir.

La jeune France martiale
Qui va guidant l'humanité,
Avec l'idée impériale
Rentre enfin dans sa majesté.

Une autre fois c'était à l'Opéra.

La vaste salle offrait, ce jour-là, le rare et unique coup d'œil d'une assemblée choisie comme Paris seul peut en former, public d'élite composé des illustrations de l'intelligence, des grands dignitaires, de toutes les forces vives du pays.

On remarquait le prince Lucien Murat, le roi Jérôme, président du Sénat, les ministres et les principaux fonctionnaires. D'éclatantes toilettes et de charmants visages de femmes formaient, dans cette splendide réunion, le plus noble et le plus gracieux auditoire.

D'énormes bouquets de violettes fleurissaient le rebord des loges; les diamants pâlissaient sous les couronnes. Le spectacle était plus dans la salle que sur la scène.

Là aussi une cantate, composée pour la circonstance, fut chantée devant Son Altesse Impériale. Les vers étaient assez mauvais, mais la musique était fort belle.

Un incident d'une imposante étrangeté, dit un témoin oculaire, vint encore augmenter l'enthousiasme de la salle. Une loge des secondes de face avait reçu des hôtes à la figure basanée, au burnous éclatant de blancheur : c'étaient Abd-el-Kader et ses compatriotes d'exil, qui venaient assister à la réception triomphante de leur bienfaiteur.

Dans un entr'acte, l'émir alla rendre visite au prince président, et sur son passage, les fronts se découvraient d'un mouvement unanime. On n'insulte pas en France l'ennemi vaincu, et cette sympathie respectueuse prouva au chef illustre qu'il n'était pas venu orner un triomphe.

Vers minuit, le prince quitta sa loge et remonta en voiture, aux cris mille fois répétés de *Vive l'Empereur*, acclamations qui le suivirent longtemps encore.

Cependant le 4 novembre était arrivé et le Sénat venait de se réunir. Dès la première séance, il reçut communication d'un message du président de la république. L'histoire doit enregistrer avec soin ce document si grave.

« Messieurs les sénateurs, disait le message, la nation vient de manifester hautement sa volonté de rétablir l'Empire.

» Confiant dans votre patriotisme et vos lumières, je vous ai convoqués pour délibérer légalement sur cette grave question, et vous remettre le soin de régler le nouvel ordre de choses. Si vous l'adoptez, vous penserez sans doute, comme moi, que la Constitution de 1852 doit être maintenue, et alors les modifications reconnues indispensables ne toucheront en rien aux bases fondamentales.

» Le changement qui se prépare portera principalement

sur la forme ; et cependant, reprendre le symbole impérial est pour la France d'une immense signification.

» En effet, dans le rétablissement de l'Empire, le peuple trouve une garantie à ses intérêts et une satisfaction à son juste orgueil.

» Ce rétablissement garantit ses intérêts en assurant l'avenir, en fermant l'ère des révolutions, en consacrant encore les conquêtes de 1789.

» Il satisfait son juste orgueil, parce que, relevant avec liberté et avec réflexion ce qu'il y a trente-sept ans l'Europe entière avait renversé par la force des armes, au milieu des désastres de la patrie, le peuple venge noblement ses revers sans faire de victimes, sans menacer aucune indépendance, sans troubler la paix du monde.

Je ne me dissimule pas, néanmoins, tout ce qu'il y a de redoutable à accepter aujourd'hui et à mettre sur sa tête la couronne de Napoléon ; mais mes appréhensions diminuent par la pensée que, représentant à tant de titres la cause du peuple et la volonté nationale, ce sera la nation qui, en m'élevant au trône, se couronnera elle-même. »

Immédiatement après la lecture de ce message, des sénateurs présentèrent une proposition de sénatus-consulte relative à l'Empire, qui fut sur le champ transmise au gouvernement. Celui-ci déclara, par l'organe du ministre d'État, qu'il ne s'opposait pas à sa prise en considération. Les membres du Sénat se retirèrent alors dans leurs bureaux pour nommer une commission chargée d'examiner la proposition et de faire son rapport.

Le 7, c'est-à-dire trois jours après, le sénatus-consulte était adopté avec acclamations, par 86 voix sur 87 votants, et revêtu de la signature de tous les membres présents.

Il était ainsi conçu :

« Art. 1er. La dignité impériale est rétablie.

» Louis-Napoléon Bonaparte est Empereur, sous le nom de Napoléon III.

» Art. 2. La dignité impériale est héréditaire dans la descendance directe et légitime de Louis-Napoléon Bonaparte, de mâle en mâle, par ordre de primogéniture, et à l'exclusion perpétuelle des femmes et de leur descendance.

» Art. 3. Louis-Napoléon Bonaparte, s'il n'a pas d'enfant mâle, peut adopter les enfants et descendants légitimes, dans la ligne masculine, des frères de l'Empereur de Napoléon Ier.

» Les formes de l'adoption sont réglées par un sénatus-consulte.

» Si, postérieurement à l'adoption, il survient à Louis-Napoléon des enfants mâles, ses fils adoptifs ne pourront être appelés à lui succéder qu'après ses descendants légitimes.

» L'adoption est interdite aux successeurs de Louis-Napoléon et à leur descendance.

» Art. 4. Louis-Napoléon Bonaparte règle, par un décret

organique adressé au Sénat et déposé dans ses archives, l'ordre de succession au trône dans la famille Bonaparte, pour le cas où il ne laisserait aucun héritier direct, légitime ou adoptif.

» Art. 5. A défaut d'héritier légitime ou d'héritier adoptif de Louis-Napoléon Bonaparte et des successeurs en ligne collatérale qui prendront leur droit dans le décret organique sus-mentionné, un sénatus-consulte, proposé au Sénat par les ministres formés en conseil de gouvernement, avec l'adjonction des présidents en exercice du Sénat, du Corps législatif et du conseil d'État, et soumis à l'acceptation du peuple, nomme l'Empereur, et règle dans sa famille l'ordre héréditaire de mâle en mâle, à l'exclusion perpétuelle des femmes et de leur descendance.

» Jusqu'au moment où l'élection du nouvel Empereur est consommée, les affaires de l'État sont gouvernées par les ministres en fonctions, qui se forment en conseil de gouvernement et délibèrent à la majorité des voix.

» Art. 6. Les membres de la famille de Louis-Napoléon Bonaparte appelés éventuellement à l'hérédité, et leur descendance des deux sexes, font partie de la famille impériale. Un sénatus-consulte règle leur position. Ils ne peuvent pas se marier sans l'autorisation de l'Empereur. Leur mariage fait sans cette autorisation emporte privation de tout droit à l'hérédité, tant pour celui qui l'a contracté que pour ses descendants.

» Néanmoins, s'il n'existe pas d'enfants de ce mariage, en cas de dissolution pour cause de décès, le prince qui l'aurait contracté recouvre ses droits à l'hérédité.

» Louis-Napoléon Bonaparte fixe les titres et la condition des autres membres de sa famille.

» L'Empereur a pleine autorité sur tous les membres de sa famille; il règle leurs devoirs et leurs obligations par des statuts qui ont force de loi.

» Art. 7. La Constitution du 15 janvier 1852 est maintenue dans toutes celles de ses dispositions qui ne sont pas contraires au présent sénatus-consulte ; il ne pourra y être apporté de modification que dans les formes et par les moyens qu'elle a prévus.

« Art. 8. La proposition suivante sera présentée à l'acceptation du peuple français dans les formes déterminées par les décrets des 2 et 4 décembre 1851 :

» Le peuple veut le rétablissement de la dignité impériale dans la personne de Louis-Napoléon Bonaparte, avec hérédité dans sa descendance directe, légitime ou adoptive, et lui donne le droit de régler l'ordre de succession au trône dans la famille Bonaparte, ainsi qu'il est prévu par le sénatus-consulte du 4 novembre 1852. »

Aussitôt après la séance, tous les sénateurs, en grand costume, LL. EEm. les cardinaux en robe rouge, précédés d'une escorte, se rendirent en corps au palais de Saint-Cloud.

Le prince ne se fit pas attendre, et il fut salué à son entrée des cris de *Vive l'Empereur !*

Alors M. Mesnard, premier vice-président, remit entre les mains de Son Altesse Impériale le sénatus-consulte adopté peu auparavant, et lui adressa le discours suivant :

« Monseigneur,

» Lorsqu'un grand pays comme la France fait entendre sa voix, le premier devoir du corps politique auquel elle s'adresse est de l'écouter et de lui répondre.

» Telle a été la pensée de Votre Altesse en appelant les méditations du Sénat sur ce vaste mouvement de l'opinion publique qui se manifeste avec tant d'ensemble et d'énergie.

» Le Sénat a compris que cette éclatante manifestation se justifie tout à la fois par les immenses services que vous avez rendus, par le nom que vous portez, par les garanties que donnent à l'avenir la grandeur de votre caractère, la sagesse et la fermeté de votre esprit.

» Il a compris qu'après tant de révolutions, la France éprouve le besoin de mettre ses destinées sous l'abri d'un gouvernement puissant et national qui, ne tenant au passé que par les souvenirs de sa gloire et la légitimité de son origine, retrouve aujourd'hui, dans la sanction populaire, les éléments de sa force et de sa durée.

» Le Sénat se glorifie, Monseigneur, d'être le fidèle interprète des vœux et des sentiments du pays, en déposant entre vos mains le sénatus-consulte qui vous appelle à l'Empire. »

De nouveaux cris de *Vive l'Empereur !* se firent entendre après ces paroles. Le prince répondit :

« Messieurs les sénateurs,

» Je remercie le Sénat de l'empressement avec lequel il a répondu au vœu du pays, en délibérant sur le rétablissement de l'Empire et en rédigeant le sénatus-consulte qui doit être soumis à l'acceptation du peuple.

» Lorsque, il y a quarante-huit ans, dans ce même palais, dans cette même salle et dans des circonstances analogues, le Sénat vint offrir la couronne au chef de ma famille, l'Empereur répondit par ces paroles mémorables : *Mon esprit ne serait plus avec ma postérité du jour où elle cesserait de mériter l'amour et la confiance de la grande nation.*

» Eh bien ! aujourd'hui, ce qui touche le plus mon cœur, c'est de penser que l'esprit de l'Empereur est avec moi, que sa pensée me guide, que son ombre me protège, puisque, par une démarche solennelle, vous venez, au nom du peuple français, me prouver que j'ai mérité la confiance du pays. Je n'ai pas besoin de vous dire que ma préoccupation constante sera de travailler avec vous à la grandeur et à la prospérité de la France. »

Le discours de Son Altesse Impériale fut salué par de nouveaux vivats, et la partie officielle de cette cérémonie étant accomplie, le prince se mêla aux sénateurs auxquels il adressa quelques mots pleins d'affabilité.

Le même jour, un décret paraissait, convoquant le peuple français dans ses comices, pour les 21 et 22 novembre, à l'effet d'accepter ou de rejeter le plébiscite dont la teneur était contenue dans le sénatus-consulte.

Or, pendant que ces faits se passaient, et au moment où la France s'apprêtait à déposer son vote dans l'urne électorale, les partis, pour qui rien n'était sacré, s'acharnaient dans l'ombre après celui qui les avait vaincus, et tentaient encore, après vingt défaites, de semer dans le pays le désordre et la désunion.

Des pamphlets, des libelles honteux, émanés le plus souvent de la presse étrangère et habilement soustraits à la surveillance de la douane, étaient introduits en France et répandus avec profusion dans les provinces. Ces calomnies anonymes étaient envoyées par la poste et à domicile, sous des noms le plus souvent faux, cachés dans des ballots de marchandises ou dans des colis de tout genre. Rien de plus divers, et à quelques égards de plus curieux, que les stratagèmes inventés par les auteurs de cette ignoble propagande ! Des livres se présentaient sous un titre inoffensif et connu ; et, lorsqu'on les parcourait, on rencontrait le venin après quelques feuillets inoffensifs.

L'élection impériale ne pouvait manquer de surexciter ces manœuvres.

Mais, fidèle à la politique loyale qu'il avait inaugurée, le gouvernement de Louis-Napoléon, loin de s'opposer à la publication de ces pamphlets, leur livra les colonnes du *Moniteur*. En portant ainsi lui-même à la connaissance de la France, les proclamations parties de Londres, de Jersey et de Frohsdorf, le gouvernement transformait dix millions d'électeurs en dix millions de jurés, et les constituait juges suprêmes de l'accusation devenue publique.

Ces proclamations, émanant d'ailleurs d'esprits violents, ne pouvaient que produire un effet favorable à l'élection impériale.

Entre ces hommes prêts à l'assassinat et au pillage, qui, l'injure à la bouche, et le fusil à la main, promettaient à tous le retour des plus sanglants épisodes de la révolution de 93, et le prince qui assurait à la France une liberté sage, et un repos glorieux, les électeurs pouvaient-ils hésiter?

Mais, hâtons-nous de le dire, si on pouvait regretter de voir un prince qui supporte si noblement son infortune, compromettre la dignité de sa situation dans une protestation inopportune, il n'était pas possible de confondre le sentiment qui avait dicté cette pièce avec le manifeste plein de rage sanguinaire des socialistes de Jersey.

Moins ignoble, ce triste document eût peut-être été plus dangereux. Mais on y reconnaissait la bouffissure habituelle au poëte tombé à la fois du haut de ses espérances déçues et de sa dignité avilie.

« Apprêtez-vous à *frapper le brigand qui souille notre pays....* à enfermer dans un cercle de fer et de plomb tous les complices du *César du guet-apens, le dictateur de l'assassinat...* Louis Bonaparte est *hors la loi :* Louis Bonaparte est *hors l'humanité.* »

Telles étaient les honteuses saturnales de paroles au moyen desquelles l'ancien poëte lauréat, pensionné par les Bourbons, admirateur de Louis-Philippe, flatteur évincé de Louis Bonaparte, essayait de flétrir l'élu de la France. Il n'est pas, on le sait, de rage plus aveugle que celle de l'impuissance.

Chose admirable! ce parti qui prétend, en plein cœur du XIXe siècle, restaurer les doctrines de l'ancienne Montagne, ce parti attardé des voltigeurs de 93, qui cherche à dissimuler sa niaise imitation d'un jacobinisme vieilli, sous le pathos humanitaire et philanthropique des nouveaux idéologues, ce parti sans idées ne sait en appeler qu'à la force brutale. Comme son maître Robespierre, il déclame contre la peine de mort, et chacune de ses paroles, froide et acérée comme *l'instrument de nos pères*, laisse entrevoir l'éclat sinistre du triangle républicain. C'est la terreur avec l'hypocrisie de plus. On place *hors la loi, hors l'humanité* un homme choisi par l'immense majorité de la nation, et on affecte une sainte horreur de l'échafaud vengeur qui punit l'assassin en rassurant la société. On répète avec Blanqui : « Qui a du fer a du pain, » on excite quelques fous au massacre et à la guerre civile, et on soupire doucereusement après l'ère impatiemment attendue de la fraternité universelle. Marat doublé de Tartuffe !

Au fond de ces violences impuissantes, qu'y avait-il après tout? La négation absolue, effrontée, de la souveraineté nationale. Et, chose étrange, des deux côtés on arrivait au même résultat. Le prince égaré par un faux sentiment de son droit prétendu, le faux démagogue furieux de n'avoir pu tromper le peuple, tous deux, avec l'immense différence qui sépare la loyauté de l'hypocrisie, l'honnêteté de l'impudence, substituent un droit divin au droit populaire, le droit qui prime celui de la nation; c'est, pour l'un, son ambition stupide et son caprice sauvage, pour l'autre, c'est son droit personnel. Seulement, l'un affirme son droit avec une douloureuse et calme résignation; l'autre rugit de ne pouvoir l'imposer un poignard à la main.

Celui-ci admettrait la souveraineté populaire, pourvu qu'elle ne lui donnât que ce qu'il réclame. Celui-là ne saurait comprendre le vote de la nation que si la nation rétablit le trône dont elle a dispersé jusqu'à la poussière.

En lisant la protestation du comte de Chambord, ne dirait-on pas que le droit reconnu à la nation de choisir et la forme et le chef de son gouvernement est un principe né d'hier, au milieu des orages révolutionnaires? Comment avait-on pu oublier que ce principe, vrai comme la logique et vieux comme le monde, n'a jamais cessé d'être la base de notre droit public : que l'ancienne monarchie l'a proclamé dans maintes circonstances solennelles, et que s'il pouvait être mis en doute, toutes les dynasties seraient autant d'usurpations; que, par conséquent, il est l'unique fondement de leur droit?

Quelle autre principe que la souveraineté nationale a pu légitimer la dernière race de nos rois? Manquait-il un héritier au trône de Charlemagne lorsque Hugues Capet vint s'y asseoir? Celui de Clovis était-il vacant lorsque Pépin l'occupa? L'accord des besoins et de la volonté de la France a fait la légitimité de toutes les dynasties; en se séparant d'elles, le pays n'a méconnu ni leurs services ni leur gloire; mais en vertu du même droit qui les avait mises à sa tête, lorsqu'elles représentaient ses intérêts et ses vœux, il les a écartées, quand elles ont cessé d'être d'accord avec leur principe et que l'esprit qui les animait n'a plus été l'esprit national.

Que promettait-il cependant l'héritier des Bourbons de la branche aînée. « *La monarchie véritable, la monarchie traditionnelle*, appuyée sur *le droit héréditaire et consacré par le temps.* » Qu'est-ce que cela voulait dire? De quelle tradition parlait-on, de quel droit... Que signifiait cette *maison royale de France indissolublement unie à la nation?* N'était-ce donc pas le suffrage universel? et ce *gouvernement régulier et stable, cet accord permanent d'une autorité forte et d'une sage liberté?* Tout cela n'existait-il pas? La France avait assez des Bourbons; la véritable monarchie, c'est celle de Napoléon, fondée sur le vote du peuple, entourée d'institutions généreuses, en harmonie avec les mœurs et les progrès accomplis ; le peuple le savait ; il n'en voulait pas d'autres ; il l'avait reconquise, aucune considération ne l'aurait fait hésiter.

Si la France avait pu emprunter une voix et répondre à l'héritier d'une race déchue, elle lui eût dit sans doute :

Enfant innocent des fautes de vos aïeux, cessez de vous consumer en regrets inutiles, en vaines espérances. Il y a longtemps, bien longtemps, que les Bourbons ne sont plus rien pour moi. Ramenés par l'étranger, ils n'ont gouverné que par le malheur des temps : encore eussent-ils dû sacrifier leur principe et leur vieux droit. 1830 les a chassés du sol, mais jamais ils n'étaient rentrés dans le cœur du pays : Louis XVI mourant sur l'échafaud, a été le dernier des

Bourbons couronnés. Louis XIV, mourant sur son lit de parade, a été le dernier roi véritable de cette illustre race.

Que parlez-vous de tradition, de droit héréditaire consacré par le temps ? Que parlez-vous de maison royale indissolublement unie à la nation? Toute tradition fait son temps, toute alliance est périssable. L'hérédité monarchique ne peut survivre à l'héritage lui-même. Un moment vient dans la vie des peuples où, sur les débris de la souche royale épuisée, s'élève un trône nouveau, plus jeune et plus fécond. C'est l'éternelle loi : celui-là règne qui sait régner.

Au-dessus du droit d'un homme ou d'une race est placé le droit même de la nation. Après une longue suite de rois, dont la vie s'est identifiée avec la vie d'un peuple, les rejetons abâtardis de la souche première se flétrissent et meurent. Une tige nouvelle les remplace. Aux fils de Mérovée, aux guerriers chevelus qui conduisirent le Franc Salien de la Meuse à la Somme, succèdent, par le droit divin de l'intelligence et du courage, les fils des maires du palais. Aux Carlovingiens épuisés, succèdent à leur tour les Capétiens dont la longue et puissante lignée enfante la France de Louis XIV. Et de quel droit voudriez-vous que leur sang appauvri coulât éternellement dans les veines du peuple? Usurpateurs eux-mêmes, mais usurpateurs légitimés par la durée de leurs services, ils ont fait place à l'usurpateur légitime acclamé par la France.

Trouvez-vous dans ces vieilles annales du pays quelque Assemblée nationale, quelque Champ de Mai où plus d'acclamations aient sanctifié le pouvoir d'un homme et d'une race ? Et ce n'est pas assez encore ? L'héritier direct du chef librement choisi, du chef que l'étranger seul a renversé de son trône, cet héritier a fait consacrer de nouveau et par trois fois, son pouvoir héréditaire. Connaissez-vous un chef des anciens temps dont l'autorité soit plus incontestable ? Quel est donc le Pharamond, le Pépin, le Hugues que huit millions d'hommes aient élevé sur le pavois ?

Subissez donc dans votre innocente obscurité cette loi divine des nécessités politiques. Imitez ce noble vieillard, votre aïeul, qui, violemment tombé du trône, se releva dans l'exil. Il y eut, sachez-le bien, plus de grandeur véritable dans le vaincu d'Holy-Rood que dans le Bourbon constitutionnel des Tuileries. Et vous que la France plaint, mais qu'elle repousse, acceptez en silence cet héritage, le seul auquel vous puissiez prétendre et coulez une vie paisible dans quelque palais de la belle Venise ou dans quelque château féodal des bords du Rhin ou du Danube, nid d'aigle qui renferma jadis des princes puissants comme vos pères et tombés comme vous.

La protestation du comte de Chambord n'eut d'écho que dans les cœurs fidèles de quelques vieux serviteurs. La loyale Vendée resta sourde à cette voix qui, jadis, eût fait sortir de chaque chaumière un homme et un fusil. Bourbon-Vendée réclamait comme un honneur son nom impérial de Napoléon-Ville !

Quant au manifeste de tristes ambitieux déguisés en jacobins, il ne recueillit que le mépris et le dégoût. On s'indigna d'entendre ces jongleurs de liberté parler de « ferrer par la main du bourreau » celui qu'avait sacré la main de la France ! l'enthousiasme s'accrut et on put pressentir que le vote nouveau d'où allait sortir un Empereur l'emporterait encore sur les autres en éclatante unanimité.

On s'était flatté que la magistrature avait conservé un levain d'opposition contre l'auteur du coup d'État du 2 décembre : on se rappelait avec une secrète espérance la manifestation hostile de quelques membres de la haute cour de justice en faveur de l'Assemblée nationale de 1851. Les grands corps de la magistrature française s'empressèrent, comme à l'envi, de donner un démenti éclatant à ces soupçons mal fondés.

Pouvaient-ils oublier, en effet, que c'est à un Napoléon que la France doit son organisation judiciaire, la plus parfaite de l'Europe ?

A la reprise de ses travaux, la cour d'appel de Paris fut la première à s'associer par une manifestation solennelle au prodigieux mouvement d'opinion publique qui entraînait la France vers de nouvelles destinées. Le tribunal de première instance de la Seine suivit cet exemple, ainsi que la cour de cassation et le conseil de l'ordre des avocats. La magistrature des départements s'associa à ces vœux nettement exprimés.

Le 21 novembre, le scrutin s'ouvrit dans toute la France. Paris, ce même Paris qui naguère se laissait imposer M. Eugène Sue ou qui voyait un sauveur dans M. Caussidière, Paris se rua au scrutin. Des malades, des infirmes, des paralytiques se firent transporter dans la salle du vote. Dans la rue des Vinaigriers, cet ancien quartier général du socialisme, un ouvrier presque mourant se fit transporter auprès de l'urne, disant à ceux qui l'entouraient : « On ne saurait trop faire pour celui qui a sauvé la France. »

Dans le 8e arrondissement, le général Despaux, âgé de quatre-vingt-onze ans, arriva en voiture pour déposer son vote; il essaya de monter dans la salle du scrutin, située au premier étage; mais ses forces trahirent son courage, et il fut contraint de s'asseoir dans le vestibule. Le bureau, informé de ce fait, se transporta en corps auprès du général, avec l'urne destinée à recueillir ce vote.

Ici, c'était un malade qu'on apportait dans un fauteuil, là, un vieux soldat de l'Empire, presque centenaire, qui, trop pauvre pour prendre une voiture, arrivait porté par son fils.

Le vote de Paris dépassa toutes les espérances. 208,658 voix portèrent le prince au trône impérial. Monarchistes, républicains et socialistes réunis ne purent réunir que 58,738 protestations.

En province, le spectacle était plus imposant encore. Le soleil du 10 décembre 1848 n'inondait pas les plaines : une pluie torrentielle tombait à flots; les routes étaient défoncées; les cours d'eau enflés rendaient impraticables les gués et les bacs qui relient aux villages de montagnes bien des habitations de paysans. Et cependant l'enthousiasme était partout, suppléait à tout. Les communes s'ébranlaient, maire et curé en tête. Il y en avait beaucoup où on ne s'astreignait pas à l'inutile formalité du bulletin de vote. On se comptait. Un grand nombre arrivaient au chef-lieu de vote avec un *oui* unanime, formidable.

Dans les Pyrénées, il y eut un village dont les habitants, séparés de l'urne du scrutin par des neiges fondantes, par des gaves furieux, firent, pour acclamer l'Empire, ce qu'ils n'auraient pas fait pour le plus pressant intérêt. Moitié nageant, moitié glissant sur les rochers polis et lavés par la tempête, ils arrivèrent !

Beaucoup de portions de communes se trouvaient invinciblement enfermées et sans communication possible. Des milliers de paysans ne purent, à leur grand regret, participer à l'acte qui sauvait définitivement la France. Mais, là aussi, dans ces chaumières séparées pour un moment du reste du pays, si on ne put pas s'associer à la grande manifestation impériale, on voulut du moins, par un touchant simulacre, participer de cœur à l'ovation faite à Napoléon III. Prisonniers des éléments, ces braves gens constatèrent à domicile leur impuissante unanimité. Un grand nombre de votes furent perdus de cette manière.

Chaque jour apportait à Paris des chiffres formidables. Le résultat n'était plus douteux. Les départements naguère les plus infectés de socialisme, les communes qui avaient fourni le plus de soldats à l'armée de la Jaquerie, semblaient avoir voulu se réhabiliter d'une manière éclatante.

Un décret convoqua le Corps législatif à l'effet de constater la régularité, faire le recensement et déclarer le résultat des votes émis sur le projet de plébiscite présenté à l'acceptation du peuple français en exécution du sénatus-consulte du 7 novembre. Le 25 novembre, M. Fould, ministre d'État, donne lecture du message suivant, adressé au Corps législatif par le prince président de la république ;

« Messieurs les députés,

« Je vous ai rappelés de vos départements pour vous associer au grand acte qui va s'accomplir.

» Quoique le Sénat et le peuple aient seuls le droit de modifier la Constitution, j'ai voulu que le corps politique, issu comme moi du suffrage universel, vînt attester au monde la spontanéité du mouvement national qui me porte à l'Empire.

» Je tiens à ce que ce soit vous qui, en constatant et la liberté du vote et le nombre des suffrages, fassiez sortir de votre déclaration toute la légitimité de mon pouvoir. Aujourd'hui, en effet, déclarer que l'autorité repose sur un droit incontestable, c'est lui donner la force nécessaire pour fonder quelque chose de durable et assurer la prospérité du pays.

» Le gouvernement, vous le savez, ne fera que changer de forme. Dévoué aux grands intérêts que l'intelligence enfante et que la paix développe, il se contiendra, comme par le passé, dans les limites de la modération, car le succès n'enfle jamais d'orgueil l'âme de ceux qui ne voient dans leur élévation nouvelle qu'un devoir plus grand imposé par le peuple, qu'une mission plus élevée confiée par la Providence. »

C'était toujours la même loyauté, la même droiture, la même franchise.

Quel autre langage, que celui des hommes du passé, démagogues ou légitimistes, quelle leçon pour les partis vaincus, quel espoir pour la France !...

Pendant que le Corps législatif s'apprêtait à constater le vœu de la France, celle-ci donnait au monde un magnifique spectacle. On voyait tout un grand peuple, animé d'une même pensée, se réunir pacifiquement et manifester sa volonté avec cette dignité et cette résolution qui conviennent à la souveraine indépendance.

Ainsi, trois fois en quatre ans, le pays avait été convoqué à cette imposante solennité, et chaque fois il avait donné au chef de l'État les témoignages d'une affection plus vive et d'une confiance plus entière.

Qu'on y pense : depuis le commencement du siècle, la nation n'avait pas été appelée à délibérer sur la forme de son gouvernement : en 1815, éplorée, épuisée, humiliée, elle avait dû accepter une dynastie odieuse sous la menace d'un million de baïonnettes étrangères. En 1830, quelques députés sans mandat, organes intéressés d'une caste bourgeoise, lui avaient imposé la monarchie bâtarde qu'elle devait renverser après dix-sept ans. Enfin, en 1848, on avait invoqué ce principe, mais on n'avait pas osé consulter en fait la souveraineté du peuple, on lui avait demandé une Assemblée constituante, mais on n'avait pas voulu l'interroger sur la forme même du gouvernement. Il avait paru plus prudent de décréter que de voter la république.

Or, il arrivait aujourd'hui que le peuple se servait de l'instrument même que la république avait mis en ses mains pour le retourner contre elle et la renverser. Éclatante justification des prévisions de Louis-Napoléon Bonaparte et de l'acte sauveur du 2 décembre, le suffrage universel tuait la république !

Et pouvait-il en être autrement? Rien n'est juste comme le bon sens de tout un peuple, rien n'est fort comme sa volonté. Consulté sur ses véritables intérêts, il n'est pas possible qu'il les méconnaisse longtemps, et qu'avec le sentiment de sa force il n'écarte bientôt ce qui leur est contraire pour y substituer ce qui peut le mieux les servir. La France n'avait pas tardé à se convaincre qu'une nation de trente-six millions d'hommes, avec ses intérêts si nombreux et si divers, avec ses habitudes et ses mœurs, avec sa place dans le monde, ne pouvait s'accommoder des agitations, des incertitudes et des dangers du gouvernement républicain; c'est pour cela qu'elle décidait aujourd'hui, sans colère et sans rancune, mais avec un calme imposant et un admirable ensemble, qu'elle voulait être gouvernée par le pouvoir d'un seul, et que ce pouvoir, pour être à l'abri des orages, serait héréditaire.

La réponse était claire : la France voulait la monarchie et la monarchie impériale. Elle voulait encore, cette nation qu'on dit si inconstante et si légère, la dynastie qu'elle s'était choisie au commencement du siècle, et qu'elle avait, une fois pour toutes, marquée d'un caractère national. C'est qu'après l'avoir vue à l'œuvre, elle avait pu se convaincre que cette dynastie était la seule qui répondît sans exclusion à ses intérêts, à ses instincts, comme aux légitimes conquêtes de la civilisation moderne. Il y avait bien entre la dynastie impériale et le pays une indissoluble communauté de sentiments et de gloire.

Depuis la chute de l'Empire, la France avait essayé de deux monarchies ; malgré les avantages de la paix dont elles l'avaient fait jouir, toutes deux étaient tombées devant les souvenirs du peuple. Plus tard, le peuple avait pu, malgré son bon sens, se laisser un instant éblouir par de séduisantes utopies : grâce à la sagesse de celui qu'il avait pris pour chef, il n'avait pas tardé à revenir de ses erreurs. Louis-Napoléon avait su détruire l'influence dangereuse du socialisme, en marchant résolûment dans la voie du progrès. Avant tout, il fallait rétablir l'ordre, ranimer le travail et la confiance, réveiller le sens moral, rappeler au respect de la religion et de la loi, relever l'autorité et la dignité du pouvoir. Il fallait achever nos chemins de fer, abaisser le taux de l'intérêt, rendre l'administration plus facile en la décentralisant; il faillait réduire l'armée et assurer le sort du soldat; il fallait que la justice fût mise à la portée du pauvre; que l'ouvrier eût la vie à bon marché, des logements salubres, des épargnes et du pain pour sa vieillesse; il fallait aux campagnes l'allégement de l'impôt foncier, des capitaux qui permissent à l'agriculture d'améliorer le sol et d'éteindre ses dettes; il fallait enfin un ensemble d'institutions qui eussent le double avantage d'être utiles à tous, sans nuire aux intérêts de personne. Tout cela avait été réalisé en quelques mois avec une sûreté de tact, une vigueur de décision que, depuis longtemps, la France ne connaissait plus.

Voilà pour le passé. Quant à l'avenir, le programme de l'Empire, tracé d'avance dans le discours de Bordeaux, et confirmé par le Message au Corps législatif, en répondait assez. Placé par son origine et ses antécédents bien au-dessus des partis, le nouveau gouvernement saurait allier la modération à la fermeté, et s'appliquerait sans obstacle à féconder « les grands intérêts que l'intelligence enfante et que la paix développe. » Celui que la France allait couronner ne voyait dans sa nouvelle élévation « qu'un devoir plus grand imposé par le peuple, qu'une mission plus haute confiée par la Providence. »

Le 1er décembre, les bureaux du Corps législatif avaient recensé 7,824,189 bulletins portant le mot *oui*, 253,145 portant le mot *non*, 63,326 bulletins nuls. En présence de cette immense majorité acquise au plébiscite, il devenait inutile d'attendre quelques procès-verbaux dressés dans des localités éloignées, et dont la vérification serait ultérieurement faite. Pour donner satisfaction au vœu national, on résolut de proclamer sans délai le grand événement qui fixait les destinées de la France.

Aux cris répétés de *Vive l'Empereur !* le Corps législatif, ayant à sa tête son président M. Billault, et le Sénat, précédé de son vice-président M. Mesnard, les conseillers d'État, les ministres, les princes de la famille impériale se rendirent au palais de Saint-Cloud, pour porter au prince le résultat officiel du scrutin.

Saint-Cloud, berceau prédestiné de la grandeur impériale, Saint-Cloud dont l'orangerie avait vu la république impuissante reculer devant le premier Consul !

A neuf heures moins un quart, Son Altesse Impériale, accompagnée du prince Jérôme, son oncle, et du prince Napoléon Bonaparte, précédée de M. le comte Bacciochi, maître des cérémonies, de M. Feuillet de Conches, maître des cérémonies adjoint, de ses aides de camp et de ses officiers d'ordonnance, et suivie de tous ses ministres et de M. Baroche, vice-président du conseil d'État, membre du conseil des ministres, se rendit dans la grande galerie où un trône avait été placé sur une estrade, au fond de la salle.

Derrière le trône se trouvaient MM. les conseillers d'État ; la maison de Son Altesse Impériale avait pris place en avant ;

Son Altesse Impériale, ayant à sa droite le prince Jérôme et à sa gauche le prince Jérôme Bonaparte, se plaça en avant du trône.

Alors M. Billault, président du Corps législatif, prononça les paroles suivantes :

« Sire ,

» Nous apportons à Votre Majesté l'expression solennelle de la volonté nationale : au plus fort des ovations que vous décernait l'enthousiasme populaire, peu pressé de ceindre une couronne qu'on vous offrait de toutes parts, vous avez désiré que la France se recueillît ; vous avez voulu qu'elle ne prît que de sang-froid, dans sa pleine liberté, cette suprême décision par laquelle un peuple, maître de lui-même, dispose souverainement de sa destinée.

» Votre vœu, Sire, s'est accompli : un scrutin, libre, secret, ouvert à tous, a été dépouillé loyalement sous les yeux de tous : résumant en une seule huit millions de volontés, il donne à la légitimité de votre pouvoir la plus large base sur laquelle se soit jamais assis un gouvernement en ce monde. Depuis ce jour où six millions de voix recueillies pour vous par le pouvoir même qu'elles appelaient à remplacer, vous ont remis le sort de la patrie, la France, à chaque nouveau scrutin, a marqué par de nouveaux millions de suffrages l'accroissement continu de sa confiance en vous. En dehors comme en dedans de ses comices, dans ses fêtes comme dans ses votes, partout ses sentiments ont éclaté : d'un bout à l'autre du pays, se précipitant sur ses pas; accourant de toutes parts pour saluer, ne fût-ce que de loin, l'homme de leurs espérances et de leur foi, nos populations ont assez fait voir au monde que vous étiez bien leur Empereur, l'Empereur voulu par le peuple; que vous aviez bien avec vous cet esprit national qui, au jour marqué par la Providence, sacre les nouvelles dynasties et les asseoit à la place de celles qu'il n'anime plus.

» Abritant sous un immense souvenir de gloire ce qu'elle a de plus précieux, son honneur au dehors, sa sécurité au dedans, et ces immortels principes de 1789, bases désormais inébranlables de la nouvelle société française si puissamment organisée par l'Empereur votre oncle, notre nation relève avec un orgueilleux amour cette dynastie des Bonaparte, sortie de son sein, et qui ne fut point renversée par des mains françaises. Mais, tout en gardant un fier souvenir des grandes choses de la guerre, elle espère surtout en vous pour les grandes choses de la paix. Vous ayant déjà vu à l'œuvre, elle attend de vous un gouvernement résolu, rapide, fécond : pour vous y aider, elle vous entoure de toutes ses sympathies, elle se livre à vous tout entière : prenez donc, Sire, prenez des mains de la France cette glorieuse couronne qu'elle vous offre : jamais aucun front royal n'en aura porté de plus légitime ni de plus populaire. »

Puis M. Mesnard, premier vice-président du Sénat, adressa au prince le discours suivant :

» Le Corps législatif a fait connaître la volonté souveraine de la France !

» En rétablissant la dignité impériale dans la personne et dans la famille de Votre Majesté, en vous donnant la couronne qu'elle avait placée il y a un demi-siècle sur la tête du vainqueur de Marengo, la France dit assez haut quels sont ses vœux, et comment, rattachant le présent au passé, elle confond ses espérances avec ses souvenirs.

» Ce trône où Votre Majesté va s'asseoir, de quelque force, de quelque splendeur qu'il soit entouré, trouve dans la puissance de l'opinion publique ses plus solides fondements.

« L'Empire, c'est la paix, » a dit Votre Majesté dans une mémorable circonstance. La voix du pays ajoute : L'Empire, c'est le maintien des rapports internationaux dans toute la dignité d'une réciprocité amicale ; c'est la religion honorée comme elle mérite de l'être ; c'est la condition des classes laborieuses et souffrantes devenue l'objet d'une constante sollicitude ; c'est la discipline dans l'armée, et au cœur de chaque soldat, le sentiment ardent de l'honneur et de l'indépendance nationale ; c'est le commerce et l'industrie développant et fécondant la prospérité publique ; enfin, c'est l'apaisement des partis, c'est une large et libre place faite à toutes les capacités et à toutes les intelligences, auxquelles on demandera seulement où elles vont, et non plus d'où elles viennent.

» Voilà pourquoi, Sire, tant de millions de voix vous défèrent cette couronne impériale promise à votre naissance, reconquise par votre mérite, rendue à votre nom par l'acte le plus solennel de la souveraineté du peuple.

» Nous prions Votre Majesté d'accueillir avec bonté les hommages et les félicitations du Sénat. »

Ces deux discours furent interrompus plus d'une fois par des acclamations enthousiastes.

Immédiatement après, l'Empereur, car son règne venait de commencer, prononça le discours suivant :

« Messieurs,

» Le nouveau règne que vous inaugurez aujourd'hui n'a pas pour origine, comme tant d'autres dans l'histoire, la violence, la conquête ou la ruse. Il est, vous venez de le déclarer, le résultat légal de la volonté de tout un peuple, qui consolide au milieu du calme ce qu'il avait fondé au sein des agitations. Je suis pénétré de reconnaissance envers la nation, qui, trois fois en quatre années, m'a soutenu de ses suffrages, et chaque fois n'a augmenté sa majorité que pour accroître mon pouvoir.

» Mais plus le pouvoir gagne en étendue et en force vitale, plus il a besoin d'hommes éclairés comme ceux qui m'entourent chaque jour, d'hommes indépendants comme ceux auxquels je m'adresse pour m'aider de leurs conseils, pour ramener mon autorité dans de justes limites si elle pouvait s'en écarter jamais.

« Je prends dès aujourd'hui, avec la couronne, le nom de Napoléon III, parce que la logique du peuple me l'a déjà donné dans ses acclamations, parce que le Sénat l'a proposé légalement, et parce que la nation entière l'a ratifié.

« Est-ce à dire cependant qu'en acceptant ce titre, je tombe dans l'erreur reprochée au prince qui, revenant de l'exil, déclara nul et non avenu tout ce qui s'était fait en son absence ? Loin de moi un semblable égarement. Non-seulement je reconnais les gouvernements qui m'ont précédé, mais j'hérite en quelque sorte de ce qu'ils ont fait de bien ou de mal ; car les gouvernements qui se succèdent sont, malgré leurs origines différentes, solidaires de leurs devanciers. Mais, plus j'accepte tout ce que depuis cinquante ans l'histoire nous transmet avec son inflexible autorité, moins il m'était permis de passer sous silence le règne glorieux du chef de ma famille, et le titre régulier, quoique éphémère, de son fils, que les chambres proclamèrent dans le dernier élan du patriotisme vaincu. Ainsi donc, le titre de Napoléon III n'est pas une de ces prétentions dynastiqnes et surannées qui semblent une insulte au bon sens et à la vérité ; c'est l'hommage rendu à un gouvernement qui fut légitime, et auquel nous devons les plus belles pages de notre histoire moderne. Mon règne ne date pas de 1815, il date de ce moment même où vous venez me faire connaître les suffrages de la nation.

» Recevez donc mes remercîments, messieurs les députés,

pour l'éclat que vous avez donné à la manifestation de la volonté nationale, en la rendant plus évidente par votre contrôle, plus imposante par votre déclaration. Je vous remercie aussi, messieurs les sénateurs, d'avoir voulu être les premiers à formuler le vœu populaire.

» Aidez-moi tous à asseoir sur cette terre bouleversée par tant de révolutions, un gouvernement stable qui ait pour bases la religion, la justice, la probité, l'amour des classes souffrantes.

» Recevez ici le serment que rien ne me coûtera pour assurer la prospérité de la patrie, et que, tout en maintenant la paix, je ne céderai rien de tout ce qui touche à l'honneur et à la dignité de la France. »

Dès ce moment le nouveau règne va commencer. Déjà un décret a paru qui rend au sceau du gouvernement le noble type de l'Empire, l'aigle couronnée, empiétant un foudre. Déjà ont été élevés à la plus haute dignité de l'armée les courageux et fidèles compagnons qui ont aidé le prince à sauver le pays : les généraux Leroy de Saint-Arnaud, Magnan et de Castellane sont nommés maréchaux de France.

Le lendemain, 2 décembre, verra l'avénement officiel de Louis Napoléon III. A dix heures du matin, sur la place de l'Hôtel de ville, se dresse une élégante estrade. M. le préfet de la Seine y vient prendre place, accompagné de M. Delangle, président de la commission municipale, des deux sous-préfets de Sceaux et de Saint-Denis, de la commission départementale, des maires et adjoints de Paris, des membres du conseil de préfecture et de tous les maires de la banlieue.

Les tambours battent aux champs, les troupes présentent les armes, vingt mille fronts se découvrent, et le préfet donne lecture du décret qui proclame Empereur Louis-Napoléon Bonaparte sous le nom de *Napoléon III*.

Un immense cri de *Vive l'Empereur !* part de cette foule comme d'une seule poitrine, la musique fait entendre ses joyeuses fanfares et des salves de cent un coups de canon, tirées à la fois de l'Hôtel des Invalides, de Montmartre, de la barrière du Trône et de tous les forts répandent au loin l'écho solennel de la proclamation impériale.

Cependant l'Empereur quittait Saint-Cloud et s'apprêtait à entrer dans Paris. Trois cent mille hommes s'étaient donné rendez-vous sur son passage. Les abords de l'arc de triomphe, les Champs-Élysées, la place de la Concorde, le jardin des Tuileries, offraient le spectacle le plus animé. Les deux lignes de la garde nationale et de l'armée, qui s'étendaient, éclatantes d'acier et de couleurs variées, de la porte Maillot au palais des Tuileries, décrivaient une courbe sur la place de la Concorde pour laisser autour des fontaines et de l'Obélisque un large espace au passage du cortége.

A une heure, le canon tonne, les tambours battent aux champs, l'Empereur arrive à l'arc de triomphe. Au même moment, le ciel, jusqu'alors douteux, s'éclaircit, un rayon de soleil perce les nuages.

Ce fut un spectacle saisissant que de voir le nouvel Empereur passer sous cet arc de triomphe, élevé par son oncle à la gloire de l'armée française.

On arriva à la place de la Concorde. Là pouvait être évoqué un autre souvenir. A cette même place, quatre ans auparavant, un public rare et silencieux assistait, sous un ciel neigeux, à la proclamation de cette triste Constitution qui avait failli perdre la France. Une salve de coups de canon accompagnait cette morne cérémonie et Paris inquiet, entendant ces bruits inattendus, se disait : « Qu'y a-t-il ? »

Aujourd'hui l'âme de la grande ville était tout entière à celui qu'elle fêtait et qu'elle acclamait. Les deux terrasses qui bordent la place de la Concorde dans le jardin des Tuileries étaient occupées par les députations d'un grand nombre de corporations ouvrières. Leurs bannières de diverses couleurs et richement brodées, portaient des devises et des emblèmes inspirés par la solennité, avec le cri national de *Vive l'Empereur! Vive Napoléon III!* Ces bannières, rangées en ligne depuis la terrasse du bord de l'eau jusqu'à la rue de Rivoli, formaient une décoration aussi brillante que pittoresque.

Les acclamations enthousiastes qui éclataient partout sur le passage de l'Empereur redoublèrent à ce moment. Dans les rangs, de l'armée, de la garde nationale, de la foule, ce n'était qu'un cri puissant, unanime, dominant le bruit du canon des Invalides qui annonçait l'entrée de Napoléon III dans cet antique palais, berceau de sa grandeur première.

Sa Majesté, après avoir passé en revue sur la place des Tuileries et sur la place du Carrousel les troupes de toutes armes qui y étaient rangées, monta dans les grands appartements du palais, où l'attendaient le prince Jérôme, le prince Napoléon Bonaparte, les autres membres de sa famille et ses ministres. Le palais avait été rendu digne de son nouvel hôte, et chacun fut frappé de la magnificence des appartements restaurés. Il avait fallu, à la fois, faire disparaître et les traces du mauvais goût bourgeois de la monarchie de juillet et les stigmates ignobles des hordes avinées de février.

Les acclamations de la foule, pressée dans le jardin, appelèrent l'Empereur au balcon. Sa Majesté se plaça sur le balcon qui fait face au Carrousel. En ce moment, le maréchal de Saint-Arnaud, ministre de la guerre, lisait à l'armée la proclamation de l'Empire. Et, en même temps, le comte de Persigny, ministre de l'intérieur, accompagné du général Lawœstine et de son état-major, lisait la même proclamation, sur la place de la Concorde, à la garde nationale rassemblée. Des deux côtés on y répondit en poussant, avec une nouvelle énergie, le cri de *Vive l'Empereur !*

Ainsi, le même jour, ce grand acte avait été accompli devant le peuple, la garde nationale et l'armée.

A la tombée de la nuit, les édifices publics et les maisons

particulières se couvrirent de brillantes illuminations. Signe caractéristique du nouveau règne! On remarqua que les quartiers les plus pauvres, que les rues les plus étroites, habitées par ces populations déshéritées dont la joie se mêle rarement aux joies populaires, présentaient les illuminations les plus nombreuses, les devises de feu les plus sympathiques. Il n'était si chétive mansarde, perdue dans l'angle obscur d'un toit, dont le locataire n'eût tenu à honneur de manifester son enthousiasme.

Le 3 décembre, l'Empereur fit dans Paris sa première sortie non officielle. Accompagné du maréchal ministre de la guerre et du ministre de l'intérieur, Napoléon III alla visiter l'Hôtel-Dieu et l'hôpital du Val-de-Grâce.

Sa première pensée était pour les souffrances du peuple et de l'armée.

Sa Majesté avait recommandé qu'il ne fût fait aucuns préparatifs pour le recevoir. Mais le bruit de sa venue s'était répandu, et la population de ces quartiers, accourue sur le passage de l'Empereur, lui fit une ovation spontanée.

L'Empereur, reçu à l'Hôtel-Dieu par Mgr l'archevêque de Paris, le préfet de la Seine et le préfet de police, visita la chapelle, où fut chanté un *Domine, salvum fac Imperatorem*. Puis, Sa Majesté parcourut les salles des malades; elle s'approcha de quelques lits, et remit, de sa main, des secours à plusieurs malades, en s'informant avec intérêt de leur sort.

Cette visite donna lieu à des scènes touchantes. Ainsi, un

vieux militaire, ancien capitaine des vélites de la garde impériale, fut présenté à Sa Majesté, et lui fit connaître que, depuis 1815, il sollicitait la croix qui lui avait été promise par l'Empereur Napoléon Ier, qu'il avait suivi à l'île d'Elbe. Sa Majesté lui accorda immédiatement la croix et une pension. « Ce n'est pas la croix que je veux, c'est votre main, Sire, » dit le vieux militaire, en serrant contre son cœur la main de Sa Majesté, et l'arrosant de larmes.

Plus loin, c'était un vieux paysan qui était venu à pied de soixante-dix lieues pour voir l'Empereur, et qui, épuisé, sans ressources, avait été forcé de se faire conduire à l'hôpital. Sa Majesté lui adressa quelques paroles pleines d'intérêt et lui accorda une pension.

C'est ainsi que l'Empereur inaugurait son règne par des bienfaits. Les classes souffrantes avaient été le premier objet de sa sollicitude. Mais, tout en s'occupant des pauvres, des malades, des enfants abandonnés qu'il rendait à leurs mères au moyen d'un fonds de secours pris sur sa cassette particulière, il voulut exercer son droit de grâce dans des proportions aussi larges que le permettaient l'autorité des lois et la sécurité publique. Remise fut faite de la prison et de l'amende à tous les condamnés pour simples délits et contraventions; aux soldats et matelots, des punitions encourues pour fautes contre la discipline; aux déserteurs et aux insoumis des armées de terre et de mer, des châtiments qui les attendaient.

Les condamnés et les exilés politiques ne pouvaient être oubliés. L'Empereur décida que, à l'exception des hommes qui s'étaient rendus coupables de crimes que la morale réprouve, tous ceux qui souffraient des suites de nos malheureuses discordes seraient rendus à la liberté, à la famille, à la patrie, sans autre condition que de se soumettre à la volonté nationale si clairement manifestée dans le dernier scrutin, et de prendre l'engagement de ne rien faire, de ne rien entreprendre désormais contre le gouvernement de l'élu du pays.

L'Empereur ne voulut rien exiger de plus : les nécessités sociales lui permettaient-elles de demander moins ? Son vœu le plus cher était de voir effacées jusqu'aux traces de nos anciennes divisions et il ne tiendrait pas à lui que la France fût plus longtemps séparée d'aucun de ses enfants.

Immédiatement après la proclamation de l'Empire, le gouvernement avait saisi le Sénat d'un projet de sénatus-consulte déterminant les modifications qu'il était devenu nécessaire d'introduire dans la Constitution du 14 janvier 1852, pour la mettre en harmonie avec la nouvelle organisation du pouvoir. Ce projet, au reste, ne touchait point aux bases de la Constitution, qui ne peuvent être modifiées que par la volonté nationale.

Voici cet important document, devenu loi constitutive de l'État nouveau le 25 décembre.

SÉNATUS-CONSULTE

Portant interprétation et modification de la Constitution du 14 janvier 1853.

Art. 1er. L'Empereur a le droit de faire grâce et d'accepter des amnisties.

Art. 2. L'Empereur préside, quand il le juge convenable, le Sénat et le conseil d'État.

Art. 3. Les traités de commerce faits en vertu de l'art. 6 de la Constitution ont force de loi pour les modifications de tarif qui y sont stipulées.

Art. 4. Tous les travaux d'utilité publique, notamment ceux désignés par l'art. 10 de la loi du 21 avril 1832 et l'art. 3 de la loi du 3 mai 1841, toutes les entreprises d'intérêt général, sont ordonnés ou autorisés par décret de l'Empereur.

Ces décrets sont rendus dans les formes prescrites pour les règlements d'administration publique.

Néanmoins, si ces travaux et entreprises ont pour condition des engagements ou des subsides du trésor, le crédit devra être accordé ou l'engagement ratifié par une loi avant la mise à exécution.

Lorsqu'il s'agit de travaux exécutés pour le compte de l'État, et qui ne sont pas de nature à devenir l'objet de concessions, les crédits peuvent être ouverts, en cas d'urgence, suivant les formes prescrites pour les crédits extraordinaires : ces crédits seront soumis au Corps législatif dans sa plus prochaine session.

Art. 5. Les dispositions du décret organique du 22 mars 1852 peuvent être modifiées par des décrets de l'Empereur.

Art. 6. Les membres de la famille impériale appelés éventuellement à l'hérédité et leurs descendants portent le titre de *Princes français*.

Le fils aîné de l'Empereur porte le titre de *Prince impérial*.

Art. 7. Les princes français sont membres du Sénat et du conseil d'État quand ils ont atteint l'âge de dix-huit ans accomplis.

Ils ne peuvent y siéger qu'avec l'agrément de l'Empereur.

Art. 8. Les actes de l'état civil de la famille impériale sont reçus par le ministre d'État, et transmis, sur un ordre de l'Empereur, au Sénat, qui en ordonne la transcription sur ses registres et le dépôt dans ses archives.

Art. 9. La dotation de la Couronne et la liste civile de l'Empereur sont réglées, pour la durée de chaque règne, par un sénatus-consulte spécial.

Art. 10. Le nombre de sénateurs nommés directement par l'Empereur ne peut excéder cent cinquante.

Art. 11. Une dotation annuelle et viagère de trente mille francs est affectée à la dignité de sénateur.

Art. 12. Le budget des dépenses est présenté au Corps

législatif avec ses subdivisions administratives, par chapitres et par articles.

Il est voté par ministères.

La répartition par chapitres du crédit accordé pour chaque ministère est réglée par décret de l'Empereur, rendu en conseil d'État.

Des décrets spéciaux, rendus dans la même forme, peuvent autoriser des virements d'un chapitre à un autre. Cette disposition est applicable au budget de l'année 1853.

Art. 13. Le compte rendu prescrit par l'art. 42 de la Constitution est soumis, avant sa publication, à une commission composée du président du Corps législatif et des présidents de chaque bureau. En cas de partage d'opinions, la voix du président du Corps législatif est prépondérante.

Le procès-verbal de séance, lu à l'Assemblée, constate seulement les opérations et les votes du Corps législatif.

Art. 14. Les députés au Corps législatif reçoivent une indemnité qui est fixée à deux mille cinq cents francs par mois, pendant la durée de chaque session ordinaire ou extraordinaire.

Art. 15. Les officiers généraux placés dans le cadre de réserve peuvent être membres du Corps législatif. Ils sont réputés démissionnaires s'ils sont employés activement, conformément à l'art. 5 du décret du 1er décembre 1852 et à l'art. 3 de la loi du 4 août 1839.

Art. 16. Le serment prescrit par l'art. 14 de la Constitution est ainsi conçu : « Je jure obéissance à la Constitution et fidélité à l'Empereur. »

Art. 18. Les art. 2, 9, 11, 15, 16, 17, 18, 19, 22 et 37 de la Constitution du 14 janvier 1852 sont abrogés.

En même temps, le Sénat avait été saisi d'un projet de sénatus-consulte pour le rétablissement de la liste civile et la reconstitution du domaine de la couronne. Aucune somme n'y était indiquée; ce point devait être entièrement abandonné à la haute sagesse du Sénat.

C'est encore là une de ces difficultés contre lesquelles échouent souvent les monarchies parlementaires. Les listes civiles et les dotations princières sont un trop facile prétexte aux calomnies, une occasion trop favorable d'exciter la suspicion et de soulever l'envie, pour que les partis n'en profitent pas avec empressement. Qui ne se rappelle les orages parlementaires et la coalition à propos de la dotation du duc de Nemours ; les spirituelles calomnies de Timon contre la liste civile de Louis-Philippe, enfin, la campagne récente de la dernière Assemblée nationale contre la modeste dotation du président de la république !

Le dernier mot de toutes ces attaques c'est la haine du pouvoir : car, on ne saurait s'y méprendre, notre France n'est pas, grâce à Dieu, comme la république des États-Unis, un de ces pays où l'autorité est bornée systématiquement dans ses dépenses et condamnée à une médiocrité triviale parce qu'elle est naturellement en état de suspicion constante. La jalousie démocratique refuse au chef de l'État les moyens de représenter dignement et cela, non pas par puritanisme, mais par défiance. Dans notre France, pays démocratique par les lois, monarchique par les mœurs, le juste orgueil de la nation veut que son représentant ait une de ces grandes existences qui révèlent un grand peuple : Versailles ou les Tuileries ne sont pas seulement chez nous la demeure du monarque, mais aussi une sorte d'échantillon de la France.

Qui ne sait d'ailleurs combien d'infortunes, combien de misères la liste civile doit secourir en France ! Et, d'ailleurs, oublie-t-on que l'exemple donné par une cour brillante imprime au commerce et à l'industrie un essor dont toute la nation profite ! La fortune des rois est chez nous le patrimoine du pauvre, des artistes et des ouvriers.

C'est pour cela que l'instinct populaire s'était révolté contre les honteuses rancunes des parlementaires refusant au président de la république les moyens de soutenir dignement les charges de sa position. C'est pour cela qu'une immense souscription s'était ouverte, le jour où on avait vu le chef de l'État forcé de vendre ses chevaux, de réformer sa maison, pour se réduire aux conditions que lui faisait la lésinerie de l'Assemblée.

Aujourd'hui il n'y avait plus d'Assemblée ennemie, et c'est pour cela que le gouvernement impérial allait s'en remettre à la sagesse du Sénat : aujourd'hui, ce n'était plus un président de la république, mais un Empereur dont il fallait constituer la liste civile et le domaine.

La liste civile, nous l'avons rappelé, n'est au bout du compte qu'une très-faible partie du revenu public confiée au chef de l'État, et dont il use pour soulager l'infortune, stimuler l'industrie, récompenser les arts. En pareille matière, le gouvernement impérial ne pouvait qu'énoncer les conditions imposées par le rétablissement de l'Empire. Tout en rappelant, en fortifiant même les garanties des droits de l'État sur les biens mis à la disposition du souverain, le sénatus-consulte remettait en vigueur les principes qui, pendant des siècles, avaient été la base de la monarchie française et qu'ont sanctionnés la loi de 1791, le sénatus-consulte du 28 floréal an XII, ainsi que les lois de 1814 et de 1824.

Ces principes sont conformes aux nécessités du gouvernement monarchique, même le plus populaire. S'il ne pouvait entrer dans la pensée de l'Empereur de rétablir la monarchie avec les éléments surannés qui choqueraient aujourd'hui les mœurs de la nation, son bon sens et sa loyauté lui interdisaient de s'imposer la tâche impossible de régir l'Empire dans des conditions qui ne répondraient pas aux souvenirs et à la dignité de la Frauce.

La dotation, tant mobilière qu'immobilière de la couronne, était donc reconstituée. Elle comprendrait ce qu'elle comprenait sous l'ancienne liste civile de la royauté et de l'Empire; c'est-à-dire les domaines de la couronne, les palais et châteaux qui sont bien moins les résidences du souverain que des monuments historiques, embellis par les arts et consacrés aux délassements comme à l'instruction du peuple; ces musées, ces bibliothèques où la France amasse, depuis des siècles, des trésors inappréciables, objets de l'admiration et de l'envie des étrangers; ces manufactures de Sèvres, des Gobelins, de Beauvais, qui sont des modèles pour l'industrie nationale. Ce sont là des charges imposées à la couronne impériale : car le produit des domaines s'élève à peine à trois millions, tandis que l'entretien, la conservation, l'administration des palais et des établissements publics coûtent près de huit millions.

Enfin, pour compléter la constitution de l'État nouveau, le décret suivant régla l'ordre de succession impériale au cas où S. M. Napoléon III n'aurait pas d'héritier direct :

« Napoléon,

» Par la grâce de Dieu et la volonté nationale, Empereur des Français,

» A tous présents et à venir, salut :

» Vu l'art. 4 du sénatus-consulte du 7 novembre, rectifié par le plébiscite des 21 et 22 du même mois, aux termes duquel il nous appartient de régler, par un décret organique adressé au Sénat, l'ordre de succession au trône dans la famille Bonaparte, pour le cas où nous ne laisserions aucun héritier direct, légitime ou adoptif;

» Tout en espérant qu'il nous sera donné de réaliser les

vœux du pays et de contracter, sous la protection divine, une alliance qui nous permette de laisser des héritiers directs ;

» Ne voulant pas, néanmoins, que le trône, relevé par la grâce de Dieu et la volonté nationale, puisse vaquer par défaut d'une succession désignée par nous,

» Nous avons décrété et décrétons ce qui suit :

» Dans le cas où nous ne laisserions aucun héritier direct, légitime ou adoptif,

» Notre oncle bien-aimé Jérôme-Napoléon Bonaparte, et sa descendance directe, naturelle et légitime, provenant de son mariage avec la princesse Catherine de Wurtemberg, de mâle en mâle, par ordre de primogéniture et à l'exclusion perpétuelle des femmes, sont appelés à nous succéder. »

Ainsi l'avenir ne se trouvait plus abandonné au hasard d'une catastrophe qui eût replongé la France dans l'abîme des révolutions.

Et maintenant tout est prêt. L'Empire commence. Racontons-en les premières journées et montrons combien, pendant le court espace de six mois, le règne nouveau a justifié d'espérances conçues, a fait concevoir d'espérances nouvelles.

NAPOLÉON III.

Désormais fondé sur l'indestructible base du suffrage universel, l'Empire nouveau n'a plus qu'à continuer sa marche, déjà si énergiquement indiquée. La voie de la tradition impériale est rouverte et le successeur de

Napoléon Ier se rattache sans effort aux précédents de la monarchie populaire.

Mais il saura comprendre et satisfaire les besoins nouveaux.

La première solennité qui inaugure le règne nouveau, réalise la grande pensée conçue au milieu des orages de décembre 1851.

Le 3 janvier, l'église patronale de Sainte-Geneviève est rouverte au culte catholique. Les reliques de la sainte sont rendues à l'autel que la piété de quatorze siècles lui avait préparé. La volonté souveraine et réparatrice de Napoléon III a, comme celle de son oncle illustre, vu par delà les préjugés superficiels et compris les instincts profonds de la nation. Loin de lui la dangereuse pensée de rendre à l'Église les fatales influences de la politique humaine : mais lui aussi a relevé, pour les opposer à l'anarchie morale qui nous ronge et nous affaiblit, ces grandes idées de conservation et de force qu'on ne renverse pas impunément. Il personnifie les aspirations légitimes de l'esprit religieux, ce pain des âmes souffrantes. Mais, soyez-en sûr, sa main ferme saura maintenir l'Église dans cette indépendance honorée qui est la condition de sa véritable puissance. La croix qui s'élève brillante sur le Panthéon purifié n'est pas le signe d'une victoire de parti, mais le symbole d'une ère nouvelle de pacification et de réparation morale.

Tous les jours, cependant, on apprenait des détails nouveaux sur la grande ovation populaire des 21 et 22 novembre 1852. Le résultat définitif du suffrage universel était enfin connu : il atteignait ce chiffre inouï, qui ne sera peut-être jamais dépassé, 8 millions 243,000 suffrages. De tous les points de la France, des colonies elles-mêmes, qui n'avaient pas été appelées à se joindre au grand scrutin de l'Empire, arrivaient des adresses pleines d'une joie confiante. La proclamation de l'Empire était une fête dans chaque ville, même dans les plus petits villages : on la célébrait à la fois au milieu des mers, sur le navire qui se pavoisait des couleurs nationales, sous les tropiques et sur les limites de ce désert africain dans lequel nos intrépides soldats venaient de conquérir une oasis nouvelle, El-Aghouat, cette glorieuse étrenne de l'Empire.

Le rétablissement en France d'une autorité forte et héréditaire devait avoir une singulière influence sur l'esprit naïf des Arabes. C'est de ce moment que commence vraiment pour eux une confiance réelle dans l'avenir de notre conquête. Ces peuples guerriers et primitifs n'ont jamais pu comprendre une nation sans un chef puissant, incontesté, et le sultan des Français personnifie enfin pour eux une autorité visible, réelle, qui justifiait une soumission sincère, toujours refusée aux inintelligibles abstractions du gouvernement constitutionnel ou de la république.

L'imagination orientale fut saisie vivement et profondément par ce nom de Napoléon qui déjà avait laissé un souvenir ineffaçable dans le souvenir des races musulmanes. Du fond de la petite Arménie, un simple Osmanlis, habitant de Tarse, Ali-Effendi-ben-Abou-Osman, s'associa aux joies de la France par un Gâzal tout coloré des feux de l'Orient.

Le fils d'Osman y célébrait « la mort du serpent de malheur. » Il y montrait la terre féconde du Freinguistan empoisonnée par « le serpent rouge, long comme dix mois d'une année malheureuse. Il siffla comme des coups de canon ; de sa bouche sortit un venin qui empoisonna le laboureur des campagnes et le pauvre des villes. Dans ses yeux on lisait de méchantes paroles ; de sa bouche sortirent des hurlements de guerre et de massacre, et de ses nombreux replis il enlaçait les faibles sans esprit et les méchants pleins de lâcheté...... Alors Allah, voyant les malheurs de son peuple aimé, suscita, du fond d'un cachot et de la terre d'exil, un homme fils de héros. Il vint et dit : Malheur ! trois fois malheur au serpent de malheur ! Malheur aux ennemis du Freinguistan ! Que celui qui veut détruire le serpent marche avec moi ! je commande ! »

Ce concert unanime à la louange de l'élu populaire ne fut troublé que par quelques voix discordantes. En Belgique, une partie de la presse, inspirée par les plus mauvaises passions, dirigea contre le sauveur de la France ses injures et ses menaces impuissantes. Un journal, rédigé par les plus compromis des réfugiés politiques, alla même jusqu'à prêcher en plein XIXe siècle l'assassinat politique. C'était un digne écho des proclamations furibondes de Jersey. La réprobation des honnêtes gens fit justice de ces clameurs sauvages et, sur l'invitation du gouvernement français, le ministère belge obtint des chambres une loi répressive de ces excès qui accompagnent toujours la liberté sans frein.

En Angleterre, l'impression causée par la proclamation de l'Empire avait été vive et, dès les premiers jours, l'inquiétude, la défiance éveillées par le nom de Napoléon scintillant sur un trône, avaient inspiré aux journaux de la Grande-Bretagne un langage plein de terreurs haineuses et de rancunes avivées.

Mais bientôt ces excès étaient devenus plus rares. Il avait suffi de signaler à l'attention des gouvernements la licence de ces feuilles pour soulever contre elles l'opinion honnête. En Angleterre, ce pays où l'opinion règne en souveraine, la réaction du bon sens fut rapide. Les feuilles qui comptaient parmi les plus hostiles à l'Empire ne purent résister à l'évidence des faits. Leur langage devint de jour en jour plus mesuré, plus digne.

Pourtant quelques-uns de ces organes de la presse périodique continuaient à attiser le feu des haines à grand renfort d'impudentes calomnies, de honteux outrages. Alors, Napoléon fit de nouveau ce qu'il avait fait avant son élection. Il en appela dans le langage le plus simple et le plus noble à l'Europe mieux informée.

En vain avait-il protesté, dans les circonstances les plus

solennelles, de son désir sincère de conserver, de consolider la paix du monde ; en vain avait-il déclaré que la France, n'ayant rien à envier aux autres nations dans la gloire militaire, n'aspirait aujourd'hui qu'aux pacifiques conquêtes de la civilisation. Ces déclarations si formelles, appuyées d'un témoignage éclatant de bonne foi, la réduction de l'armée, ne trouvèrent dans trois journaux anglais qu'une incrédulité systématique. Comme si l'on eût craint que la France ne fût pas réellement telle qu'on se plaisait à la représenter, ces feuilles ne cessaient d'irriter sa fierté, d'insulter à ses affections. Selon elles, notre pays et son chef ne respiraient que la guerre, et n'attendaient que l'occasion de se ruer sur l'Europe. Une nouvelle coalition était nécessaire pour résister à « notre insatiable ambition. »

Quant à l'Empereur lui-même, la France en l'acclamant « s'était montrée la plus méprisable et la plus vile de toutes les nations. » Les hommes d'État, les généraux, l'armée qui avaient concouru à l'acte sauveur du 2 décembre, n'étaient que de « misérables esclaves, ou d'avides instruments de tyrannie. »

« Le bonapartisme, disait le *Morning-Chronicle*, le bonapartisme sans gloire militaire et sans agrandissement territorial est un non-sens... De tous côtés règne une profonde défiance à l'égard de Louis-Napoléon... *L'usurpateur*, conseillé par une bande d'*aventuriers*, s'est mis à réorganiser le gouvernement impérial... »

« Un Sénat, disait le *Times*, plus *lâche* que celui de Tibère, a donné à l'Empereur le plus exorbitant pouvoir, et tué d'un seul coup toutes les garanties qui restaient à la nation. Des favoris gorgés d'honneurs, des fonctionnaires sans conscience, des exactions inouïes, des *crimes*, tel est le gouvernement. Mais le châtiment se prépare : déjà l'Europe est sur le qui-vive, et l'année ne se passera pas sans que quelque chose de terrible n'éclate. »

Qui ne sent derrière ces absurdes et vénales fureurs les sombres rancunes et les odieuses espérances de Claremont!

Enfin, le *Morning-Advertiser*, enchérissant sur ces déclamations ridicules, représentait la France comme abrutie sous le joug du « plus grand tyran, » du « parjure le plus criminel, » du « monstre le plus abominable qui ait répandu le plus de honte sur l'humanité. »

Voilà en quels termes trois journaux d'une nation amie parlaient d'un pays voisin et du souverain que huit millions de suffrages enthousiastes venaient de porter au trône.

L'Empereur tira de ces libelles déshonorants pour leurs auteurs la plus noble des vengeances. Il les fit publier : il les attacha, comme nous faisons ici nous-mêmes, au pilori de l'histoire, et l'officiel *Moniteur* porta de l'autre côté du détroit sur le front de ces indignes écrivains la rougeur de la honte.

En même temps, un démenti éclatant était donné à ces prédictions sauvages. Toutes les nations étrangères s'empressèrent de reconnaître le rétablissement de l'Empire. Pour être prévue et attendue, cette reconnaissance n'en fut pas moins un événement important. C'était une garantie de plus du maintien de la paix.

Et cependant la fortune en ramenant sur le trône un héritier de Napoléon Ier, déchirait le premier article des traités de 1815.

Ici encore l'Empire nouveau recueillait les bénéfices d'une admirable situation. Il pouvait à la fois effacer une des clauses de ce contrat funeste et en respecter les autres. Ces traités, dont le souvenir avait pesé comme un poids fatal sur la Restauration, avaient été peu à peu couverts et effacés par les bienfaits de la paix. La révolution de 1830 les avait sanctionnés, la république passagère de 1848 avait dû les reconnaître : le neveu de Napoléon pouvait en tenir un juste compte. C'est qu'en effet, après trente-cinq ans de durée, ces traités avaient perdu leur caractère d'humiliation et de malheurs : ils s'appelaient aujourd'hui la paix, une paix de près d'un demi-siècle, une paix qui a fait la prospérité commune de l'Europe. La paix qui les avait réhabilités par ses bienfaits, les avait en même temps modifiés et tempérés dans leurs mesures de haine et d'exclusion.

A part ce sceau de durée que le temps seul peut imprimer aux pouvoirs politiques, rien ne pouvait en France exciter la défiance ou l'antipathie des puissances étrangères. Jamais le pouvoir n'y avait été plus fortement établi, jamais le principe d'autorité n'y avait été plus respecté, plus respectable. Pour la première fois, la révolution en France était en dehors de la Constitution, pour la première fois le gouvernement français pouvait se montrer loyal sans subir les exigences des partis.

Mais, pour cela même que la France reprenait force et vie sous cette main tutélaire, son autorité allait peser d'un plus grand poids dans la balance des affaires européennes. Aussi l'observait-on déjà avec plus d'attention que lorsque ses dissensions intérieures affaiblissaient son action au dehors.

L'appel loyal fait à l'opinion publique par le gouvernement suffit à faire taire les voix discordantes qui cherchaient à couvrir les acclamations de la France et de l'Europe.

En même temps, la sollicitude de l'Empereur embrassait toute l'administration de la France. L'action de l'autorité devenait partout plus forte, plus rapide et plus simple. Par ses ordres, on voyait disparaître cette complication de rouages qui retarde les mouvements du corps social, et, dans l'emploi des agents, la qualité était substituée au nombre.

Les lois, trop longtemps dédaignées, de la hiérarchie se relevaient puissantes et, tout en augmentant les traitements des fonctionnaires afin de leur rendre l'indépendance et la dignité, l'Empereur exigeait d'eux cette représentation qui anoblit l'autorité et vivifie l'industrie.

C'est ici le lieu d'étudier rapidement l'organisation nouvelle des corps publics, pour y saisir l'idée napoléonienne fécondée par la marche du temps, par le progrès naturel des institutions et des mœurs.

L'autorité suprême y est investie d'attributions plus étendues, plus personnelles que ne l'ont été celles des pouvoirs qui se sont succédé en France depuis 1815. L'irresponsabilité, cette fiction fatale qui trois fois a sombré sous le choc des révolutions, en a disparu comme un vain songe et comme un danger.

Une des conséquences de la responsabilité du chef suprême, c'est l'irresponsabilité des ministres. Désormais, ils ne forment plus un conseil responsable composé de membres solidaires, obstacle journalier à l'impulsion particulière du chef de l'État, expression d'une politique émanée des chambres et par là même exposée à ces courants mobiles qui empêchent tout esprit de suite, toute application d'un système régulier.

Le bénéfice immense de cette situation nouvelle, vraiment prise dans le cœur même de l'esprit monarchique, c'est la tradition. La tradition, en administration, en politique, en diplomatie, c'est le nom même de la force. A qui s'étonne de l'influence toujours croissante, de la marche ascensionnelle de gouvernements comme ceux de la Russie, de l'Autriche, de l'Angleterre, répondez en donnant le mot de l'énigme : *Tradition.*

Dans tout pays où, à travers la mobilité nécessaire des instruments, se retrouve l'immobilité des vues et des principes, la politique se consolide par sa propre durée. Tout concourt vers un but unique, marqué à l'avance et depuis longtemps. En Angleterre, c'est une conquête du bon sens que cette ténacité féconde à persister dans la ligne d'un intérêt bien compris : mais la Grande-Bretagne a donné par là un exemple fatal aux nations modernes. Le régime constitutionnel, si admirablement compris et pratiqué par le peuple anglais, est comme un fruit du terroir qui n'a pu être transporté sur aucun autre sol. En Autriche, en Russie, la suite dans les desseins est la conséquence même de l'unité et de la responsabilité du pouvoir.

Mais Napoléon III, élevé à l'école des révolutions modernes, n'avait pu se dissimuler que plus l'autorité suprême doit être indépendante et grande, plus elle a besoin de conseils éclairés et consciencieux. De là les différents rouages de l'organisation nouvelle.

Le moteur principal du mécanisme impérial, c'est le conseil d'État. Il est nommé par le pouvoir. Formé de membres amovibles, institué sur les anciennes bases du premier Empire, il a à élaborer les projets de loi dans des commissions ; il les discute à huis clos, sans ostentation oratoire, sans tribune trompeuse : puis, il les présente à l'acceptation du Corps législatif. Ainsi son rôle est vraiment politique dans l'économie des pouvoirs institués par la Constitution nouvelle.

Ici éclate la grande pensée si admirablement enfantée par

le premier Napoléon, si puissamment saisie et continuée par son héritier.

La grande cause des faiblesses, des défaillances, du manque d'action de l'autorité en France, soit au dedans, soit au dehors, c'est que nos institutions publiques sont, le plus souvent, sans racines dans le passé, sans rapport avec les mœurs et les traditions nouvelles.

Or, le conseil d'État n'est ni une création révolutionnaire, ni l'œuvre artificielle d'une théorie philosophique. C'est une institution historique et traditionnelle dans toute la portée du mot : il remonte aux premiers temps de la monarchie française.

Est-ce à dire cependant qu'il ait existé, dès le berceau de la monarchie, sous sa forme et dans son organisation actuelle? Non sans doute. Le mérite propre des établissements traditionnels, c'est de se transformer incessamment, en restant toujours les mêmes. Ils changent avec la nation, non d'esprit et de caractère, mais de formes extérieures et de milieux. Rien de plus différent que le conseil d'État qui suivait le conquérant Charlemagne dans ses courses et chevauchées à travers les provinces de son vaste empire ; tout autre encore était celui qui entourait saint Louis sous le chêne de Vincennes et le conseil d'État que présidait et qu'illuminait de son génie le premier Consul et l'Empereur Napoléon.

Sous les rois de la première et de la seconde race, le conseil d'État se confond absolument avec le conseil intime ou privé du roi. C'est à peine s'il se distingue du grand corps qui prendra plus tard le nom de Parlement. Rien de fixe, de permanent, de régulier, soit dans son organisation, soit dans ses attributions. Il réunit alors dans son sein les princes du sang, les grands officiers de la couronne, l'élite de la noblesse et du clergé. Plus tard on voit s'y introduire la robe. Ce conseil cumule indistinctement les attributions les plus diverses; il intervient à la fois dans les questions civiles, religieuses, politiques, administratives, judiciaires; il délibère sur la paix et sur la guerre.

C'est seulement à partir du XIIIe siècle que Philippe le Bel et ses successeurs s'attachent à porter un peu d'ordre et de régularité dans ce chaos. Alors on voit s'établir une certaine division des pouvoirs, une certaine démarcation entre l'autorité administrative et l'autorité judiciaire. La justice a son organe distinct et spécial dans le Parlement; l'administration a le sien dans le conseil d'État.

C'est ainsi qu'en s'épurant et s'individualisant toujours, la grande institution monarchique traverse la forte centralisation royale du XVIIe siècle jusqu'au moment où elle disparaît, avec presque toutes les institutions anciennes, au milieu de la tempête révolutionnaire. A ce moment, ses attributions sont dévolues en partie à la Cour de cassation, en partie aux administrations locales.

La Constitution de l'an VIII, en rétablissant le conseil d'État, ne se borne pas à lui rendre ses attributions antiques;

c'est ainsi qu'éclate la pensée napoléonienne. L'institution monarchique par excellence, devient un levier d'une puissance et d'une portée entièrement nouvelles. Alors le conseil d'État, en même temps qu'il voit augmenter considérablement ses attributions nouvelles, devient, pour la première fois, un véritable corps politique. Il est chargé de préparer les projets de loi, et d'en soutenir la discussion devant le Corps législatif qui doit les adopter ou les rejeter par oui ou par non, sans amendement, sans discussion : de plus, il interprète les lois dont le sens est obscur et douteux. En d'autres termes, il exerce une part essentielle, ou plutôt la part la plus sérieuse et la plus réelle du pouvoir législatif.

A ce titre, il partage avec le premier Consul et l'Empereur Napoléon l'honneur d'avoir doté la France du Code civil et de tous les autres Codes qui sont devenus les monuments classiques de la législation moderne. C'est sous l'inspiration du grand homme qui fut à la fois conquérant et législateur, c'est souvent sous la dictée de ce génie impatient et fécond que furent rédigés les titres divers de cet admirable ensemble judiciaire et administratif. Pendant que l'organisateur laissait courir sur ses lèvres la pensée brûlante, ses mains traçaient ces fantasques arabesques, ces dessins puérils et bizarres que se disputaient après la séance les jeunes auditeurs, et qui, dans des collections sérieuses, sont aujourd'hui encore les monuments vivants de cette époque impérissable.

Le chef du gouvernement se faisait un devoir de présider les séances du conseil d'État, à la tête duquel il aimait à figurer, dans les travaux de la paix, comme il marchait, dans les travaux de la guerre, à la tête de ses armées. Sous le titre de premier Consul ou sous celui de l'Empereur, il ne manqua jamais de s'associer à toutes les grandes mesures de politique intérieure ou extérieure qui ont signalé son règne. C'est dans le sein du conseil d'État que furent élaborés et discutés les projets de loi qui ont fondé l'Université, la Légion d'honneur, la Banque de France, et tant d'autres institutions consacrées dans les mœurs de la France nouvelle et qu'elle se plaît à regarder comme impérissables. C'est aussi dans le conseil d'État que furent préparés le sénatus-consulte de l'an x, qui remplaça le pouvoir décennal du premier Consul par le pouvoir à vie, et le sénatus-consulte de l'an xii, qui lui déféra la couronne impériale. Toutes les grandes questions diplomatiques, tous les traités de paix et d'alliance conclus avec les puissances étrangères, et notamment le traité d'Amiens, furent soumis à l'examen du conseil d'État. Le plus important de ces traités, celui qui renoua les relations politiques de la France avec le Saint-Siége, le Concordat, lui fut également communiqué. Ajoutons que, dans toutes les occasions importantes, le conseil d'État a su relever son dévouement au chef de l'État par l'indépendance et la dignité dont il a fait preuve.

Sous les deux régimes qui succèdent au gouvernement

impérial, le rôle du conseil d'État s'efface. Il s'enferme presque exclusivement dans ses attributions administratives. Il garde encore l'illusoire prérogative de la préparation et de la rédaction des lois. Mais le pouvoir législatif est souverain : il absorbe tous les autres pouvoirs, comme il tient en échec le souverain lui-même. Or, là où le pouvoir législatif est tout, le soin de préparer les lois descend au rôle d'une fonction subalterne.

Sous le régime factice de 1848, la situation ne change pas. En vain cherche-t-on à relever l'importance politique de l'institution : son caractère législatif disparaît naturellement devant l'autorité prépondérante, envahissante de l'Assemblée nationale.

Le Corps législatif, second grand rouage de l'organisation impériale, est investi du privilége de voter les lois et l'impôt. Les débats n'y sont plus abandonnés aux libres récits du journal; une publication officielle, rédigée par les soins du président de la Chambre, est seule autorisée. L'Assemblée a perdu ce droit d'initiative si fécond en travaux inutiles, en projets dérisoires, en utopies ridicules : le Corps législatif ne peut introduire d'amendements dans les projets du gouvernement que d'accord avec le conseil d'État.

Éternel sujet de regret pour les parlementaires, ces restrictions salutaires sont justifiées à la fois par l'expérience funeste des dernières années et par le mécanisme du pouvoir responsable. Outre la responsabilité, cette action limitée assure la prépotence du pouvoir central. Mais, est-ce le pouvoir législatif qui est atteint ici, comme le disent les parlementaires ? Non, évidemment. Le pouvoir législatif, en effet, est distribué, à doses différentes et inégales, entre le conseil d'État, le Corps législatif et un troisième Corps, dont nous examinerons la structure, le Sénat.

Mais, qu'on ne l'oublie jamais, si le Corps législatif est le moins puissant par la nature de ses attributions, il compense cette infériorité nécessaire par un mérite immense, celui de son origine. Il peut être dissous, suspendu, ajourné par le pouvoir central ; mais il ne peut sortir, comme le chef de l'État lui-même a voulu en sortir également, que du suffrage universel.

Seulement, voyez avec quelle habileté la Constitution impériale évite la partie théâtrale, dramatique des assemblées ; elle brise cette tribune loquace et sonore qui ne fut si longtemps que l'antichambre des ministères : au discours, elle fait succéder les affaires.

Le suffrage universel cet élément souverain, mais nouveau, inconnu, a dû être organisé pour produire une représentation sincère et utile du pays. Napoléon III a voulu qu'il ne pût appeler à voter les lois du pays que des hommes indépendants par la situation et le caractère. Le gouvernement, abandonnant, une fois pour toutes, les sentiers tortueux de l'intrigue, avoue ouvertement son intention fondée sur le droit de diriger le choix des électeurs. Sous les gouvernements précédents, quand le suffrage était restreint, quand l'influence électorale était le partage de quelques familles, l'abus de ces influences était odieux. Quelques croix peu méritées, quelques places pouvaient assurer le succès d'une élection dans un petit collége. Il était naturel que cet abus révoltât les consciences et qu'on exigeât de l'administration qu'elle s'abstînt de toute démarche ostensible. Son action, ses préférences étaient alors occultes, et par cela même compromettaient sa dignité et son autorité. Mais aujourd'hui, par quelles faveurs s'imaginerait-on que le gouvernement pût séduire ce nombre prodigieux d'électeurs? par des places ? L'administration de la France entière n'a pas de cadres assez vastes pour contenir la population d'un canton. Par de l'argent ? Sans parler de l'honorable susceptibilité des électeurs, le trésor public tout entier n'y suffirait pas.

Au reste, l'ami fidèle de Napoléon III, devenu l'instrument intelligent de ses hautes pensées, M. de Persigny, chargé d'appliquer le premier ces principes nouveaux, sut en faire éclater l'honnêteté et la grandeur par la loyauté de son action administrative. Il patrona ouvertement les hommes de travail, ceux qui ont fait leur fortune, soit dans l'agriculture, ceux qui se sont occupés d'améliorer le sort des ouvriers, qui se sont rendus populaires par un usage honorable de leurs richesses.

Un troisième corps complète l'ensemble de cette organisation : c'est le Sénat, nommé par le pouvoir exécutif, formé de membres inamovibles et à vie, destiné à être le dépositaire du pacte fondamental, le gardien des droits constitutionnels. Il n'est pas, comme l'ancienne chambre des pairs, juge des crimes d'État : ce rôle est confié à une haute cour de justice, ayant pour jurés des membres des conseils généraux de toute la France.

Le Sénat est la soupape de sûreté de la machine politique. Napoléon III a voulu, en effet, que la Constitution ne fixât que ce que l'on ne pouvait laisser incertain. Il n'a pas eu l'ordinaire imprudence des gouvernements qui enferment dans un cercle infranchissable les destinées d'un grand peuple. Il sait quelle large part il faut faire aux nécessités de l'avenir, aux leçons du temps, et il a voulu laisser aux changements une voie dans laquelle on pût trouver, aux époques de crise politique, d'autres moyens de salut que l'expédient désastreux des révolutions. Le Sénat pourra, de concert avec le gouvernement, modifier tout ce qui n'est pas fondamental dans la Constitution. Quant aux grands principes, ils restent toujours soumis à la souveraineté du peuple et à l'épreuve du suffrage universel.

Descendant de ces hauteurs, jetons un coup d'œil rapide sur les rouages inférieurs du système. Toutes les lois organiques ont été successivement remaniées d'après cet idéal d'autorité que l'exilé d'Arenenberg et de Londres, que le prisonnier de Ham se proposait depuis tant d'années avec cette foi puissante qui soulève les montagnes. La garde nationale, la presse, l'enseignement universitaire compromis par les folies d'athéisme et d'indiscipline, la magistrature inamovible, l'action des préfets, tous ces éléments d'autorité ou d'éducation populaire ont été replacés vigoureusement sous l'action puissante du gouvernement central.

En un mot, qu'on se rappelle les paroles de Napoléon III lui-même, la pyramide sociale, si longtemps retournée sur son sommet, a été replacée sur sa base.

Une des institutions qui secondent le mieux le génie moderne, investigateur, curieux d'ordre et de garanties, avait été follement compromise par la république de 1848. Un décret inintelligent du gouvernement provisoire, en date du 2 mai 1848, avait opéré dans le sein de la cour des Comptes des réductions fatales à ce grand établissement financier.

La Cour des comptes, cet instrument admirable de contrôle, est sortie tout armée du cerveau de Napoléon Ier. Créée en 1807 pour remplacer les anciennes commissions de comptabilité dont le contrôle était demeuré impuissant, elle n'avait pas cessé de répondre à la pensée de son fondateur; chargée de juger par ses arrêts les comptables publics, elle leur assure, par l'inamovibilité de ses membres, la garantie d'une juridiction indépendante; appelée à connaître de toutes les recettes et de toutes les dépenses de l'État, elle déclare solennellement la conformité de son contrôle judiciaire avec les comptes administratifs des ministres, et fournit au pouvoir législatif des éléments certains pour le règlement définitif du budget par la loi des comptes ; dans son rapport public au chef de l'État, elle fait ressortir ce qui, dans ses vérifications, lui paraît digne de fixer l'attention du gouvernement, et exprime les vues d'amélioration que l'étude des faits et des lois lui suggère ; elle est ainsi l'auxiliaire utile et nécessaire d'un pouvoir jaloux de soumettre à un examen sérieux tous les actes de sa gestion financière, et de porter la lumière sur tout l'ensemble de la comptabilité publique.

De 1807 à 1848, les attributions de la Cour des comptes se sont successivement étendues, soit par les actes qui, à une époque déjà ancienne, lui ont déféré l'examen des comptes des communes et des établissements de bienfaisance, soit par ceux qui, plus récemment, ont organisé et ont soumis à son contrôle la comptabilité en matières, soit par le développement naturel et successif des revenus de l'État et des dépenses publiques ; cependant, le nombre des magistrats qui la composent était demeuré tel qu'il avait été fixé en 1807, et ils n'avaient pu accomplir les devoirs nouveaux qui leur avaient été imposés que par un redoublement de travail et d'activité.

Aussi, pouvait-on déplorer les réductions fâchenses introduites dans cet établissement par l'impôt jaloux du républicanisme, réduction que repoussait l'esprit le plus sévère d'économie bien entendue.

Aussi, Napoléon III, reprenant la grande pensée impériale,

s'empressa de rétablir l'organisation de la Cour des comptes et institua une nouvelle Chambre temporaire, spécialement chargée des comptes des communes et des établissements de bienfaisance.

Deux créations significatives avaient complété les départements ministériels, celles du ministère d'État et de la police générale. Le ministère d'État avait reçu dans ses attributions, les rapports du gouvernement avec le Sénat, le Corps législatif et le conseil d'État; la correspondance du président de la république avec les divers ministères, le contre-seing des décrets portant nomination des ministres, des membres du conseil d'État, des présidents du Sénat et du Corps législatif, des sénateurs et concession des dotations qui peuvent leur être attribuées; le contre-seing des décrets rendus par le président en exécution des pouvoirs qui lui appartiennent, conformément aux articles 24, 28, 31, 46 et 54 de la Constitution, et de ceux concernant les matières qui ne sont spécialement attribuées à aucun département ministériel; la rédaction et la conservation des procès-verbaux du Conseil des ministres; la direction exclusive de la partie officielle du *Moniteur;* l'administration des palais nationaux et des manufactures.

Dans la pensée de Napoléon III, cette administration est, en quelque sorte, le ministère des ministères.

Quant au ministère de la police, il est d'origine républicaine : le Directoire en fit le premier essai. Les attributions de ce département comprenaient alors l'exécution des lois concernant la police générale et la sûreté de la république, la garde nationale sédentaire, le service de la gendarmerie dans ses rapports avec l'ordre public, la police des prisons, la répression de la mendicité. Ce département fut supprimé par un arrêté consulaire du 28 fructidor an x, qui en transmit les attributions au département de la justice. Deux ans après (21 messidor an xii), l'Empereur ordonna le rétablissement du ministère de la police générale; quatre conseillers d'État, attachés à cette administration, travaillaient chaque jour avec le ministre. Le ministère de la police s'accrut successivement par l'institution de commissaires généraux dans les principales villes, par l'adjonction d'auditeurs du conseil d'État détachés sur un point ou sur un autre, suivant les besoins du service, enfin, par la nomination de cinq directeurs généraux chargés d'administrer les départements annexés à l'Empire. Le 16 mai 1814, le ministère de la police se vit réuni à la préfecture de police de Paris, sous le nom de direction générale de la police du royaume. Le directeur général avait rang de ministre et travaillait avec le roi. Les fonctions précédemment attribuées aux directeurs généraux dans les départements et aux commissaires généraux ou spéciaux de police furent dévolues aux préfectures et aux sous-préfectures.

Des décrets impériaux du 20 mars 1815 rétablirent à la fois la préfecture et le ministère de la police, qui, conservé par Louis XVIII, subsista jusqu'au 29 décembre 1818, époque à laquelle M. Decazes, qui en était le titulaire, fut appelé à l'intérieur. L'administration de la police fut incorporée à ce département. Depuis lors, ce service, maintes fois recomposé, a été successivement, du 21 février 1820 au 24 décembre 1821, la direction de l'administration départementale, de la police et de la librairie, sous les ordres d'un directeur nommé par ordonnance royale; du 9 janvier 1822 au 6 janvier 1828, la direction de la police et de la librairie sous un directeur nommé par le ministre. De janvier 1828 au 26 août 1829, l'administration de la police devint une section de la division qui formait le cabinet du ministre; puis, d'août en décembre 1829, elle prit le titre de direction du personnel et du cabinet, comprenant la police générale, les sciences, les beaux-arts, la librairie, les journaux et les théâtres : ce fut, du 16 décembre 1829 jusqu'au 31 juillet 1830, la direction du personnel et de la police générale. A partir du 9 août 1830, la police forma de nouveau une division spéciale du ministère de l'intérieur.

C'est le 30 janvier 1852, que Napoléon III, alors encore président de la république, ordonna la création de ce ministère. Dans une lettre adressée au ministre nouveau, M. de Maupas, il en exposa nettement la pensée et le but.

« Aujourd'hui, disait le prince, quoique responsable, le président de la république ne peut, à l'aide des seuls moyens officiels, connaître que très-imparfaitement l'état général du pays. Il ignore comment fonctionnent les divers rouages de l'administration, si les mesures arrêtées avec ses ministres s'exécutent conformément à l'intention qui les a dictées, si l'opinion publique applaudit aux actes de son gouvernement ou les désapprouve ; il ignore enfin quels sont, dans les diverses localités, les écarts à réprimer, les négligences à stimuler, les améliorations à introduire. En effet, il n'a pour s'éclairer que les renseignements souvent contradictoires, toujours insuffisants, de divers ministères. »

« Le ministère nouveau, ajoutait alors le prince, a pour mission de surveiller tout sans rien administrer. »

Hâtons-nous d'ajouter que Napoléon III supprima le ministère de la police aussitôt que la tranquillité fut descendue de sa surface au fond même de la nation et que le calme des esprits rendit inutile cette vaste et difficile surveillance. Tel était l'ensemble des institutions impériales et, ici encore, historiens fidèles de l'idée napoléonienne, nous voulons la montrer en germe dans les premières ébauches du Consulat et de l'Empire.

Voici, par exemple, comment Napoléon Ier entendait les développements possibles de l'organisation des grands corps de l'État. Dans le livre intéressant de M. le baron Pelet (de la Lozère), ancien auditeur au conseil d'État, intitulé : *Opinions de Napoléon sur divers sujets*, on trouve ces propres paroles du fondateur de la dynastie impériale :

« Il ne faut pas se lier, dans l'institution d'un nouveau

gouvernement, par des lois trop détaillées ; les Constitutions sont l'ouvrage du temps, on ne saurait laisser une trop large voie aux améliorations.

» Avant peu d'années, ou pourra réunir peut-être le Tribunat au Corps législatif, en affectant la puissance tribunitienne à une réunion de certains membres du Corps législatif.

» Le Sénat, trop faiblement constitué dans le principe, réclamait une amélioration ; je l'ai suffisamment fortifié. Si j'avais jamais à le craindre, il me suffirait d'y jeter une cinquantaine de jeunes conseillers d'État ; mais loin de là, le Sénat ne présentera, dans quelques années, qu'une assemblée de vieillards de plus de quatre-vingts ans. »

Le 7 février 1804, l'Empereur, présidant le conseil d'État, explique ainsi le rôle peu compris du Corps législatif :

« Le Corps législatif est le gardien du domaine public ; sa mission est de consentir l'impôt. S'il s'opposait à des lois d'un intérêt purement local je le laisserais faire ; mais si une opposition se formait dans son sein, qui fût capable d'arrêter la marche du gouvernement, j'aurais recours au Sénat pour le proroger, pour le changer ou pour le casser, et j'en appellerais au besoin à la nation, qui est derrière tout cela. On en parlerait diversement, mais n'importe : je sais que la badauderie est le caractère national depuis les Gaulois. »

Et ailleurs, le 20 mars 1806, il dit comment ce Corps doit être composé :

« Je ne vois pas d'inconvénient à ce que les fonctions de législateur soient déclarées compatibles avec celles de juge et d'administrateur. Il est même utile que beaucoup de membres du corps judiciaire siégent au Corps législatif, parce que le gouvernement n'osera leur proposer des lois contraires à la jurisprudence établie, et la jurisprudence ne variera pas.

» Je veux qu'on me fasse un Corps législatif qui n'exige rien de moi ; il ne faut pas toutefois le rendre plus faible qu'il n'est maintenant, car il ne pourrait me servir.

» Le Corps législatif doit être composé d'individus qui, après leur temps expiré, puissent vivre de leur fortune sans qu'on leur donne une place. Il y a maintenant chaque année soixante législateurs sortants dont on ne sait que faire ; ceux qui ne sont point placés vont porter leur bouderie dans leurs départements.

» Je voudrais des propriétaires âgés, mariés en quelque sorte à l'État par leur famille ou leur profession, attachés par quelque lien à la chose publique. Ces hommes viendraient toutes les années à Paris, parleraient à l'Empereur dans son cercle, et seraient contents de cette petite gloriole jetée dans la monotonie de leur vie.

» Il convient que les fonctionnaires publics, autres que les comptables, puissent être membres du Corps législatif. On ne saurait, pour le bien d'une nation, rendre le corps législatif trop maniable, parce que, s'il était assez fort pour vouloir dominer, il serait détruit par le gouvernement ou le détruirait. »

On voit avec quelle sûreté de coup d'œil ce grand esprit avait compris la nécessité d'une représentation nationale et deviné à l'avance les dangers du gouvernement parlementaire.

C'est ainsi qu'au dedans comme au dehors se fondait et se consolidait la puissance impériale. Dans les cœurs des citoyens français, comme dans les cabinets européens, les sympathies s'accroissaient, les défiances diminuaient, on interrogeait l'avenir, ici avec moins d'inquiétude, là avec un espoir de jour en jour plus ferme et plus confiant.

Un seul pays semblait observer avec jalousie cette restauration des grandeurs impériales et son attitude était un hommage de plus rendu au sauveur de la France.

Ce pays, c'était l'Angleterre. Malgré les déclarations réciproques tout empreintes du désir mutuel de conserver la paix, malgré la prompte reconnaissance du nouveau gouvernement français, malgré l'acte loyal qui confirmait les promesses de Napoléon III par la réduction de l'effectif militaire, la politique anglaise s'était émue aux premières lueurs de l'astre impérial. En Italie, en Autriche, en Allemagne où fermentaient encore les passions vaincues, on s'était senti sauvé par le salut de la France. On avait trouvé à la reconstitution humiliante du trône brisé en 1815, la compensation du régime parlementaire abattu, du socialisme dompté. Cette compensation manquait à l'Angleterre, pour laquelle le gouvernement parlementaire est l'objet d'un culte véritable et que sa position isolée met à l'abri des craintes inspirées aux autres cabinets par la révolution européenne. Elle ne pouvait, sans renier en quelque sorte le principe essentiel de son existence, applaudir à l'exemple que donnait la France.

Mais le vrai mot de la situation, c'était celui-ci. L'Angleterre tremble quand la France est forte, libre, heureuse et respectée. Le vieil antagonisme des vanités et des intérêts n'a pas cessé de souffler à la politique britannique ses inspirations mauvaises depuis les temps des Edouard et des Guillaume. Si Napoléon III s'était empressé de donner au monde des assurances pacifiques, on sentait dans ses allures une décision à laquelle on n'était plus accoutumé depuis longtemps. L'aigle brillait au sommet de nos drapeaux et le nom de Napoléon oblige.

Et puis, pourquoi ne pas le dire, la Carthage moderne entrevoyait avec dépit une ère de prospérité inouïe, un développement inusité de relations commerciales, un accroissement de puissance maritime, une colonisation féconde de l'Algérie dans les énergiques résolutions du nouveau chef de la France. Clairvoyante comme la jalousie, elle devinait ce que pourrait tirer de son sein un pays comme le nôtre échappé aux tiraillements de l'anarchie et protégé par la forte et régulière organisation du gouvernement impérial.

C'est pour cela que l'Angleterre s'inquiétait de ce qui rassurait le monde. C'est pour cela que, tout en acceptant le changement profond de notre constitution politique, tout en blâmant hautement le langage violent de quelques organes de la presse britannique, les hommes d'État de la Grande-Bretagne avaient cédé, pour leur compte, aux terreurs de l'opinion publique et avaient proposé des mesures pour mettre les trois royaumes en état de défense. Le ministère impuissant de lord John Russell avait été renversé sur cette question par un amendement de lord Palmerston, demandant que les milices, dont les alarmes publiques exigeaient l'institution, fussent générales et mobilisées au lieu d'être sédentaires et locales.

Pendant quelques mois, il sembla que le camp de Boulogne fût rétabli, que la flotte française fût prête, que l'invasion fût imminente.

C'est qu'en effet les conquêtes de la science ont enlevé à l'Angleterre le vieux privilége de sa situation exceptionnelle.

Autrefois, lorsque la Manche, si souvent irritée, présentait une défense insurmontable pour une escadre de bâtiments à voiles, quand il semblait que le génie particulier qui préside aux destinées maritimes de la Grande-Bretagne eût toujours à son service quelque tempête opportune pour disperser ou détruire les *armadas* lancées en vain contre ses côtes, il fallait le génie d'un Napoléon pour organiser en quelques mois une expédition capable d'inquiéter la puissance anglaise. Et encore, les lenteurs inévitables d'armements gigantesques permettaient à la politique britannique de détourner la tempête sur le continent.

Aujourd'hui, en une nuit, quelques bateaux à vapeur suffiraient à transporter sur le sol de l'Angleterre une armée française.

Aussi, en pleine paix européenne, l'Angleterre présenta ce spectacle singulier d'un pays s'armant contre un danger imaginaire et n'osant avouer la véritable cause de ses précautions et de ses efforts. La noblesse, la yeomanry, les classes industrielles et commerçantes furent tout à coup saisies d'un enthousiasme guerrier, semblable à celui que Walter-Scott décrit avec tant de verve dans son roman de *l'Antiquaire*. De tous côtés on s'exerçait au tir du fusil et de la carabine : malgré la répugnance bien connue de l'Anglais pour le service militaire, on jouait au soldat.

Pendant ce temps, le gouvernement britannique se livrait à des préparatifs plus sérieux. D'énormes allocations avaient été demandées et obtenues pour le service des fortifications et des ports. L'amirauté se mit à l'œuvre comme s'il n'y avait pas eu un moment à perdre. Le port de refuge d'Aurigny, si voisin de la côte de France, Douvres, vieux rival de notre Calais, Porstmouth et Plymouth, l'arsenal de Pembroke, la rade de Milford-Haven, sur le canal de Saint-Georges, l'île de Wight, sentinelle avancée dans la mer, l'entrée de la Tamise, tous ces points recevaient des fortifications nouvelles et se hérissaient de batteries.

Il fallut bien cependant que toute cette émotion, que la France ne vit pas sans sourire, se calmât à mesure que se dessinait la fière, mais pacifique attitude du gouvernement français.

Au reste, il serait injuste de confondre les représentants égarés de quelques partis dans la presse politique anglaise, avec le peuple lui-même de la Grande-Bretagne, surtout avec cette classe industrieuse et commerçante qui dirige l'opinion publique de l'Angleterre.

Une démarche significative du haut commerce de la cité de Londres montra assez où étaient les intérêts, où étaient les sympathies sérieuses de cette classe prépondérante, si profondément intéressée à la paix du monde et dont les capitaux sont engagés dans la plupart de nos grandes entreprises.

Une députation de la Cité, présidée par sir James Duke, baronnet, membre du parlement pour la cité de Londres, vint présenter à l'Empereur une déclaration du commerce de la capitale de l'Union britannique. Ce document, dont on chercherait en vain dans l'histoire un autre exemple, renfermait l'expression des sentiments d'amitié et de respect dont les représentants de l'Angleterre industrielle et commerçante étaient animés envers leurs confrères de France. Il était revêtu des signatures de plus de quatre mille négociants, banquiers et commerçants.

Sir James Duke, en le portant respectueusement au pied du trône de Napoléon III, exprima à Sa Majesté son ardent espoir que, sous le nouveau règne, la France et l'Angleterre seraient constamment unies par des relations intimes, et que de l'amitié de ces deux grandes nations sortiraient la paix et le bonheur de l'humanité.

Napoléon III profita de cette occasion pour renouveler ses déclarations pacifiques. Il répondit en anglais :

« Je suis extrêmement touché de cette manifestation. Elle me confirme dans la confiance que m'a toujours inspirée le bon sens de la nation anglaise. Pendant le long séjour que j'ai fait en Angleterre, j'ai admiré la liberté dont elle jouit, grâce à la perfection de ses institutions. Un moment cependant j'ai craint, l'année dernière, que l'opinion ne fût égarée sur le véritable état de la France et sur ses sentiments envers la Grande-Bretagne. Mais on ne trompe pas longtemps la bonne foi d'un grand peuple, et la démarche que vous faites près de moi en est une preuve éclatante. Depuis que je suis au pouvoir, mes efforts tendent constamment à développer la prospérité de la France. Je connais ses intérêts : ils ne sont pas différents de ceux de toutes les autres nations civilisées. Comme vous je veux la paix, et, pour l'affermir, je veux comme vous resserrer les liens qui unissent nos deux pays. »

Un acte nouveau, impatiemment attendu par la France, provoqué par les vœux, par les respectueuses adresses d'un grand nombre de villes de France, venait de donner au monde la mesure de la loyauté avec laquelle l'Empereur réalisait ses intentions pacifiques et préparait à son pays une ère de calme et de prospérité. Il avait contracté envers la France un engagement solennel, celui de fixer ses destinées en assurant la stabilité de sa dynastie. Mais qu'y avait-il d'assuré dans une situation qui reposait tout entière sur la vie d'un homme, que pouvaient compromettre les chances d'une succession indirecte?

Le mariage de l'Empereur pouvait seul dissiper ces trop justes alarmes et faire de l'hérédité une base inébranlable pour l'établissement impérial.

Mais dans quelle famille régnante l'Empereur allait-il choisir une compagne ? A quelle alliance allait-il s'enchaîner? Les sollicitations d'un membre nouveau de la famille des souverains étaient-elles compatibles avec la dignité d'un Empereur élu par un grand peuple? S'il cherchait une épouse sur les marches d'une vieille et puissante dynastie, il engageait sa politique dans une voie d'infériorité peu compatible avec la grandeur de la France. S'il descendait jusqu'à une de ces familles princières, honorablement obscures, qui semblent destinées à donner des époux et des reines à toutes les cours de l'Europe, il n'ajoutait rien à sa force tout en engageant son indépendance.

Se séparant ici de son oncle, que l'ambition dynastique avait aveuglé, Napoléon III comprit, avec une singulière sûreté de coup d'œil, qu'un gouvernement sorti de l'élection populaire ne pouvait avoir rien de commun avec les vieilles monarchies de l'Europe. Il vit, en jetant sur l'histoire des temps passés un regard d'homme vraiment politique, que les divers essais faits par la France pour se rattacher par les frêles liens d'une alliance matrimoniale au reste du continent, n'avaient abouti qu'à la guerre, à l'exil, à la trahison.

En un moment, son parti fut pris de se séparer de l'Europe par sa conduite privée, comme il en était déjà séparé par son origine.

Le 22 janvier, le Sénat et le Corps législatif, représentés par leurs bureaux et les membres du conseil d'État, se réunirent aux Tuileries et S. M. l'Empereur, debout en avant de son trône, prononça le discours suivant, d'une voix nette et accentuée, mais avec une émotion visible que partageait toute l'assemblée.

« Messieurs,

» Je me rends au vœu si souvent manifesté par le pays, en venant vous annoncer mon mariage.

» L'union que je contracte n'est pas d'accord avec les traditions de l'ancienne politique ; c'est là son avantage.

» La France, par ses révolutions successives, s'est toujours brusquement séparée du reste de l'Europe ; tout gouvernement sensé doit chercher à la faire rentrer dans le giron des vieilles monarchies ; mais ce résultat sera bien plus sûrement atteint par une politique droite et franche, par la loyauté des transactions, que par des alliances royales, qui créent de fausses sécurités et substituent souvent l'intérêt de famille à l'intérêt national. D'ailleurs, les exemples du passé ont laissé dans l'esprit du peuple des croyances superstitieuses ; il n'a pas oublié que depuis soixante et dix ans les princesses étrangères n'ont monté les degrés du trône que pour voir leur race dispersée et proscrite par la guerre ou par la révolution. Une seule femme a semblé porter bonheur et vivre plus que les autres dans le souvenir du peuple, et cette femme, épouse modeste et bonne du général Bonaparte, n'était pas issue d'un sang royal.

» Il faut cependant le reconnaître, en 1810, le mariage

de Napoléon Ier avec Marie-Louise fut un grand événement : c'était un gage pour l'avenir, une véritable satisfaction pour l'orgueil national, puisqu'on voyait l'antique et illustre maison d'Autriche, qui nous avait si longtemps fait la guerre, briguer l'alliance du chef élu du nouvel empire. Sous le dernier règne, au contraire, l'amour-propre du pays n'a-t-il pas eu à souffrir lorsque l'héritier de la couronne sollicitait infructueusement, pendant plusieurs années, l'alliance d'une maison souveraine, et obtenait enfin une princesse accomplie sans doute, mais seulement dans des rangs secondaires et dans une autre religion?

» Quand, en face de la vieille Europe, on est porté par la force d'un nouveau principe à la hauteur des anciennes dynasties, ce n'est pas en vieillissant son blason et en cherchant à s'introduire à tout prix dans la famille des rois, qu'on se fait accepter. C'est bien plutôt en se souvenant toujours de son origine, en conservant son caractère propre et en prenant franchement vis-à-vis de l'Europe la position de parvenu, titre glorieux lorsqu'on parvient par le libre suffrage d'un grand peuple.

» Ainsi, obligé de s'écarter des précédents suivis jusqu'à ce jour, mon mariage n'était plus qu'une affaire privée. Il restait seulement le choix de la personne. Celle qui est devenue l'objet de ma préférence est d'une naissance élevée. Française par le cœur, par l'éducation, par le souvenir du sang que versa son père pour la cause de l'Empire, elle a, comme

Espagnole, l'avantage de ne pas avoir en France de famille à laquelle il faille donner honneurs et dignités. Douée de toutes les qualités de l'âme, elle sera l'ornement du trône, comme, au jour du danger, elle deviendrait un de ses courageux appuis. Catholique et pieuse, elle adressera au Ciel les mêmes prières que moi pour le bonheur de la France; gracieuse et bonne, elle fera revivre, dans la même position, j'en ai le ferme espoir, les vertus de l'Impératrice Joséphine.

» Je viens donc, Messieurs, dire à la France : J'ai préféré une femme que j'aime et que je respecte à une femme inconnue dont l'alliance eût eu des avantages mêlés de sacrifices. Sans témoigner de dédain pour personne, je cède à mon penchant, mais après avoir consulté ma raison et mes convictions. Enfin, en plaçant l'indépendance, les qualités du cœur, le bonheur de famille au-dessus des préjugés dynastiques et des calculs de l'ambition, je ne serai pas moins fort, puisque je serai plus libre.

» Bientôt, en me rendant à Notre-Dame, je présenterai l'Impératrice au peuple et à l'armée; la confiance qu'ils ont en moi assure leur sympathie à celle que j'ai choisie, et vous, Messieurs, en apprenant à la connaître, vous serez convaincus que cette fois encore j'ai été inspiré par la Providence. »

Quelle était donc cette épouse choisie dans une des plus hautes familles de l'Europe et qui cependant n'apportait sur le trône aucun caractère politique? Quelle était cette jeune fille dont la beauté suprême avait si vivement touché le cœur de Napoléon III et dont les éclatantes qualités promettaient à la France une autre Joséphine ?

C'était la seconde fille d'un grand d'Espagne, doña Maria Eugénia de Guzman y Porto Carrero, comtesse de Teba, née du comte de Montijo et de doña Maria Manuela Kirkpatrick de Closeburn, comtesse douairière de Montijo, de Miranda, Baños et Mora, duchesse de Peñaranda. Sa mère, née comme elle en Andalousie, appartenait à une ancienne et noble famille jacobite, fixée en Espagne depuis l'exil des Stuarts.

Les Montijo descendent de l'illustre maison de Guzman, dont l'origine remonte aux premiers temps de la monarchie espagnole. On connaît les branches de cette famille qui ont joué un rôle considérable dans l'histoire : ce sont celles des ducs de Medina de las Torres, de Medina-Sidonia, d'Olivarès, enfin celle des comtes de Montijo de Teba ou Teva, et de Villaverde, marquis de Ardales, de la Algara, etc.

Dans la suite de ces études napoléoniennes, nous raconterons l'histoire de cette illustre famille et nous étudierons de plus près la noble figure de la nouvelle Impératrice des Français.

Le père de la jeune comtesse de Teba était le second fils du comte de Montijo, grand d'Espagne et diplomate distingué, dont la maison à Madrid était le rendez-vous de toutes les célébrités de la cour de Charles III. Lorsque Napoléon parut dans la Péninsule à la tête d'une armée, le second fils du comte de Montijo, alors comte de Teba, prit avec ardeur parti pour la France dans la guerre d'Espagne. Il servit dans l'armée française comme colonel d'artillerie, perdit un œil à la bataille de Salamanque et eut une jambe entièrement fracassée. Lorsque Ferdinand VII fut rétabli sur le trône, le comte de Teba quitta l'Espagne et vint reprendre du service dans les rangs de l'armée française. Il fit avec distinction la campagne de 1814 et fut décoré de la main de l'Empereur. Lors de la défense de Paris, Napoléon lui confia le tracé des fortifications de la capitale, et le mit à la tête des élèves de l'École polytechnique pour défendre la position des buttes Saint-Chaumont où il eut l'honneur de tirer les derniers coups de canon pour la défense de la France. Rentré dans sa patrie, couvert de blessures, à la paix qui suivit l'abdication de l'Empereur, le comte de Teba fut d'abord en butte aux soupçons et aux persécutions par suite de son attachement connu pour la France et de ses opinions libérales. Il fut plus d'une fois emprisonné comme *negro*. Un jour même il ne dut la vie qu'à l'énergique dévouement de sa femme qui lui ménagea la sortie de Grenade et lui trouva un asile chez de pauvres fermiers des Alpujarres. Adoré des paysans qu'il comblait de bienfaits, le comte ne trouva pas un seul traître parmi eux. Les passions politiques une fois calmées, il siégea plusieurs années dans le Sénat, où il compta toujours parmi les membres les plus influents. Héritier, par la mort de son frère aîné, du titre du comte de Montijo et de biens considérables, il faisait le plus noble emploi de son crédit et de sa fortune. Les entreprises patriotiques, les améliorations utiles, les associations bienfaisantes trouvaient en lui un protecteur aussi zélé que généreux. Il est mort, à Madrid, en 1839, estimé de tous les partis, chéri de tous ceux qui avaient l'honneur d'être admis dans son intimité. On conserve encore au musée d'artillerie de Madrid, comme de précieuses reliques, ses armes et son uniforme.

Le comte, en mourant, laissait deux filles. L'aînée, doña Francisca de Sales, comtesse de Montijo et duchesse de Peñaranda, a épousé, en 1845, le duc de Berwick et d'Albe, héritier du dernier des Stuarts et du fameux duc d'Albe, ce terrible lieutenant de Philippe II.

La seconde était appelée à cette fortune imprévue, éclatante, mais assurément méritée par ses hautes qualités, de monter sur le trône de France.

Les cérémonies du mariage civil et du mariage religieux vont nous montrer la jeune compagne que s'était choisi le cœur de Napoléon III.

Le 29 janvier, à huit heures du soir, le grand maître des cérémonies alla, avec deux voitures de la cour, chercher la fiancée impériale dont la demeure provisoire était le palais de l'Élysée. Reçue par LL. AA. II. le prince Napoléon et madame la princesse Mathilde, la comtesse de Teba, la main dans la main de sa mère, Son Excellence madame la comtesse de Montijo, fut présentée à l'Empereur qu'entouraient les autres membres de sa famille, les cardinaux, les maréchaux et les amiraux, les ministres secrétaires d'État, les grands officiers et les officiers de la maison civile et militaire de l'Empereur, les ambassadeurs et ministres plénipotentiaires présents à Paris.

Sa Majesté s'avança au-devant de sa fiancée et le cortége se dirigea vers la salle des Maréchaux. Là, deux fauteuils égaux étaient placés sur une estrade : l'un à droite pour l'Empereur ; l'autre à gauche, pour la future Impératrice.

Au bas de l'estrade était une table sur laquelle se trouvait placé le registre de l'état civil de la famille de l'Empereur.

Ce registre est celui de l'ancienne maison impériale, conservé dans les archives de la secrétairerie d'État. Le premier acte qui s'y trouve consigné, daté du 2 mars 1806, est l'adoption du prince Eugène, comme fils de l'Empereur Napoléon Ier et comme vice-roi d'Italie. Le dernier acte, celui qui précède immédiatement l'acte de mariage de l'Empereur Napoléon III et de l'Impératrice Eugénie, est celui de la naissance du roi de Rome, portant la date du 20 mars 1811.

L'Empereur étant assis, le ministre d'État et de la maison de l'Empereur dit :

« Au nom de l'Empereur ! »

A ces mots, l'Empereur et la future Impératrice se levèrent.

« Sire,

» Votre Majesté déclare-t-elle prendre en mariage Son Excellence mademoiselle Eugénie de Montijo, comtesse de Teba, ici présente ? »

L'Empereur répondit :

« Je déclare prendre en mariage Son Excellence mademoiselle Eugénie de Montijo, comtesse de Teba, ici présente.

« Mademoiselle Eugénie de Montijo, comtesse de Teba, Votre Excellence déclare-t-elle prendre en mariage S. M. l'Empereur Napoléon III, ici présent ? »

Son Excellence répondit :

« Je déclare prendre en mariage S. M. l'Empereur Napoléon III, ici présent. »

Alors le ministre d'État prononça en ces termes le mariage :

« Au nom de l'Empereur, de la Constitution et de la loi, je déclare que S. M. Napoléon III, Empereur des Français, par la grâce de Dieu et la volonté nationale, et Son Excellence mademoiselle Eugénie de Montijo, comtesse de Teba, sont unis en mariage. »

Puis l'acte fut signé par l'Empereur, l'Impératrice, Son Excellence madame la comtesse de Montijo, les princes et les princesses, et les témoins désignés par Sa Majesté.

Le lendemain, 30 janvier, eut lieu la cérémonie plus imposante encore du mariage religieux.

Le mariage de l'Empereur à Notre-Dame fut une de ces grandes solennités nationales qui restent gravées dans les souvenirs du peuple; il fit éclater de nouveau la vive sympathie des habitants de Paris pour Napoléon III.

Quant à la France, elle s'associa, jusque dans le moindre hameau, aux témoignages de reconnaissance et d'attachement que la capitale donnait à l'Empereur et que partageait déjà avec lui l'Impératrice.

D'immenses préparatifs avaient été faits pour rendre cette fête digne de la grande cité impériale ; mais l'enthousiasme populaire fut plus grand encore. C'est là le côté caractéristique des solennités vraiment nationales.

Dès le matin, une foule immense, comme Paris n'en a jamais vu, était accourue de tous les quartiers de la ville, de tous les points du département et des départements circonvoisins et se pressait aux abords des places et des rues que devait parcourir le cortége.

Dans ces flots de population avide de contempler les traits de la nouvelle souveraine, il y avait plus que de la curiosité ; les acclamations dont elle était l'objet partaient du cœur. Cette noble et gracieuse figure, dont la douceur et la modestie rehaussent encore la beauté, exerçait sur la foule un charme irrésistible.

Les corporations ouvrières de Paris et de la banlieue, bannières en tête, les vieux militaires de l'Empire, des députations de jeunes filles vêtues de blanc, s'étaient rangés sur le passage de Leurs Majestés. La garde nationale et l'armée formaient une double haie depuis le palais des Tuileries jusqu'à Notre-Dame. La place du Louvre, la rue de Rivoli, l'Hôtel de Ville et les quais étaient ornés de mâts, de banderoles, de panoplies, d'inscriptions portant gravés dans un même écusson les chiffres de l'Empereur et de l'Impératrice.

La place du Carrousel, où se trouvaient réunies les troupes qui devaient former le cortége, présentait le coup d'œil le plus imposant. Carabiniers aux tailles athlétiques, aux cuirasses étincelantes, gendarmes de la Seine rappelant par leur tenue riche et sévère des souvenirs de gloire aux vétérans de la grande armée, guides attirant les regards par leur gracieux uniforme, tous ces cavaliers de choix, massés en colonnes serrées donnaient de l'armée française le plus noble échantillon.

Cependant, deux voitures de la cour étaient allées chercher l'Impératrice à l'Élysée. A midi précis, le canon des Invalides annonça l'arrivée de Sa Majesté. A ce moment, les clairons sonnèrent, les tambours battirent aux champs, et l'Impératrice fit son entrée aux Tuileries par la grille du pavillon de Flore, aux cris mille fois répétés de *vive l'Impératrice !*

L'Empereur s'avança au-devant de Sa Majesté, et la prenant par la main, la mena jusqu'au salon ; puis il s'avança avec elle jusque sur le balcon. Un immense cri de *Vive l'Empereur ! Vive l'Impératrice* salua Leurs Majestés et se prolongea longtemps encore après qu'elles eurent quitté le balcon.

Puis, on vit s'avancer, toute dorée et surmontée de la couronne impériale, la magnifique voiture qui avait servi au sacre de Napoléon Ier et de Joséphine.

A la sortie de la grille des Tuileries, au sortir de la cour du Louvre, au débouché de la rue des Fossés-Saint-Germain-l'Auxerrois, sur tout le parcours de la rue de Rivoli, des explosions de cris enthousiastes accueillirent l'Empereur et sa jeune compagne. Napoléon III avait voulu profiter de cette circonstance pour inaugurer solennellement la rue de Rivoli. Cette magnifique voie de communication était pavoisée dans toute sa longueur et garnie d'estrades, improvisées au moment du passage du cortége. Maisons, fenêtres, toits, tout était envahi par la population pressée. Les femmes agitaient leurs mouchoirs ou jetaient des bouquets ; les soldats et les gardes nationaux élevaient leurs armes ; un même sentiment remplissait tous les cœurs ; un même cri, un même vœu sortait de toutes les bouches : *Vive l'Empereur ! Vive l'Impératrice !*

C'est ainsi que le cortége arriva en vue de Notre-Dame.

La décoration de la cathédrale, d'une grande richesse et parfaitement appropriée au style et aux proportions du monument produisait le plus merveilleux effet. Devant le portail, on avait élevé un porche gothique, dont les panneaux imitant des tentures en tapisserie, représentaient des figures de saints et de rois de France. Sur les deux principaux pilastres, on voyait les statues équestres de Charlemagne et de Napoléon. Tout le long de la balustrade qui couronne la galerie des rois régnait une frise d'aigles alternés par des guirlandes. Neuf bannières vertes, semées d'abeilles et au chiffre de Leurs Majestés, flottaient sur les grandes fenêtres et sur la rose du milieu. La grande galerie à jour était ornée d'une tenture verte aux semis d'abeilles ; les drapeaux des quatre-vingt-six départements en surmontaient la balustrade. De larges pentes en or couvraient entièrement les abat-son du beffroi. Au sommet des tours s'élevaient quatre aigles et deux grandes bannières tricolores.

Un porche intérieur, d'un dessin aussi élégant que simple, supportait la tribune destinée à un orchestre de cinq cents musiciens. Les piliers de la cathédrale étaient tendus, jusqu'aux chapiteaux, en velours rouge, bordé de palmes d'or. Des deux côtés de la nef et de chaque tribune pendaient des tentures, en velours rouge, doublées d'hermine, aux écussons impériaux, et reliées par des guirlandes de verdure et de fleurs. Le sommet des ogives était revêtu de pentes vertes, semées d'abeilles d'or. Aux deux angles intérieurs du transept, on avait appliqué des châssis figurant des boiseries ; des retables largement peints, à la manière de Giotto et de Cimabuë, marquaient les deux extrémités de la croix latine au-dessous des grandes rosaces.

Au milieu du transept et sur une estrade couverte d'un tapis d'hermine étaient placés les deux siéges d'honneur, préparés pour l'Empereur et pour l'Impératrice ; les armes impériales étaient brodées sur les dossiers des fauteuils, sur les prie-Dieu et sur les carreaux. Au-dessus de cette estrade s'élevait un dais magnifique en velours rouge, semé d'abeilles et surmonté d'un aigle d'or aux ailes éployées. Des bannières, contenant les noms des principales villes et des départements de France, descendaient de la voûte et complétaient cette admirable décoration. Enfin, l'autel, élevé de sept marches au-dessus du sol de l'église, d'un style noble et sévère, se détachait merveilleusement sur la masse éblouissante des lumières dont le chœur était inondé.

Quinze mille bougies éclairaient la cathédrale ; rien ne

saurait donner une idée de l'imposant coup d'œil qu'offraient les vastes estrades occupées par le Corps diplomatique, le Sénat, le Corps législatif, le conseil d'État, les ministres, les maréchaux, les amiraux, l'élite enfin de la France et des étrangers présents à Paris.

A la gauche de l'autel avaient pris place les cardinaux, les évêques, les membres du chapitre métropolitain, les chanoines titulaires de Saint-Denis, les chanoines honoraires de Paris.

A une heure, le bruit des tambours et les acclamations enthousiastes du peuple annoncèrent l'arrivée du cortége. Aussitôt, Mgr l'archevêque de Paris, précédé et suivi de son clergé, se dirigea processionnellement, la mitre en tête et la crosse pastorale à la main, vers le portail.

La grande porte s'ouvrit, et l'Empereur, donnant la main à l'Impératrice, fit son entrée dans la basilique. Sa Majesté portait l'uniforme de lieutenant général avec le grand cordon de la Légion d'honneur et le même collier que l'Empereur Napoléon Ier portait au sacre, ainsi que le collier de la Toison d'or, autrefois porté par Charles-Quint. L'Impératrice était habillée d'une robe longue en soie blanche couverte de point de dentelle, avec le diadème et la ceinture en diamants. Au diadème se rattachait un long voile d'Angleterre surmonté de fleurs d'oranger. Rien de plus simple et de plus riche à la fois que cette toilette virginale. L'assemblée entière était pénétrée d'une émotion profonde en contemplant ces traits où s'allient tant de grâce, de distinction et de bonté.

Leurs Majesté s'avancèrent lentement, sous un dais de velours rouge doublé de satin blanc. L'orchestre exécutait une marche instrumentale d'un caractère large et pompeux.

Après avoir reçu l'eau bénite et l'encens, Leurs Majestés prirent place sur l'estrade. Chacun ayant pris la place que lui assignait le cérémonial, Mgr l'archevêque officiant, salua Leurs Majestés qui se rendirent au pied de l'autel, et s'y tinrent debout, se donnant la main droite.

Mgr l'archevêque, s'adressant à l'Empereur et à l'Impératrice, leur dit :

« Vous vous présentez ici pour contracter mariage en face de la sainte Église? »

L'Empereur et l'Impératrice répondirent :

« Oui, Monsieur. »

Après ces paroles, le premier aumônier de l'Empereur, précédé d'un maître de cérémonies, présenta sur un plateau de vermeil les pièces d'or et l'anneau que bénit Mgr l'archevêque.

Ensuite Mgr l'archevêque adressa à l'Empereur les paroles suivantes .

« Sire, vous déclarez, reconnaissez et jurez devant Dieu et en face de sa sainte Église, que vous prenez maintenant pour votre femme et légitime épouse, madame Eugénie de Montijo, comtesse de Teba, ici présente? »

L'Empereur répondit :

« Oui, Monsieur. »

L'officiant continua :

« Vous promettez et jurez de lui garder fidélité en toute chose, comme un fidèle époux le doit à son épouse, selon le commandement de Dieu ? »

L'Empereur répondit :

« Oui, Monsieur. »

Mgr l'archevêque, s'adressant ensuite à l'Impératrice :

« Madame, vous déclarez, reconnaissez et jurez devant Dieu et en face de la sainte Église que vous prenez maintenant pour votre mari et légitime époux, l'Empereur Napoléon III, ici présent ? »

L'Impératrice répondit :

« Oui, Monsieur. »

L'officiant continua :

« Vous promettez et jurez de lui garder fidélité en toute chose comme une fidèle épouse le doit à son époux, selon le commandement de Dieu ? »

L'Impératrice répondit :

« Oui, Monsieur. »

Mgr l'archevêque remit alors à l'Empereur les pièces d'or et l'anneau, et Sa Majesté présenta d'abord les pièces d'or à l'Impératrice en disant :

« Recevez le signe des conventions matrimoniales faites entre vous et moi. »

Ensuite l'Empereur plaça l'anneau au doigt de l'Impératrice en disant :

« Je vous donne cet anneau en signe du mariage que nous contractons. »

L'Empereur et l'Impératrice se mirent à genoux, et Mgr l'archevêque, étendant la main sur les époux, prononça la formule sacramentelle et la prière :

Deus Abraham, Deus Isaac et Deus Jacob vobiscum sit : et ipse conjungat vos, impleatque benedictionem suam in vobis.

Après l'office divin, pendant lequel résonnèrent sous les voûtes de la basilique l'*O Salutaris* de Chérubini, le *Sanctus* d'Adolphe Adam et le *Domine salvum* d'Auber, le cortége revint aux Tuileries, en parcourant cette fois la ligne des quais jusqu'à la place de la Concorde. Partout une foule immense faisait retentir le cri de *Vive l'Empereur* ! *Vive l'Impératrice !* Des députations d'ouvriers et de jeunes filles, bannières en tête, présentaient des fleurs aux époux et saluaient leur passage par des acclamations chaleureuses.

Le temps avait favorisé cette fête magnifique. Rarement l'hiver avait accordé à Paris un ciel aussi pur, une température aussi douce.

L'Empereur voulut que les frais des fêtes de son mariage fussent entièrement supportés par sa liste civile. De son côté, l'Impératrice avait demandé à son époux que leur union fût une occasion de bonheur et un gage de délivrance pour tant de malheureux égarés qui gémissaient encore dans les prisons ou dans l'exil. Plus de trois mille individus furent graciés parmi ceux qui avaient été l'objet de mesures de sûreté générale à la suite des troubles qui avaient éclaté en décembre 1851.

Déjà la jeune Impératrice s'était mise en communication sympathique avec la France par quelques-uns de ces traits qui révèlent une belle âme.

Parmi les objets composant la corbeille de mariage de l'Impératrice, l'Empereur avait fait placer, au lieu de la bourse d'usage, un portefeuille renfermant deux cent cinquante mille francs. L'Impératrice voulut que cette somme fût entièrement consacrée à des œuvres de charité. Par ses ordres, cent mille francs furent répartis entre les sociétés maternelles qui ont pour but de secourir les pauvres femmes en couche, de pourvoir à leurs besoins et à l'allaitement de leurs enfants ; cent cinquante mille francs servirent à fonder de nouveaux lits à l'hospice des Incurables, en faveur de pauvres infirmes des deux sexes. S. M. l'Impératrice s'en réserva la désignation.

Déjà l'Impératrice Eugénie avait fait preuve d'une délicatesse pleine de goût et d'un véritable esprit de bienfaisance, en refusant, par la lettre suivante, la parure de diamant que lui offrait la ville de Paris. Les femmes seules pourront comprendre ce qu'il faut d'héroïsme charitable pour refuser un collier de six cent mille francs.

Monsieur le Préfet,

« Je suis bien touchée d'apprendre la généreuse décision du conseil municipal de Paris, qui manifeste ainsi son adhésion sympathique à l'union que l'Empereur contracte. J'éprouve néanmoins un sentiment pénible, en pensant que le premier acte public qui s'attache à mon nom, au moment de mon mariage, soit une dépense considérable pour la ville de Paris.

» Permettez-moi donc de ne point accepter votre don, quelque flatteur qu'il soit pour moi ; vous me rendrez plus heureuse en employant en charités la somme que vous aviez fixée pour l'achat de la parure que le conseil municipal voulait m'offrir. Je désire que mon mariage ne soit l'occasion d'aucune charge nouvelle pour le pays auquel j'appartiens désormais ; et la seule chose que j'ambitionne, c'est de partager avec l'Empereur l'amour et l'estime du peuple français.

» Je vous prie, monsieur le préfet, d'exprimer à votre conseil toute ma reconnaissance, et de recevoir, pour vous, l'assurance de mes sentiments distingués.

» Eugénie, comtesse de Teba. »

Pour se conformer à ces nobles intentions, si délicatement exprimées, le conseil municipal affecta les six cent mille francs, destinés à l'achat d'une parure, à la fondation d'un établissement, où de jeunes filles pauvres recevraient une éducation professionnelle et d'où elles ne sortiraient que convenablement placées. Cet établissement porterait le nom et serait placé sous la protection de l'Impératrice.

Même avant d'adopter l'impératrice Eugénie dans cette imposante solennité du mariage religieux, le peuple qui connaît bien vite ceux qui l'aiment, savait de la comtesse de Teba mille traits de sympathique générosité.

Un jour, passant dans la nouvelle rue de Rivoli prolongée, elle voit tomber un ouvrier charpentier d'un échafaudage. Aussitôt, la jeune et belle comtesse s'écrie, fait arrêter la voiture, en descend et s'élance auprès du pauvre travailleur, dont la blessure n'était heureusement que légère. Elle lui laisse un secours et lui prodigue ses consolations, plus précieuses que l'argent lui-même.

Un autre jour, c'était près de la barrière de l'Étoile : une pauvre femme, mal couverte de quelques haillons, et portant sur ses deux bras deux enfants qui grelottaient de faim et de froid sous un triste ciel d'hiver, attire ses regards. Elle s'arrête, s'informe, fait prendre dans sa calèche une chaude couverture dont elle enveloppe les pauvres petits et vide sa bourse dans la main de la mère.

Il n'y avait pas jusqu'à la royale beauté de la jeune fille, qui n'eût séduit notre caractère français, si accessible à l'admiration de tout ce qui est beau. La grâce énergique et naïve de la jeune compagne de l'Empereur rehaussait à nos yeux sa distinction et ses vertus.

On le sait, rien n'égale la hardiesse et l'élégante solidité que l'impératrice Eugénie déploie à cheval. Ceux qui ont suivi les chasses de Compiègne pendant lesquelles le cœur de Napoléon III avait volé au-devant de la jeune comtesse de Teba, se rappelleront toujours la charmante amazone qui, dans sa course intrépide, laissait loin derrière elle les écuyers les plus renommés de France et d'Angleterre.

Un jour, aux Eaux-Bonnes, où l'appelait une légère affection de larynx, dans une cavalcade dont le but était un des sommets les plus élevés des Pyrénées, elle arriva la première sur la cime neigeuse et avec une animation d'enfant, fit honte à un Espagnol qui arrivait le dernier. Elle lui reprochait avec une gracieuse indignation de déshonorer l'Espagne.

On a fait de l'Impératrice Eugénie plus d'un portrait de fantaisie. Mais depuis le 30 janvier, jour qui a vu le couple impérial uni solennellement dans la vieille basilique parisienne, depuis ce jour où Napoléon III a présenté sa femme au peuple et à l'armée, quatre cent mille témoins redisent la majestueuse et sympathique beauté de l'Impératrice Eugénie. Sa taille est souple et élevée, ses épaules magnifiques, et ses chéveux, de ce blond doré qu'on admire dans les tableaux du Vecelli et du Véronèse, accusent le sang écossais, révélé d'ailleurs par un teint d'une blancheur éclatante et par des yeux d'un bleu profond; la finesse aristocratique des extrémités, la majesté de la démarche décèlent le sang espagnol, aussi bien que l'énergie toute méridionale du caractère et l'aimable vivacité de l'esprit. La bouche est admirablement meublée et l'arc un peu élevé des sourcils ajoute à la grandeur de l'ensemble.

Les femmes de France et du monde entier ont été les premières à applaudir à ce choix fondé sur la sympathie mutuelle et sur une juste fierté. Il y a quelque chose qui ne saurait manquer de plaire au beau sexe dans ce chevaleresque défi jeté du haut d'un trône aux errements de la politique matrimoniale en usage dans les cours. Il y a aussi dans l'acte politique une liberté d'action et une franchise qui s'accordent bien avec le légitime orgueil du pays.

Aux nobles et patriotiques paroles prononcées par l'Empereur, la France répondit par une acclamation universelle et sympathique De toutes parts des adresses de félicitation furent envoyées à l'Empereur. Une fois de plus, Napoléon III donnait au pays un gage de paix et de sécurité, de prospérité et de grandeur. En ne recherchant pas une de ces alliances qui semblent agrandir la sphère de la puissance et qui ne créent qu'une illusion trompeuse , l'élu de la nation prouvait sa foi en elle. L'énergie propre de la France suffirait, en effet, pour soutenir ce que sa volonté toute-puissante a fondé. Le caractère grand et nouveau tout à la fois de cette union devait plaire à la fierté nationale.

En repoussant une de ces combinaisons politiques dont les éclatants désastres ont montré la faiblesse et déjoué les calculs, en plaçant son auguste épouse sous l'invocation de sa glorieuse aïeule, l'Impératrice Joséphine, l'empereur avait su tenir compte de ces instincts populaires dont l'infaillible sûreté révèle les mystérieux avertissements de la Providence.

Heureuse inspiration que celle de rattacher le nom de l'Impératrice nouvelle au nom de celle que la voix du peuple nommait jadis l'ange de l'empire !

Jusqu'ici l'Impératrice Eugénie n'a dû à la France que les grâces de son éducation, et pourtant elle connaît mieux la nation sur laquelle elle est appelée à régner qu'une princesse obtenue de quelque principauté allemande. Elle réunit dans ses veines le sang espagnol et le sang écossais, et ses moindres actions décèlent l'énergie de ces deux races.

Lorsque se rouvrit la session annuelle du Sénat et du Corps législatif, le 14 février, l'Empereur put donc annoncer à ces deux grands corps de l'État que désormais la France avait des institutions « capables de se défendre d'elles-mêmes et dont la stabilité ne dépendait plus de la vie d'un homme. »

Puis il retraça en ces termes l'œuvre imposante de l'année qui venait de s'écouler :

« Messieurs les sénateurs, Messieurs les députés,

» Il y a un an, je vous réunissais dans cette enceinte pour naugurer la Constitution promulguée en vertu des pouvoirs que le peuple m'avait conférés. Depuis cette époque, le calme n'a pas été troublé. La loi, en reprenant son empire, a permis de rendre à leurs foyers la plupart des hommes frappés par une rigueur nécessaire. La richesse nationale s'est élevée à un tel point que la partie de la fortune mobilière dont on peut chaque jour apprécier la valeur s'est accrue à elle seule de deux milliards environ.

» L'activité du travail s'est développée dans toutes les industries. Les mêmes progrès se réalisent en Afrique, où notre armée vient de se distinguer par des succès héroïques. La forme du gouvernement s'est modifiée légalement et sans secousse par le libre suffrage du peuple. De grands travaux ont été entrepris sans la création d'aucun impôt et sans emprunt. La paix a été maintenue sans faiblesse. Toutes les puissances ont reconnu le nouveau gouvernement. La France a aujourd'hui des institutions qui peuvent se défendre d'elles-mêmes et dont la stabilité ne dépend pas de la vie d'un homme.

» Ces résultats n'ont pas coûté de grands efforts, parce qu'ils étaient dans l'esprit et dans les intérêts de tous. A ceux qui méconnaîtraient leur importance, je répondrais qu'il y a quatorze mois à peine le pays était livré aux hasards de l'anarchie. A ceux qui regretteraient qu'une part plus large n'ait pas été faite à la liberté, je répondrais : La liberté n'a jamais aidé à fonder d'édifice politique durable : elle le couronne quand le temps l'a consolidé.

» N'oublions pas d'ailleurs que, si l'immense majorité du

pays a confiance dans le présent et foi dans l'avenir, il reste toujours des individus incorrigibles qui, oublieux de leur propre expérience, de leurs terreurs passées, de leurs désappointements, s'obstinent à ne tenir aucun compte de la volonté nationale, nient impudemment la réalité des faits, et au milieu d'une mer qui s'apaise chaque jour davantage, appellent des tempêtes qui les engloutiraient les premiers.

» Ces menées occultes des divers partis ne servent à chaque occasion qu'à constater leur impuissance, et le gouvernement, au lieu de s'en inquiéter, songe avant tout à bien administrer la France et à rassurer l'Europe. Dans ce double but, il a la ferme volonté de diminuer les dépenses et les armements, de consacrer à des applications utiles toutes les ressources du pays, d'entretenir loyalement les rapports internationaux, afin de prouver aux plus incrédules que lorsque la France exprime l'intention formelle de demeurer en paix, il faut la croire, car elle est assez forte pour ne craindre, et par conséquent pour ne tromper personne.

» Vous verrez, Messieurs, par le budget qui vous sera présenté, que notre position financière n'a jamais été meilleure depuis vingt années, et que les revenus publics ont augmenté au delà de toutes les prévisions.

» Néanmoins, l'effectif de l'armée, déjà réduit de trente mille hommes dans le cours de l'année dernière, va l'être immédiatement de vingt mille.

» La plupart des lois qu'on vous présentera ne sortiront pas du cercle des exigences accoutumées ; c'est là l'indice le plus favorable de notre situation. Les peuples sont heureux quand les gouvernements n'ont pas besoin de recourir à des mesures extraordinaires.

» Remercions donc la Providence de la protection visible qu'elle a accordée à nos efforts ; persévérons dans cette voie de fermeté et de modération, qui rassure sans irriter, qui conduit au bien sans violence, et prévient ainsi toute réaction. Comptons toujours sur Dieu et sur nous-mêmes, comme sur l'appui mutuel que nous nous devons, et soyons fiers de voir en si peu de temps ce grand pays pacifié, prospère au dedans, honoré au dehors. »

Tandis que la France, tranquille et paisible, compte assez sur le calme intérieur dont elle jouit et sur ses relations pacifiques à l'étranger, pour rappeler dans son sein ses enfants égarés, tandis que notre brave armée regarde en souriant, l'arme au pied, les préparatifs de résistance d'un peuple voisin et ami contre une invasion qu'elle ne médite pas, jetons avec l'Empereur Napoléon III un coup d'œil sur les résultats de cette paix féconde qui déjà guérissait tant de blessures récentes.

Depuis que l'énergie du neveu de l'Empereur avait arraché le pays aux inquiétudes et aux luttes civiles, la France ressemblait à une vaste ruche. Ses immenses ressources se développaient avec une vigueur nouvelle.

Déjà les fonderies avaient rallumé leurs hauts fourneaux ; les puissants marteaux d'Alais, de Terre-Noire, de Fourchambault résonnaient sur l'enclume et réveillaient les échos si longtemps endormis de ces magnifiques établissements. Place aux maçons, aux terrassiers, aux charpentiers, aux mécaniciens, voici de l'ouvrage pour tous ces ouvriers fatigués de repos.

Cette paix régénératrice allait permettre de développer les méthodes agricoles, de défricher, de cultiver, de boiser les terres marécageuses et incultes. Le travail le plus noble et le plus salutaire à l'âme comme au corps, celui de la terre, allait augmenter la richesse publique et mettre en réserve des ressources précieuses pour les éventualités de l'avenir.

« Nous avons d'immenses territoires incultes à défricher, des routes à ouvrir, des ports à creuser, des rivières à rendre navigables, des canaux à terminer, notre réseau de chemins de fer à compléter.

Ces promesses du 12 octobre 1852, l'énergique volonté de l'Empereur en hâtait l'accomplissement.

En quelques jours, dès le commencement de sa dictature de salut, Louis-Napoléon avait, par un seul acte de sa volonté, fait conclure l'adjudication si longtemps retardée du chemin de fer de Lyon à Avignon. L'année 1855 verrait enfin exécutée cette ligne féconde qui doit relier la Manche à la Méditerranée, vivifier le cœur du pays, mettre le Nord en communication rapide et régulière avec le Midi, desservir un mouvement de transport des plus considérables qui soient au monde, et provoquer un développement d'affaires et d'échanges dont il est difficile de mesurer les proportions.

En moins de trois mois, de la session de 1853, cinq lois, ajoutant à la grande œuvre des chemins de fer des compléments nouveaux, avaient augmenté notre réseau national des chemins de Bordeaux à Bayonne, de Narbonne à Perpignan, de Saint-Rambert à Grenoble, des trois lignes entre Rhône et Loire.

On donnait satisfaction à une vaste contrée trop longtemps laissée dans l'oubli, en concédant à l'industrie particulière l'exécution de trois grandes lignes de chemins de fer traversant le centre de la France, et présentant dans leur ensemble un développement de neuf cent quinze kilomètres ; le chemin de fer de Clermont à Montauban, celui de Limoges à Agen, celui de Lyon à Bordeaux.

C'est là un prolongement logique de notre réseau national qui bientôt ira se raccorder au réseau des Pyrénées et unira à la France l'Espagne et le Portugal, trop longtemps isolés de la famille européenne. Encore deux ou trois ans et on pourra dire, à plus juste titre que Louis XIV : Il n'y a plus de Pyrénées.

C'est dans une pensée de protection éclairée qu'ont été concédées tant de lignes de chemins de fer qui, en rapprochant les marchés, en mettant les centres de consommation dans le voisinage des producteurs assurent l'écoulement des denrées, facilitent les transactions et font circuler partout la vie et le bien-être.

C'est que Napoléon III n'a pas oublié quelle fut la grandeur des peuples qui ont honoré l'agriculture. Les familles patriciennes s'honoraient par le travail des champs et jusqu'au XVIe siècle, le soc blasonnait avec l'épée le manoir seigneurial. Un des plus grands soldats des temps modernes a trouvé la véritable formule de la civilisation française : *ense et aratro*, par l'épée et par la charrue, cette devise que le maréchal Bugeaud donnait à la conquête algérienne, sera désormais la devise de la France.

L'agriculture, florissante et remise en honneur, arrachera la meilleure part de la population au séjour énervant et ruineux des villes. Les idées prendront un autre cours, et notre état social échappera à ces agitations funestes que causent les ambitions désordonnées, les illusions et les mécomptes des professions libérales. Nos mœurs et notre caractère national n'auront qu'à gagner à cette réaction salutaire, car la vie rurale est la source des saines traditions et du vrai patriotisme.

C'est ainsi que, grâce à la paix et à la sécurité dont la France est redevable à l'Empereur, l'agriculture se développe chaque jour et tend, par la multiplication des moyens d'échange, à répandre l'aisance au sein des laborieuses populations des campagnes.

Paris, cœur et cerveau de la France, ne pouvait être oublié

dans cette pensée de régénération universelle. Paris, ville de travail intelligent et d'inquiétudes morales, Paris tour à tour enthousiaste et hostile, cause incessante de richesse ou de ruine pour le pays tout entier, doit peut-être en grande partie cette mobilité dangereuse à la condition matérielle de ses habitants et à l'influence toute-puissante de sa vieille conformation.

Construire le Paris de l'avenir et placer l'élite de la France dans des conditions de bien-être qui supprime jusqu'au moindre prétexte d'agitation, telle est la conception que l'héritier de Napoléon réalise à grands traits, depuis le jour où la France l'a placé à la tête de ses destinées.

Après le 10 décembre 1848, le premier soin du président avait été de ranimer le travail par les moyens les plus conformes à l'intérêt public. La population de Paris avait considérablement diminué ; l'argent se cachait, les marchandises restaient dans les magasins déserts ; soixante quinze mille locations étaient vacantes et quinze mille habitants manquaient à la population flottante.

Un vieil adage parisien dit : Quand le bâtiment va, tout va. Il fallait donc ranimer cette industrie, la plus féconde de toutes. De là cette détermination prise par Louis-Napoléon de remanier tout le vieux Paris. En même temps qu'on préparait à la France une capitale modèle, on rendait, par la démolition d'un grand nombre de maisons indignes de notre civilisation moderne, une grande valeur aux propriétés bâties; on régénérait le travail dans le pays tout entier et on assainissait cette ville immense qui renferme un trente-sixième de la France.

Le premier trait qui révèle ce grand dessein, c'est la rapide exécution de cette voie monumentale, la rue de Rivoli.

Depuis la rue Saint-Denis jusqu'à l'Hôtel-de-Ville, serpentaient une foule de petites rues sombres et fétides, que la nouvelle artère balaye du sol ou effondre à leurs angles.

Magnifique trait d'union entre nos principaux monuments, la rue nouvelle forme une ligne droite de vingt-deux mètres de largeur et d'un développement total de trois kilomètres. Elle réalise la partie la plus essentielle, la plus réellement utile d'un projet qui, dans les vues de Napoléon Ier, son auteur, reliait en ligne droite le Louvre, ce trophée de la France, à la place de la Bastille.

Le Louvre, monument unique, royal et populaire à la fois, dont chaque siècle a élevé une assise, prolongé une aile et décoré une façade, le Louvre dont chaque pierre porte un nom impérissable : François Ier, Henri IV, Richelieu, Fouquet, Colbert, Louis XIV, Napoléon ! Le Louvre, forteresse de la royauté naissante, donjon morne et menaçant de Philippe-Auguste et de Charles V, remplacé par l'élégante construction de Pierre Lescot, enrichi des plus délicates inspirations du génie de la Renaissance, sculpté par Jean Goujon, continué avec une si exquise pureté par les deux architectes de Catherine de Médicis, Jean Bullant et Philibert

Delorme ! Le Louvre coquet et pompeux de Dupeyrac et de Ducerceau, le Louvre grandiose et solennel de Claude Perrault, le Louvre enfin de Percier et de Fontaine, voilà le palais gigantesque, résumé de tous les âges et de tous les arts de la France, que Visconti achèvera en quatre ans, par un seul acte de la volonté de Napoléon III.

Le Louvre achevé continuera d'être le palais de la nation, le temple des arts dont le sanctuaire est ouvert à tous, sans distinction de classes. Le chef de l'État n'y occupera que la place nécessaire pour représenter dignement le grand peuple qui l'a mis à sa tête.

Là on viendra admirer, de tous les points du monde, notre musée national enrichi par des acquisitions nouvelles, et aussi ce musée formé par M. le comte de Nieuwerkerke, sur l'ordre de Louis-Napoléon, et qui est destiné à conserver les souvenirs des souverains qui ont régné sur la France.

Dans sa haute impartialité, Napoléon III a voulu réunir tous ces monuments échappés au vandalisme de nos troubles civils et qui rappellent toutes les grandeurs monarchiques dont le pays s'honore.

« Souvenez-vous, avait dit Louis-Napoléon à M. de Nieuwerkerke, que je veux réunir dans ce musée tout ce qui pourra faire revivre la mémoire des rois ou des empereurs de la France, tout ce qui portera le cachet de leur individualité. Vous couvrirez de fleurs de lis les murailles de la salle des Valois ou des Bourbons, comme vous semerez d'abeilles le grand manteau de pourpre de la salle impériale. Toutes les dynasties ont laissé de glorieux souvenirs. »

En exécution de cette grande pensée, le 10 février 1853, l'Empereur et l'Impératrice inauguraient ce musée nouveau où, à côté des reliques de Napoléon Ier, brillent aux yeux l'armure gigantesque de François Ier et la cuirasse délicatement ciselée de Henri II. Le livre de l'ordre du Saint-Esprit y montre la signature de Louis-Philippe, à quelques pages de celle de Henri III. Les insignes royaux de Childéric, le livre d'heures de Charlemagne, la Bible de Charles le Chauve, le petit livre qui porte encore la trace des larmes de Marie Stuart, sont étalés dans des vitrines, non loin du fauteuil de Dagobert et du vase arabe dans lequel fut baptisé saint Louis. L'épée de François Ier, cette épée de Pavie que Murat, vainqueur, reprit à l'Espagnol, repose près de l'élégante arbalète de Catherine de Médicis, à quelques pas de l'épée à poignée d'ivoire du premier Consul.

Vieux soldats de l'Empire, fils de la France nouvelle qui avez gardé la religion de la gloire, venez, et vous verrez avec attendrissement cet habit usé que porta le vainqueur de Marengo, ce lit de camp où le héros de l'Italie méditait des plans de campagne, ce volume d'Ossian, cet échiquier, de bronze et de corail, qui délassait l'Empereur de ses rudes travaux.

Voici un souvenir des jours heureux trop tôt écoulés, de ces jours où Paris et la France écoutaient en tressaillant le canon joyeux dont la voix annonçait l'héritier de la dynastie impériale : voici le berceau du roi de Rome. Voilà les té-

moignages solennels de cinq dates funestes : le chapeau porté par lui pendant la campagne de 1814 ; le drapeau de la garde impériale qu'il embrassa à Fontainebleau ; le mors, les étriers, la selle du cheval de Waterloo ; le chapeau qui protégeait la tête du captif contre les ardeurs mortelles du soleil de Sainte-Hélène ; le mouchoir qui essuya les dernières sueurs de l'agonie du martyr.

Historiens ou poëtes, s'écrie éloquemment M. le comte

Horace de Vielcastel contemplant ces nobles débris, traduisez les plus magnifiques inspirations de votre génie ; revêtez-les des plus belles formes de la prose ou de la poésie, vous n'atteindrez jamais à l'éloquence muette de ces reliques ; vous n'impressionnerez jamais les imaginations comme le font ces pauvres objets auxquels l'Empereur a touché ou qui gardent encore son empreinte. Nous avons vu de vieux serviteurs pleurer devant le chapeau de Sainte-Hélène ; et les esprits les plus légers de notre génération actuelle, impressionnés par le spectacle de tant de grandeur et par les témoins de revers non moins grands, devenir silencieux et rêveurs.

L'achèvement du Louvre a été le rêve de tous les gouvernements qui se sont succédé depuis le commencement de ce siècle. Le premier Empire s'était mis vigoureusement à l'œuvre. La Restauration y ajouta peu ; la monarchie de juillet dut se borner à des projets avortés et le gouvernement provisoire à un décret qui resta lettre morte. Pour réaliser une pareille œuvre, il fallait le rétablissement de la confiance et l'énergique volonté du chef de l'État.

Et cette œuvre si souvent rêvée, si inutilement entreprise par plusieurs gouvernements successifs, va s'achever dans des proportions qu'on n'eût pu concevoir.

La galerie colossale, commencée sur la rue de Rivoli, est continuée jusqu'à l'alignement de la façade ouest du Louvre et reliée au palais par une aile qui répète exactement la galerie d'Apollon. Le prolongement du côté sud et nord de la cour du Louvre parallèlement à la grande galerie du bord de l'eau et à celle qui s'élève rue de Rivoli, détermine deux lignes de constructions qui s'arrêtent en deçà du guichet Matignon et de la rue de Rohan, et sont rattachées aux deux grandes galeries par des bâtiments en façade sur la place du Carrousel. Un vaste espace restera libre entre ces deux lignes de constructions et se confondra avec la place.

Cet ensemble d'édifices nouveaux aura tout le mouvement et la variété de formes, toute l'élégance et la richesse de décoration qu'on admire dans les parties les plus irréprochables des deux palais qu'ils relient et complètent. C'est ainsi que des pavillons, dont les masses balancent ceux du Louvre et des Tuileries, s'élèvent au centre des nouveaux bâtiments n'ayant qu'un soubassement et un étage et aboutissant à des pavillons plus petits qui formeront les angles de la place. Par une heureuse innovation, des arcades régneront au rez-de-chaussée sur toute la ligne des façades, établissant, de tout côté, une circulation à couvert. Le portique est décoré d'un ordre corinthien ; un stylobate continu supportera les colonnes et formera le piédestal d'une série de statues qui se détacheront sur le vide de chaque arcade. Le premier étage en retraite sur des terrasses sera décoré de gaînes et de bustes d'hommes célèbres. La frise sera enrichie de guirlandes, et l'attique terminé par un couronnement qui rappellera les plus élégants motifs de l'art antique.

Ce palais, qu'on appellera bientôt la merveille du monde, devait être encadré dans des constructions dignes de lui. L'administration municipale n'hésita pas. S'associant résolûment aux vues de l'Empereur, elle vota tous les élargissements, tous les embellissements que les abords du Louvre pouvaient exiger.

A Paris, dans cette capitale de la civilisation moderne, où ce qui est beau et grand se confond avec ce qui est utile, ce n'était pas assez d'achever le monument par excellence, le palais de la monarchie: il fallait que partout, dans le voisinage du Louvre terminé, la ville avec ses maisons, ses rues, ses places, prît un caractère monumental. La continuation des arcades de la rue de Rivoli au droit des Tuileries et du Louvre avait, à ce point de vue, reçu l'approbation générale.

Mais la volonté expresse de Sa Majesté a complété la pensée qui avait dicté cette heureuse modification des plans primitifs, Napoléon III a voulu qu'on donnât aux abords de cette magnifique succession de palais un caractère pleinement en rapport avec leur beauté architecturale.

Des rues immondes, ou d'une largeur insuffisante, comme les rues Pierre-Lescot ou de l'Echelle entre autres, ne donnaient à la rue de Rivoli que des accès indignes d'elle; la façade du Palais-Royal n'était pas assez dégagée; le Théâtre-Français manquait d'abords; la colonnade du Louvre demandait, en avant, une perspective à la fois plus étendue et plus grandiose.

La place du Palais-Royal élargie, neuf rues supprimées, le Palais-Royal démasqué sur toute sa largeur, une place, dite de l'Impératrice, créée sur ces débris, toutes les maisons édifiées au-devant du Louvre, construites avec façade monumentale rappelant l'architecture du palais, tel est ce projet grandiose.

A ces entreprises babyloniennes qui suffiraient à elles seules pour faire la gloire d'un gouvernement et d'une édilité, s'en ajoutent d'autres qui, quoique d'une moindre importance, ont encore un assez grand caractère d'utilité pour qu'il ne soit pas permis de les passer sous silence.

Ici, c'est la rue du Cardinal-Lemoine, dont le percement, dirigé dans l'axe du pont de la Tournelle, établit une communication directe et depuis longtemps réclamée par le roulage, entre les parties supérieures du 12e arrondissement et les quais de la rive droite de la Seine.

La rive gauche, si longtemps sacrifiée, voit s'ouvrir sous le nom de rue des Ecoles une voie nouvelle à travers un quartier dont les communications ne consistaient qu'en rues étroites, tortueuses, insalubres, en détours longs et incommodes, en passages sombres et humides.

Là, ce sont ces vieilles artères de Paris, les rues de la Harpe et Saint-Jacques, qui s'élargissent au moyen d'immenses trouées. Des rues nouvelles sont jetées dans la direction du Pont-Neuf et vivifient ce lacis de rues étroites qui commence à la Croix-Rouge et finit au carrefour de Buci, d'un côté, à la rue Saint-André-des-Arcs et au pont Saint-Michel, de l'autre.

Du boulevard Montparnasse à la rue de Vaugirard s'élance, en même temps, une large rue, la rue de Brest, qui va faciliter l'arrivée au centre de Paris des denrées d'approvisionnement qu'amène le chemin de fer de l'Ouest. Un prolongement, bientôt exécuté, la reliera à la rue du Bac.

Sainte-Geneviève rendue au culte catholique voit s'ouvrir devant sa masse imposante la rue Soufflot qui laisse apercevoir dans une admirable perspective les lignes élégantes du palais du Luxembourg et les verts quinconces du jardin agrandi.

Au nord de la ville, sur les hauteurs des faubourgs Saint-Denis et Saint-Martin, s'élève l'embarcadère du chemin de Strasbourg, édifice parfaitement approprié à sa destination spéciale, et que sa remarquable élégance met au-dessus de toutes les constructions de même nature existant à Paris. Étouffé dans un dédale de rues étroites, sans communications directes avec les quartiers du centre, l'embarcadère de Strasbourg n'est facilement accessible que sur une de ses façades latérales, celle qui regarde le faubourg Saint-Martin; et cependant c'est le point de départ des communications de Paris avec quelques-uns des départements les plus fertiles, les plus riches, les plus industrieux de France, ceux de la Champagne, de la Lorraine et de l'Alsace.

C'est vis-à-vis de la façade principale de ce bel édifice que, quelques jours après l'acte énergique du 2 décembre, Louis-Napoléon ordonne d'ouvrir un boulevard de vingt-deux mètres, avec de spacieux trottoirs bordés d'arbres dans toute leur étendue, et offrant aux piétons l'ombre qu'ils trouvent sur les vieux boulevards, ou même sur les quais plantés depuis dix ans. L'immense circulation des faubourgs Saint-Denis et Saint-Martin donne facilement la mesure de celle qui s'établira dans la nouvelle *rue de Strasbourg*. Le percement de cette rue sera à la fois un grand avantage pour la salubrité d'un quartier populeux, et une garantie de plus pour la sécurité générale, car elle ouvrira une ligne stratégique importante.

Ça été là un des premiers projets destinés à ramener l'industrie languissante. Mais la pensée napoléonienne ne fait rien à demi. Le projet nouveau ne borne pas son ambition à percer la voie nouvelle jusqu'au boulevard. Elle devra le franchir plus tard, traverser, en y jetant la lumière et la vie, un quartier coupé de ruelles étroites et malsaines et rejoindre la rue de Rivoli prolongée, au pied de la tour de Saint-Jacques-la-Boucherie, ce bijou gothique bientôt restauré et encadré dans une place de verdure. Là, le boulevard de Strasbourg se divisera en deux voies, l'une gagnant le pont au Change, l'autre se dirigeant vers le pont Notre-Dame, pour s'élancer plus tard à l'autre bout de Paris, jusqu'à la barrière d'Enfer.

Avant 1848, on avait timidement abordé un projet de

Halles centrales : mais rien de sérieux n'était fait encore, lorsque la révolution de février dévora en quelques mois les vingt-cinq millions réservés par la ville à ce grand travail.

Aujourd'hui enfin un vaste déblaiement rend au quartier des halles l'air et la vie, et découvre aux regards étonnés de la population parisienne un admirable monument qu'elle ne soupçonnait pas, l'église Saint-Eustache.

Laissant de côté l'histoire et la poésie, l'échafaud de Jacques d'Armagnac et le berceau de Molière, ne pensons qu'à ce marché immense destiné à alimenter la ville gigantesque.

Les halles doivent être le Louvre du peuple, disait Napoléon Ier, en signant le décret de 1811. Et ce décret donnait aux halles renouvelées des proportions homériques. Mais, à quarante ans de distance, la pensée impériale elle-même, dépassée par les progrès et les besoins de notre époque, garde à peine aujourd'hui sa grandeur.

Le Louvre du peuple : le mot est grand, si on le comprend, pompeux et faux, si on le détourne de son sens réel. C'est ce que fit l'architecte chargé, en 1851, d'édifier le premier des pavillons des halles centrales. Lorsque Napoléon III aperçut ce bastion de pierres de taille, s'élevant comme une menace au-dessus de la place immense il ordonna qu'on interrompît immédiatement les travaux.

C'est qu'il avait compris ce que doivent être des halles. Elles doivent présenter, avant tout, un large espace, une réunion d'édifices bien aérés, de toutes parts accessibles, au milieu desquels la circulation générale et la circulation particulière à l'approvisionnement ne rencontrent aucune entrave, qui offrent, non des magnificences stériles, mais un abri vaste, sûr, et commode au peuple qui vend, comme au peuple qui achète et consomme.

Les arts ne doivent jamais être absents des lieux où la foule vit et travaille. Elle les aime d'instinct, elle les respecte, elle subit incessamment leur influence mystérieuse. Au milieu des halles régénérées, vivifiées par le soleil, s'élèvera l'œuvre immortelle de Pierre Lescot et de Jean Goujon, cette fontaine des Innocents avec ses nymphes délicates, chef-d'œuvre de l'architecture et de la sculpture françaises que, dans sa chasteté divine, l'art attique n'a jamais surpassé.

Tous ces travaux extraordinaires, entrepris avec tant d'à-propos, et qui contribuaient si puissamment au rétablissement du calme et de la prospérité publique, ne dépassaient pas cependant les ressources du pays.

Ces vastes entreprises en entraînaient d'autres qui en étaient la conséquence nécessaire. Toutes les rues aboutissant aux halles, au Louvre, aux grandes artères nouvellement ouvertes avaient dû être nivelées, élargies, embellies, en même temps que de nouveaux égouts étaient construits sur une échelle grandiose et d'après un système mieux entendu. Sur plusieurs points, la Seine se resserrait pour offrir une place plus large à la voie publique; les ponts s'abaissaient, leurs issues se dégageaient ; chaque jour voyait disparaître ces inégalités de terrain qui choquaient l'œil, qui relentissaient la circulation en la rendant plus pénible et plus dangereuse ; bientôt la double ligne de quais, qui s'allonge sur un espace de deux lieues de chaque côté du fleuve, sera complétée et rectifiée dans toute son étendue.

Et qu'on ne croie pas que tant et de si magnifiques travaux restent improductifs. Sans parler de tout ce qu'y gagnent la salubrité et la sécurité publique, doit-on compter pour rien l'augmentation du prix des propriétés, l'affluence des étrangers que tous ces embellissements attireront à Paris, le travail rendu aux ouvriers, l'élan imprimé à toutes les industries, le goût du beau répandu par ces nouveaux édifices au caractère monumental.

Oui, la France est entrée dans une voie de grandeur nouvelle, depuis le jour où elle a confié ses destinées à l'héritier de celui qui ne voulait pour elle que de grandes choses.

Il y avait toutefois un inconvénient à ces améliorations simultanées; les démolitions, entreprises sur une grande échelle, produisaient un déplacement considérable de population. La population ouvrière, d'ailleurs augmentée au delà des proportions ordinaires, par l'abondance des travaux et par le retour de la confiance, trouvait difficilement à se loger. Les loyers s'élevaient avec le prix des salaires.

Mais bientôt des constructions nouvelles auraient rétabli

l'équilibre et des mesures nombreuses étaient prises pour parer à ces embarras momentanés. Déjà un décret impérial avait mis une somme de trois millions à la disposition du ministre de l'intérieur, pour être distribuée en subventions aux propriétaires qui prendraient l'engagement d'approprier leurs maisons à des logements salubres et à bon marché.

L'Empereur le sait, une bonne hygiène publique, c'est encore un instrument puissant de prospérité. Ce qu'on donne à la santé de tous, on le donne à la richesse commune. Sans doute, il faut alimenter le travail, faire que tout homme gagne sa vie ; il faut même, aujourd'hui, dépasser de beaucoup le vœu paternel de Henri IV et procurer à l'ouvrier plus et mieux que « la poule au pot » du dimanche. Mais il est encore plus utile de garantir les populations de toutes les maladies qui les accablent, par suite de la malpropreté, de l'imprévoyance, de l'incurie. C'est entrer vraiment dans les vues de la Providence. La maladie, dans une pauvre famille, c'est la plus douloureuse des calamités ; la mort de l'ouvrier père de famille n'est que trop souvent le commencement de longues et profondes misères.

C'est donc un devoir de moralisation que d'améliorer la santé publique par la recherche, par l'application paternelle de meilleures lois hygiéniques. C'est dans cette pensée de sage prévoyance que le gouvernement de Napoléon III a constitué des conseils hygiéniques où sont appelés, de préférence, des administrateurs et des médecins.

La plus féconde des institutions sociales, au point de vue de l'hygiène publique, est celle qui change, en un milieu salubre, le milieu fétide dans lequel croupissait jusqu'alors la famille ouvrière ; c'est celle qui répand autour d'elle, jour et nuit, un air pur, une eau vivifiante, qui l'entoure des commodités de la vie jusqu'alors réservées à la classe bourgeoise.

Le type de ces habitations nouvelles, c'est la *cité ouvrière.*

En 1849, une société des cités ouvrières de Paris se forma dans la vue d'ériger une de ces cités dans chacun des douze arrondissements ; mais, malgré la généreuse participation du prince qui présidait alors la république française, le seul résultat que nos agitations civiles permirent d'atteindre fut la construction de la cité Napoléon, rue Rochechouart, composée de quatre grands bâtiments et pouvant loger cinq cents personnes.

Mais ce n'était là qu'un essai insuffisant et assez mal entendu.

Depuis le rétablissement de l'Empire, la France a commencé dans sa fortune publique un mouvement ascensionnel qui ne s'arrêtera plus. Les revenus indirects de chaque exercice peuvent être, sans exagération, l'expérience le prouve, évalués à quarante-cinq millions de plus. Dans les temps les plus prospères de la monarchie constitutionnelle, la moyenne d'accroissement n'était que de vingt millions. Ainsi le produit des revenus indirects s'est élevé de cinq cent soixante-neuf millions en 1834, à huit cent vingt-huit millions en 1846. Cette proportion est aujourd'hui plus que double.

La loi du budget de 1854 offre ce résultat vraiment capital, si ardemment et si vainement cherché, jusqu'alors, du rétablissement de l'équilibre entre les dépenses et les recettes.

Pendant que les recettes vont chaque jour s'augmentant par la prospérité croissante rendue au pays, la ferme volonté de Napoléon III fait restreindre les dépenses ; sur les divers ministères, plus de trente millions sont retranchés par ses ordres. Le Corps législatif, s'associant à ses desseins, réclame-t-il des réductions nouvelles, plus de trois millions accroissent encore l'excédant des recettes sur les dépenses.

Sous les gouvernements d'antagonisme parlementaire, les plus petites réductions, demandées par l'opposition, étaient refusées, parce que les accorder eût été un suicide. Sous le gouvernement impérial, elles ne font que fortifier le pouvoir qui en prend résolûment la patriotique initiative.

Cette situation financière qu'on n'eût osé rêver même avant la révolution de 1848, n'était qu'un résultat inévitable de la liberté d'action du pouvoir impérial. Sous la monarchie constitutionnelle, l'ancien mode de voter le budget qui multipliait indéfiniment le nombre des chapitres et qui faisait voter chaque chapitre par la Chambre, interdisait au gouvernement la faculté d'employer utilement les ressources affectées aux divers services, et le forçait de recourir sans cesse à des crédits supplémentaires et extraordinaires.

Un sénatus-consulte du 25 décembre 1852 avait mis fin à ces habitudes fâcheuses. Désormais, le budget est voté, non plus par chapitres spéciaux, mais par ministères. L'indépendant contrôle du Corps législatif n'en est pas atteint et la fortune publique en profite.

Voilà l'effet d'une distribution logique des pouvoirs. Les conditions du système parlementaire, en plaçant le pouvoir dans les chambres, sous l'effort des ambitions personnelles, des exigences locales, rendaient impossible toute pensée suivie d'intérêt public.

Nos institutions nouvelles ont remis chaque pouvoir à sa place, et rendu à l'autorité la plénitude de son indépendance.

Une autre mesure par laquelle l'Empereur est venu en aide aux classes pauvres, et qui ne pouvait sortir que de l'initiative d'un pouvoir dégagé des entraves parlementaires, a consisté à substituer, dans une certaine proportion, l'impôt indirect qui ne pèse que sur les consommations, à l'impôt direct qui s'adresse aux personnes. L'impôt direct est exigible d'une manière absolue, à des époques déterminées. Il pèse par conséquent davantage sur les classes aisées, généralement peu prévoyantes.

Par les décrets du 28 février et du 10 décembre 1852, qui ont doté le pays d'institutions de crédit foncier, et qui ont étendu à tous les départements le bénéfice de cet établissement nouveau de crédit, l'Empereur a hâté le moment où les propriétaires du sol verront le taux de l'intérêt s'abaisser graduellement et se proportionner de plus en plus au revenu habituel de la terre. Le possesseur de propriétés immobilières pourra remplacer, par des engagements à long terme, une dette dont l'exigibilité menaçante le menace incessamment et le ronge.

Jetant sur la fortune publique un coup d'œil puissant, il s'aperçoit que les charges des départements et des communes se sont élevées dans une proportion dangereuse. Outre les centimes additionnels affectés aux services publics, aux constructions des routes et des ponts, aux écoles, aux réparations des églises, d'autres impositions sont incessamment votées pour servir les intérêts et l'amortissement des emprunts contractés.

Ces dettes sont une charge d'autant plus lourde que les départements et les communes placés dans cette situation ne sont plus autorisés à emprunter pendant dix ans. Dix années pendant lesquelles toute dépense nécessaire, même productive, leur est rigoureusement interdite.

Déjà, en 1850, lorsqu'il faisait dégrever de vingt-sept millions l'impôt foncier, Louis-Napoléon Bonaparte avait voulu qu'il fût pris des mesures afin d'empêcher que les conseils municipaux et départementaux ne profitassent de cet allégement pour augmenter les charges locales.

Poursuivant la pensée du président de la république, l'Empereur reconnaît que ces dettes si lourdes ne seraient pas hors de proportion avec le développement de la richesse publique et de la population, si le fardeau n'en était aggravé par l'obligation de se libérer à courte échéance ; mais la charge imposée par le service des intérêts se trouve énormément accrue par les annuités de l'amortissement. Pour y subvenir, les conseils locaux n'ont d'autres ressources que d'ajouter aux charges des populations en augmentant les centimes additionnels ou les droits d'octroi.

L'Empereur veut donc que les départements et les communes puissent être autorisés à convertir leurs dettes présentes et à les éteindre au moyen d'emprunts remboursables à longue échéance. Cette mesure, due à sa haute sollicitude, et présentée par ses ordres à l'examen du Corps législatif, va alléger le poids des obligations imposées aux départements et aux communes et seconder par des facilités nouvelles l'extension de la prospérité publique.

La même sollicitude recherchait tous les besoins de l'armée, pour y satisfaire, et s'étendait à toutes les situations diverses pour y porter l'ordre, le bien-être et la moralisation.

Il est un corps d'élite qui rend chaque jour à la société des services dont l'importance n'est pas entourée d'assez d'éclat, un corps dont le dévouement simple et obscur maintient sans bruit la discipline sociale et la suprématie de la loi dans le moindre village : ce corps, c'est la gendarmerie.

Témoin, avec toute la France, de l'abnégation sublime de

ces hommes admirables et des dangers bravés par eux dans la dernière crise sociale, Louis-Napoléon ordonna la création d'un service médical pour les gendarmes et pour leurs familles.

Une bienveillante mesure, augmentant de dix centimes la solde des sous-officiers de toutes armes, montra, une fois de plus, la volonté de l'Empereur de venir en aide à une classe intéressante des militaires français qui fournit à l'armée à peu près les deux tiers de ses soldats.

Dix centimes, c'est là en apparence une amélioration modique, et cependant cette faible somme, ajoutée à un prix de pension de quarante à cinquante centimes, trente-six francs par an venant en aide à une solde minime, c'était un bienfait qui fut accueilli avec reconnaissance.

Cette augmentation de solde grevait le budget de neuf cent trente-sept mille huit cents francs, somme peu importante si on la comparait au montant des économies produites par la diminution de cinquante mille hommes sur l'effectif. Quel plus noble emploi pouvait-on faire de ces économies?

Et cependant, malgré ces améliorations importantes à la condition du soldat, les crédits du ministère de la guerre, votés en 1852, pour un chiffre de trois cent vingt-quatre millions, deux cent trente-deux mille, six cent soixante-trois francs, affecté à l'exercice de 1853, ont pu être ramenés pour 1854 à trois cent huit millions, trois cent quatre-vint-six mille, quarante-six francs.

Et faut-il croire, avec quelques esprits défiants et jaloux, que la paix se trouve menacée par la prépondérance de l'esprit militaire, que cette noble part faite à l'armée soit un péril pour les libertés du pays? Non sans doute. L'armée, on l'a bien dit, a toujours l'esprit militaire, elle n'a plus l'esprit belliqueux. L'épée n'est pas seulement une arme, c'est un emploi. L'armée française est un instrument admirable de civilisation, d'ordre fécond, mais non plus de conquête injuste ou de compression tyrannique.

Autrefois, elle a concouru pour la plus grande part à l'œuvre de la formation nationale. Sous Philippe-Auguste, elle nous a donné la Normandie et le Poitou; sous Henri II, la Lorraine; sous Charles V, l'Aunis, le Limousin, le Quercy; sous Charles VII, le premier de nos rois qui ait créé l'armée permanente, la Guienne et la Gascogne; sous Louis XIII, le Roussillon; sous Louis XIV, l'Alsace et la Franche-Comté. Sous la République et l'Empire, elle a fait triompher notre indépendance nationale et a répandu sur le monde notre génie civilisateur. Aujourd'hui, elle n'a plus qu'à protéger notre ordre social, et à étendre sur l'Afrique régénérée les bienfaits de notre domination chrétienne.

Cette sollicitude paternelle de Napoléon III pour l'armée se révèle quelquefois par des traits d'une bonté touchante.

Dans les premiers jours de mai 1853, l'Empereur se promenant le matin, dans le petit jardin des Tuileries, s'approche d'un factionnaire de la gendarmerie mobile, et lui adresse avec intérêt quelques questions sur ses antécédents et sur sa position actuelle.

« J'ai huit ans d'Afrique, répond le soldat; nous sommes bien traités ici et nous n'avons pas à nous plaindre. — Vous vous trouvez donc heureux? dit l'Empereur. — Je le serais tout à fait, reprend le soldat, si........ »

Il hésitait. L'Empereur l'encourage..... « Si, continue-t-il, je pouvais épouser une femme que j'aime et qui possède toutes les qualités ; alors j'entrerais dans la gendarmerie sédentaire. — Eh bien, que vous manque-t-il pour cela? — Il me manque ce que l'Afrique ne m'a pas donné : une petite somme. »

Sa Majesté s'éloigne ; un moment après, elle fait prendre des renseignements sur ce soldat. Sa conduite avait toujours été exemplaire, il n'avait jamais subi une punition. L'Empereur lui fit envoyer une somme de trois mille francs avec laquelle se réalisa le double vœu du factionnaire.

Si nous avons rapporté cette simple anecdote, c'est pour montrer que les bienfaits de Napoléon III ne tombent pas à la légère sur des indignes et que sa générosité n'est pas de celles qui préparent au hasard un récit d'apparat aux écrits vains d'almanach.

Napoléon Ier qui, dans l'immense tumulte militaire au milieu duquel il vécut, ne put toujours bien choisir les objets de ses faveurs, avait, dans ses rares moments de repos, une sagacité singulière pour répartir ses grâces. Mais il voulait trouver chez ceux qu'il protégeait la netteté, la simplicité, l'absence d'affectation.

Un jour, revenu de quelque victoire lointaine, il se promenait, lui aussi, dans le jardin des Tuileries, et son œil perçant découvrit dans les yeux du factionnaire de sa garde une larme furtive. L'Empereur s'approcha et, avec cette brusque affabilité qui lui gagnait les cœurs, interrogea le vieux soldat. Celui-ci venait de perdre sa mère et s'affligeait de ne pouvoir aller passer au moins quelques jours au pays pour prier sur sa tombe et pour régler les intérêts d'une sœur et d'un frère plus jeunes que lui : Napoléon donna à son vieux compagnon d'armes le congé d'un mois qu'il n'osait solliciter et une somme suffisante pour mettre ses parents à l'abri du besoin.

L'anecdote fut bientôt connue. Quelques jours après, l'Empereur descendait, seul et pensif, dans la cour des Tuileries. Il avait essuyé, de la part de l'Impératrice Joséphine, une scène de sensibilité peu faite pour le satisfaire. L'excellente Joséphine, au milieu de toutes ses grandes qualités, cachait quelques petits défauts, entre autres une passion immodérée pour les bêtes. Or, le matin même, un affreux petit carlin, favori grondeur et gâté de l'Impératrice, venait de mourir et Joséphine avait rempli les Tuileries de sa douleur.

L'Empereur, descendu pour échapper à ces regrets bruyants, aperçut, auprès d'une porte, un factionnaire de sa garde, dont la figure semblait bouleversée par une émotion profonde. Napoléon s'inquiète, interroge. « Qu'as-tu, mon garçon? — Sire, répond le soldat d'une voix entrecoupée de sanglots, c'est..... le petit chien. »

Napoléon tourna brusquement les talons au trop sensible factionnaire qui, relevé de garde, trouva en rentrant au poste, au lieu de la gratification espérée, une consigne de huit jours.

Le 14 juin 1853 sera une date ineffaçable dans les souvenirs de notre jeune armée. Les troupes du camp de Satory étaient formées en bataille sur deux lignes : la première composée de dix-sept bataillons, la seconde de seize escadrons, trois batteries d'artillerie entre les deux lignes; le maréchal Magnan s'apprêtait à en prendre le commandement, quand Napoléon III arrive à cheval, en uniforme de général de division, et, l'épée à la main, se place devant le centre de la première ligne.

Pour la première fois, depuis trente-huit ans, le chef de l'État va commander lui-même, et il se nomme, lui aussi, Napoléon! Un mouvement électrique parcourt les deux lignes. Soldats, généraux, officiers, spectateurs, se recueillent dans un religieux silence, et on entend la voix énergique et calme de l'Empereur prononcer les commandements avec la précision de l'officier vieilli dans les camps. A cette voix les manœuvres les plus compliquées s'exécutent avec un entrain inouï et lorsque les troupes défilent devant Sa Majesté, les cris enthousiastes de *Vive l'Empereur!* vont dire aux échos ce que le nom de Napoléon pourrait faire à la tête d'une armée semblable.

Cette scène imposante ne manquait pas d'à-propos. Pendant que nos troupes s'électrisaient à la voix de l'Empereur, un nuage menaçant s'élevait à l'Orient. La paix, cette paix qu'on avait paru croire compromise par l'avénement d'un Bonaparte à l'Empire, était violemment troublée par celle des nations de l'Europe qui, pendant les désordres politiques de 1848, prétendait à représenter le principe conservateur dans le monde.

La Russie, croyant l'Europe affaiblie et la France désarmée, menaçait l'indépendance de la Turquie.

Dans le courant de l'année 1852, M. de Lavallette, représentant de la France, avait obtenu de la Porte Ottomane la restitution au patriarche de Jérusalem, délégué du saint-siége, de la clef de la grande porte de l'église de Bethléem ; l'autorisation de replacer dans la grotte de la Nativité une étoile ornée d'une inscription latine et qui avait disparu en 1847 ; enfin, la concession à la communion catholique du droit de célébrer son culte dans un sanctuaire vénéré, l'église du Tombeau-de-la-Vierge.

Pour qui ignore les ardentes rivalités des communions religieuses qui se disputent les lieux sanctifiés par la présence du Seigneur, ces concessions pourraient paraître puériles. Elles sont d'une haute importance parce qu'elles établissent clairement l'influence et la protection de la France.

Un moment on put croire que le prince Menschikoff, en réclamant le maintien du *statu quo* à Jérusalem, cherchait à faire revenir la Porte sur l'arrangement conclu avec la France. Mais il fallut bien que l'envoyé de la Russie renonçât à cette prétention insoutenable. Nos anciens traités avec la Porte, les concessions nouvelles qu'elle a pu nous faire dans les mêmes conditions et sur les mêmes bases, nul acte diplomatique, nulle résolution ne saurait les invalider. Telle fut la réponse de la diplomatie française et il fallut bien l'écouter.

Mais une autre question s'élevait, qui n'avait avec celle des lieux saints aucun rapport, aucune connexité.

Les négocations sur l'affaire des lieux saints n'avaient pas plutôt été terminées d'une manière amicale, que de vives inquiétudes surgirent par suite d'une mission du prince Menschikoff à Constantinople. Le fracas et l'appareil fastueux, presque menaçants de cette ambassade, étaient calculés de manière à produire la plus grande impression sur le divan et sur les populations grecques de la Turquie. Les exigences du diplomate furent à la hauteur de ses procédés.

Ce que la Russie demandait, c'était un droit de protection sur l'Église grecque, c'est-à-dire la tutelle d'une communion composée de douze millions de sujets du sultan, régie par un patriarche dont le siége est à Constantinople, et qui réunit, comme son clergé, à tous les degrés de l'échelle, des attributions civiles très-étendues à ses pouvoirs religieux.

C'était demander à la Porte les clefs de Constantinople.

Le Divan s'émut et réclama l'appui de la diplomatie. Les représentants des deux grandes nations protectrices de l'indépendance turque se réunirent dans une action commune. Le 4 juin, des ordres simultanés, envoyés par les gouvernements de France et d'Angleterre, assignèrent aux escadres réunies une station rapprochée des Dardanelles. L'escadre commandée par le vice-amiral de La Susse s'étant laissé gagner de vitesse et n'étant arrivée que seconde dans la baie de Besika, le vice-amiral de La Susse dut résigner le commandement entre les mains de M. le vice-amiral Hamelin. C'était indiquer vigoureusement la politique de protection que les deux plus grandes puissances de l'Europe entendaient suivre vis-à-vis de la Turquie. Il n'avait pas tenu à la France que cette attitude ne fût plus énergique encore, et surtout plus prompte. Mais le cabinet anglais était divisé en deux camps : la mollesse de lord Aberdeen y luttait contre l'impétuosité agressive de lord Palmerston. Et cependant quel pays plus que l'Angleterre, avait intérêt à empêcher que la clef des Dardanelles ne fût remise aux mains de la Russie ! Que deviendrait le commerce britannique dans l'Inde, si la plus forte position de la Méditerranée était occupée par les troupes et par les flottes du czar ?

Quant à la France, elle n'avait dans la question qu'un intérêt très-haut, mais moins immédiat de pacification et de civilisation. Aussi put-on s'étonner de voir la puissance la moins directement intéressée, prendre l'attitude la plus énergique, de même qu'on pouvait être surpris de voir éclater ainsi les prétentions envahissantes d'une puissance qui, pendant les dernières années, avait prétendu au rôle de force conservatrice du vieux droit européen.

La Russie pourtant s'était trompée dans ses combinaisons agressives. Elle s'était trompée une première fois, en supposant que les inquiétudes et les rivalités nées, dans l'occident de l'Europe, du rétablissement de l'Empire français, mettraient obstacle à toute simultanéité d'action de la France et des autres puissances. Elle s'était trompée encore, en attribuant aux populations grecques de la Turquie des dispositions hostiles à la domination de la Porte. Les scandaleux procédés du prince Menschikoff n'avaient eu d'autre but que celui de sonder l'opinion des catholiques grecs et, au besoin, d'exciter dans l'empire ottoman une sédition favorable aux desseins de l'empereur Nicolas.

Or, il était arrivé que les Grecs de Turquie, satisfaits dans leurs habitudes, dans leur culte, par la paternelle administration du sultan, se montraient peu jaloux d'échanger cette situation paisible et libérale contre le joug de fer de l'autocrate.

Les prétentions de la Russie étaient déjouées en fait, du moment qu'elles ne trouvaient aucun appui dans les populations dont elle se faisait bon gré, mal gré le protecteur intéressé. Elles étaient déjouées encore, du moment que l'intégrité de l'empire ottoman rencontrait des champions solidaires dans la France et dans la Grande-Bretagne.

Il ne restait donc plus à la Russie qu'à se retirer avec les honneurs de la guerre, et à couvrir sa retraite par une attitude qui fît impression sur les populations grecques de la Turquie. Pour cela, la politique moscovite imagina de faire peser une fois de plus sur les principautés danubiennes le poids d'une occupation.

La situation politique de ces principautés est, on le sait, assez mal définie. Placées par les traités sous la domination musulmane, elles ont été soumises à un protectorat qui, pour la Russie, implique un droit d'immixtion dans leur administration intérieure.

Aussi, tout en envahissant ces malheureuses provinces et en violant positivement la lettre des traités, la Russie savait bien qu'il serait difficile de considérer le passage du Pruth par ses troupes comme une déclaration de guerre.

Le Pruth fut passé, les provinces danubiennes furent enlevées violemment et sans prétexte à l'administration régulière de leurs hospodars. Mais, en même temps, la diplomatie de Saint-Pétersbourg allait de concession en concession, passant d'un ultimatum rejeté à une convention de moindre importance, accumulant toutefois les délais et les lenteurs, de manière à atteindre l'époque où la baie de Besika deviendrait, pour les flottes anglaise et française, un mouillage impossible.

Était-ce à dire pour cela que, le mois d'octobre arrivé, et les flottes alliées parties, la Russie accomplirait l'envahissement de l'empire ottoman? Non, sans doute. La Russie sait trop bien qu'un pareil acte serait suivi de l'anéantissement de sa flotte et de la perte de ses grands ports de guerre et de commerce dans la mer Noire. Elle sait encore que l'armée turque, pleine de dévouement et d'enthousiasme, disciplinée à l'européenne, munie d'une artillerie redoutable, opposerait à ces entreprises une vigoureuse résistance.

Mais la puissance moscovite, toute théâtrale et d'apparence, recherche en tout l'effet et les semblants de la force. Avec son armée immense, qu'une armée françaiss inférieure en nombre ferait disparaître en quelques jours, avec sa flotte imposante par les chiffres, mais mal commandée, inhabile aux grandes manœuvres, elle n'engagerait une lutte sérieuse que contre un ennemi trop faible pour lui résister.

Mais ici, faire durer l'occupation des principautés, c'était faire gratuitement un acte d'énergie capable d'en imposer au monde oriental. Et d'ailleurs, on arrivait par là à causer à l'empire ottoman un ébranlement dont il se ressentirait longtemps. C'était aggraver le déficit financier qui ronge la Turquie.

Voilà pourquoi, en présence d'une déclaration spontanée du sultan pour assurer le libre exercice de la religion catholique dans ses États, la politique russe entassa formalités sur formalités, rabattant de ses exigences, mais de manière à faire durer le conflit.

L'Europe souffrait trop de cette situation inquiétante, pour que les grandes puissances ne se hâtassent pas d'intervenir. Une conférence de la France, de l'Angleterre, de l'Autriche et de la Prusse eut lieu à Vienne, et il en sortit un projet de convention qui fut enfin accepté par la Russie. L'acte spontané qui assure les priviléges et immunités des catholiques grecs y reçut une sanction diplomatique dont l'honneur et l'indépendance de la Porte n'auront pas à rougir.

Là en est aujourd'hui cette nouvelle phase de la question d'Orient. Les justes susceptibilités du divan s'élèvent encore à propos d'une question de forme peu importante. Mais la question est devenue générale, diplomatique et, lorsque tous les obstacles de forme seront levés, la Russie n'aura plus qu'à évacuer les principautés, après avoir donné à l'Europe un éclatant exemple de mauvaise foi.

Telle a été, dans cette question difficile, l'énergique modération de l'Empereur Napoléon, que l'Europe entière a dû lui rendre justice. Il a fallu reconnaître qn'il voulait sincèrement la paix, mais qu'il ne consentirait jamais à l'accepter timide et honteuse.

Une autre occasion prouva que le nouveau gouvernement n'avait plus besoin aujourd'hui de concessions et de négociations difficiles pour obtenir de ses alliés ces preuves de bonne intelligence qui nous coûtaient autrefois tant de sacrifices cachés.

A la première réclamation, la France impériale fut mise en possesssion d'un monument historique que la monarchie constitutionnelle ou la république eussent en vain réclamé.

Ce monument, qui se rattache directement aux souvenirs les plus glorieux à la fois et les plus tristes de ce siècle, et qui avait manqué jusqu'ici au dépôt de nos archives nationales, c'est le testament de l'Empereur Napoléon Ier, écrit tout entier de sa main, à Longwood, le 15 avril 1821.

Cette pièce sacrée avait été, après la mort du chef de la dynastie impériale, remise à Londres à la cour de prérogative de l'archevêque de Cantorbéry (*Doctor's Commons*), cour chargée en Angleterre de la garde de tous les testaments; elle y avait été conservée depuis trente-deux ans, ignorée du plus grand nombre, visitée avec un respectueux empressement par les personnes qui en connaissaient l'existence.

L'Empereur Napoléon III voulut donner à ce précieux dépôt une place plus digne de lui et de la France impériale, et rendre « à ce peuple français que l'Empereur a tant aimé » les pages mêmes où sa main mourante a tracé l'expression de ce vœu désormais accompli : « Que mes cendres reposent sur les bords de la Seine.»

Ces dernières volontés d'un mourant illustre, la France les possède aujourd'hui. Mais ce n'était pas assez. Il fallait encore assurer aux clauses du testament l'exécution dont elles étaient susceptibles.

Au milieu des douleurs qui avaient éprouvé la fin de sa vie, l'auguste testateur avait manifesté, à plusieurs reprises, l'importance qu'il attachait à l'entière exécution de ses dernières dispositions.

On lit à ce sujet, dans des instructions écrites de sa main quelques jours avant sa mort : « S'il y avait un retour de fortune et que mon fils remontât sur le trône, il est du devoir de mes exécuteurs testamentaires de lui remettre sous les yeux tout ce que je dois à mes vieux officiers et soldats et à mes fidèles serviteurs. »

L'Empereur nomma une commission, composée du général comte d'Ornano, gouverneur des Invalides, du comte de Las Cases, sénateur, de M. de Royer, procureur général à la Cour de cassation, de M. Boulay (de la Meurthe), conseiller d'État, et du comte Eugène Dubois, maître des requêtes, et la chargea de rechercher dans quelles limites et par quels moyens le testament impérial pourrait aujourd'hui recevoir son exécution,

Cette pièce, en date du 15 avril 1821, se complète par plusieurs codicilles datés du 16 et du 24 du même mois.

Les premiers legs, la France et l'histoire les ont déjà payés. L'Empereur Napoléon Ier donna, ce sont ses expressions, « un souvenir de reconnaissance » au général Dutheil, au général Dugommier, au représentant Gasparin, à Muiron,

« tué à ses côtés, à Arcole, en le couvrant de son corps ; » enfin, sa pensée se reporte sur le bataillon de l'île d'Elbe, sur les blessés de Ligny et de Waterloo, sur les habitants de Brienne et de Méry « qui ont le plus souffert, » sur les armées françaises qui ont combattu, depuis 1792 jusqu'à 1815, « pour la gloire et l'indépendance de la nation. »

Les autres legs du testament de Napoléon sont de deux sortes : les legs individuels et les legs collectifs.

L'ensemble de ces legs s'élève à près de deux cent onze millions, savoir :

Legs individuels.	10,010,000 fr.
Legs collectifs.	200,800,000

Les legs individuels comprennent les dons faits par Napoléon à des personnes nominativement désignées dans le testament, et dans les second, troisième, quatrième et cinquième codicilles.

Les legs collectifs s'adressent à des villes, à des provinces, à l'armée, aux plus humbles comme aux plus illustres soldats de la France.

Pour l'acquittement de ces legs, l'Empereur comptait sur son domaine privé, dont une partie (quatre millions deux cent vingt mille francs) avait été déposée, au mois de juin 1815, dans la maison Perregaux-Laffitte. Cette somme est la seule ressource qui ait pu être consacrée au payement des legs.

Elle s'est trouvée réduite, déduction faite des dettes et des frais, à trois millions quatre cent dix-huit mille sept cent quatre-vingt cinq francs.

A l'exception de quelques serviteurs, qui ont été payés intégralement, les légataires auxquels cette somme était assignée n'ont touché que la moitié environ de ce qui leur revenait.

Quant aux légataires, soit individuels, soit collectifs, auxquels avaient été assignés des fonds qui n'ont point été mis à la disposition des exécuteurs testamentaires, ils n'ont rien reçu.

Ainsi les dernières volontés de Napoléon n'avaient pû être que très-imparfaitement accomplies.

Les causes politiques qui avaient empêché leur exécution n'existaient plus aujourd'hui. La France pouvait moins que jamais oublier ce qu'elle doit à l'Empereur Napoléon Ier : les victoires de ses armées, le culte rétabli, l'administration organisée, l'unité dans la législation, enfin le nom glorieux et respecté auquel l'instinct et la mémoire du peuple ont, en 1848, confié le salut du pays. L'accomplissement des dernières volontés de l'Empereur devenait, à ce titre, une question nationale ; on peut même ajouter que c'est aussi un acte de justice et d'équité.

Sans parler du patriotique emploi que Napoléon Ier n'a cessé de faire de sa liste civile, sans rappeler les sommes considérables que le domaine privé a fournies à l'Etat pour défendre l'indépendance du pays, bornons-nous à constater que les économies faites sur ce domaine, et qui étaient la propriété personnelle de l'Empereur sont entrées dans le Trésor public, et qu'en violation manifeste du sénatus-consulte du 30 janvier 1810, l'État s'est mis, après l'Empire, en possession du domaine privé.

Dans quelle mesure convenait-il aujourd'hui de donner suite aux dernières volontés de l'Empereur? Depuis trente-deux ans, l'état des choses s'était nécessairement modifié. Plusieurs des légataires étaient morts sans enfants. L'exécution intégrale des legs collectifs était devenue impossible.

Deux seulement seront acquittés : d'abord le legs de trois cent mille francs aux officiers et soldats du bataillon de l'île d'Elbe ou à leurs veuves et à leurs enfants; puis le legs de deux cent mille francs aux militaires amputés ou grièvement blessés de Ligny ou de Waterloo.

Une somme de un million cinq cent mille francs sera de plus répartie, soit entre les officiers et soldats qui ont combattu depuis 1793 jusqu'à 1815, soit entre leurs veuves et leurs enfants.

Mais déjà, on le sait, Napoléon III a devancé l'exécution de cette disposition, en affectant, par le décret du 14 décembre 1851, un crédit annuel de deux millions sept cent mille francs à des secours destinés aux anciens militaires de la République et de l'Empire.

Brienne et Méry reçoivent, la première quatre cent mille francs, l'autre trois cent mille francs. Une somme de un million trois cent mille francs, destinée à des fondations de bienfaisance, sera répartie entre les vingt-six départements qui ont le plus souffert de l'invasion.

En résumé, l'acquit de cette dette sacrée ne coûtera à la France que huit millions au maximum, et la plus grande partie de cette somme sera consacrée à soulager des misères réelles.

Ainsi le testament de Napoléon Ier aura reçu du pays lui-même, sous le règne du second fondateur de l'Empire, une pieuse et nationale consécration.

La France a la religion des souvenirs : elle n'est ni indifférente ni ingrate. Le léger sacrifice qu'elle fait aujourd'hui a eu, par avance, assez de compensations éclatantes. Notre pays a deux fois, pendant le cours d'un siècle, retrouvé dans les institutions impériales l'ordre, la force et la grandeur. Aussi, tous les vrais Français ont-ils considéré l'exécution des dernières volontés de Napoléon comme le plus digne monument qu'on puisse élever à sa mémoire.

Telle était, au bout de six mois à peine, la situation intérieure et extérieure de l'Empire. Pendant un si court exercice d'une autorité incontestée, la France avait repris avec une énergie singulière, sa marche si longtemps arrêtée dans la route du progrès.

La session du Corps législatif venait de se clore : on pouvait enfin juger l'action des grands corps destinés par la Constitution à seconder le gouvernement et faire justice des calomnies propagées par les incorrigibles de la politique contre l'ensemble des institutions impériales.

Ce Corps législatif, qu'on représentait comme l'instrument effacé d'une volonté absolue, avait plus fait pour le pays, pendant une courte session, sans tribune bavarde et sans discours à effet, que l'Assemblée la plus bruyante en deux ans de législature. En politique comme en industrie, les meilleurs rouages ne sont pas ceux qui font le plus de bruit.

Sur cent soixante-douze lois présentées, cent soixante-deux avaient été délibérées et votées, dix seulement avaient été discutées sans résultat immédiat.

La plupart de ces lois ne sortaient pas du cercle des exigences accoutumées et M. Billault avait pu le dire avec raison :

« Les peuples sont heureux quand les gouvernements n'ont pas besoin de recourir à des mesures extraordinaires ; les peuples sont heureux quand les mesures ordinaires projetées par le gouvernement marquent une suite de pas calmes et continus dans la double voie de l'affermissement de l'ordre moral et de l'expansion, au profit de tous, de la prospérité matérielle. »

Sans cesse préoccupé de l'intérêt des classes souffrantes, du soin de multiplier ou de perfectionner les institutions créées en leur faveur, l'Empereur avait appelé le travail législatif sur les caisses d'épargne, la caisse des retraites pour la vieillesse, l'assistance publique des enfants, les bains et les lavoirs du peuple.

Nous dirons dans le volume suivant, spécialement consacré aux travaux et études de Louis-Napoléon Banaparte, avec quelle intelligence du progrès social il avait depuis longtemps appelé l'attention sur la mauvaise condition des classes pauvres ouvrières, sur les charges qu'elles ont à supporter, sur les améliorations que réclame leur hygiène particulière.

On sait que, depuis le jour où le suffrage universel l'avait placé à la tête de la France, Louis-Napoléon Bonaparte avait, dans la mesure de son pouvoir, fait tout ce qu'il pouvait faire en vue d'améliorer le sort des classes pauvres. L'institution des commissions d'hygiène, l'assainissement des logements insalubres, la loi sur l'assistance judiciaire, la loi sur le mariage des pauvres, les encouragements donnés aux créations d'établissements modèles de propreté et de salubrité, les honneurs religieux accordés au convoi funèbre du pauvre; toutes ces mesures philanthropiques, dues à son initiative, ne devaient être que le prélude d'améliorations accomplies sur une plus large échelle.

Outre les améliorations imposées aux anciennes habitations ouvrières, de nouvelles maisons, à plusieurs étages, avec des logements garnis, et non garnis, pour les ouvriers célibataires comme pour les ménages, s'élèveront à la fois dans plusieurs quartiers de Paris, sur des emplacements bien choisis, à proximité des travaux, et, d'après les plans tracés sous l'inspiration impériale, ces logements seront disposés de manière à réunir à l'économie du prix toutes les conditions désirables de salubrité, de bien-être et de moralité.

Le soin d'exécuter ces projets est confié à des entrepreneurs qui se sont résolûment associés aux vues de l'Empereur. Les travaux seront faits conformément aux plans et devis arrêtés par le ministre de l'intérieur, qui fixera le prix des loyers dans des proportions telles que les nouvelles constructions ne puissent être un objet de spéculation ; et, pour que cette mesure, si avantageuse aux classes ouvrières, ne soit onéreuse à personne, l'État entrera dans la dépense au moyen d'une allocation une fois payée.

Ainsi on allait voir disparaître successivement ces misérables réduits privés d'air et de lumière, ces chambrées infectes où les ouvriers, où de pauvres familles s'entassaient pêle-mêle au détriment de leur santé et de leur moralité, à la honte de notre civilisation.

A la place de ces repaires du vice, de ces cloaques de la misère, allaient s'élever des habitations salubres, chauffées, éclairées, recevant en abondance ces deux éléments si nécessaires à la santé, l'air et l'eau.

Ce n'est pas tout. A ces plans si importants pour la population laborieuse, la pensée impériale en avait joint un autre conçu dans l'intérêt de la petite bourgeoisie, de cette classe intéressante et nombreuse qui sert de transition entre la bourgeoisie moyenne et la classe ouvrière. On encourageait vivement les efforts de capitalistes et de propriétaires qui offraient de bâtir, dans les conditions les plus favorables, des constructions séparées pour les petits rentiers, les employés peu retribués, en un mot pour les fortunes les plus modiques.

Paris ne doit pas profiter seul de ces avantages. L'Empereur a décidé que ce système serait graduellement étendu aux grandes villes, aux centres manufacturiers où les ouvriers sont agglomérés.

N'oublions pas d'ajouter à l'ensemble de ces efforts intelligents un décret de premier ordre et un projet fécond pour l'avenir commercial et industriel de la France.

L'un, en date du 22 juin, réalise enfin ce projet gigantesque d'une exposition universelle à Paris; car il ajoute à l'exposition de l'industrie une exposition universelle des beaux-arts.

C'est là une idée toute française et qui nous permettra d'effacer les souvenirs glorieux de Hyde-Park. Le cachet spécial imprimé à cette exposition à la fois artistique et industrielle, est dans les véritables conditions du génie français, cet initiateur perpétuel de la civilisation.

C'est là une digne et noble revanche de l'échec que nous valut en 1851 la situation difficile où nous avait plongés la République. Car, on le sait, l'idée d'une exposition universelle est toute française et, si nous nous sommes laissé devancer par l'Angleterre, c'est à nos discordes civiles qu'il faut en attribuer la cause.

Enfin, par les ordres de Napoléon III, un projet est soumis au corps législatif pour établir, entre Lyon et Genève, une ligne de fer qui sera une grande voie de communication internationale. Tracé dans les meilleures conditions pour le commerce réciproque et pour la défense nationale, ce chemin ouvrira à la Suisse tous les débouchés de la France avec le reste du monde. Marseille, Bordeaux, Nantes, le Havre, la Hollande, la Belgique, l'Allemagne seront placés à quelques heures de la frontière suisse et notre admirable réseau s'enrichira d'un important transit.

Bientôt une autre nation sympathique à la France verra s'abaisser les barrières naturelles qui la séparent de nous. La Savoie et le Piémont entreront définitivement dans notre cercle d'attraction matérielle, morale et politique.

Ainsi le progrès de la société française a marché en raison du progrès du pouvoir et, pour nous servir des expressions de M. Troplong, président du Sénat, tout ce que nous avons donné au principe d'autorité, nous l'avons donné bien plus encore au développement régulier des intérêts légitimes du pays, à la paix, à l'ordre, à l'activité des forces fécondes de la nation. Deux ans à peine nous séparent des maux incalculables qui devaient nous accabler, et déjà la prospérité publique les a tellement éloignés de nous, que beaucoup semblent les avoir oubliés.

A Napoléon III l'honneur de cette prospérité nouvelle et de cette stabilité féconde ! A lui revient de droit la gloire de toutes ces améliorations depuis longtemps rêvées dans l'exil ou dans la prison, réalisées aujourd'hui soit à la tête du conseil d'État qu'il aime à présider lui-même, soit dans le silence occupé du cabinet impérial.

Nous ne saurions mieux terminer cette rapide esquisse des premiers mois de l'empire de Napoléon III, que par ces paroles de l'éminent auteur des *Considérations snr lc principe d'autorité depuis* 1789 :

« Les causes qui ont amené l'Empire, le feront durer. Ces causes ont été nationales, politiques, religieuses et sociales : nationales, pour protester pacifiquement contre nos revers ; politiques, pour donner satisfaction au sentiment monarchique si profond dans notre pays ; religieuses, pour rassurer la religion contre le philosophisme ; sociales, enfin, pour sauver la France du socialisme et assurer à nos intérêts de liberté civile et religieuse, d'égalité et de propriété, leur développement fécond. Il faut, sans doute, tenir compte des coups de la Providence et de ces terribles jugements de Dieu qui confondent la sagesse des hommes. Mais, en général, on peut affirmer que l'avenir appartient toujours au pouvoir qui possède le présent, quand il sait en user dans l'intérêt national. Jusqu'à ce moment, ceux qui se plaignent de l'Empire ne sont pas ceux qui l'ont créé. Il peut donc lui être permis, à la rigueur, de se passer d'eux. L'Empire n'est pas une combinaison éclose par le fait de quelques politiques habiles qui ont la prétention d'être Mentors, et dont les faveurs ou les bouderies sont presque un événement pour le pouvoir qu'ils ont constitué. L'Empire est un mouvement immense et spontané de tout un peuple. Il est une de ces crises décisives qui ouvrent une ère nouvelle et donnent une forme et un cadre à toute une époque. L'importance individuelle de quelques hommes peut se trouver amoindrie par cette prodigieuse reconstitution d'une société que ses gouvernants laissaient périr ; mais les chagrins d'individualités mécontentes ne sauraient arrêter dans son développement l'œuvre providentielle qui s'est accomplie par la grande volonté de la nation. Quand l'histoire examinera les causes qui ont mis sur le trône la quatrième dynastie, elle ne sera pas réduite à percer les ténèbres qui environnent l'avénement des Carlovingiens et des Capétiens. De notre temps, tout s'est fait au grand jour et à la face du monde, par un peuple ferme dans ses desseins et inébranlable dans ses préférences. Les individus sont peu de chose dans ces explosions grandioses et irrésistibles de la pensée publique. »

BIOGRAPHIES IMPÉRIALES.

L'ENGAGEMENT a été pris par nous, on se le rappelle, d'étudier en détail la famille de l'héritier du nouveau Charlemagne.

Déjà nous avons reproduit les physionomies qui se présentent au premier plan. Après le tronc, après les branches principales de l'arbre napoléonien, il nous reste à montrer les rameaux divers, à compléter enfin par une série de portraits notre musée impérial.

Mais, avant tout, il nous faut exposer la situation actuelle de la famille Bonaparte, telle qu'elle a été fixée par la volonté de S. M. Napoléon III, d'après les errements respectés de la tradition impériale.

Le sénatus-consulte du 7 novembre 1852, en donnant à l'Empereur pleine autorité sur tous les membres de sa famille, lui avait imposé le devoir de régler leur condition et leurs obligations par un statut ayant force de loi.

Pour accomplir cet acte important, Napoléon III, toujours fidèle à la volonté de son illustre prédécesseur, dut se pénétrer des pensées qui avaient inspiré, en pareille circonstance, le fondateur de sa dynastie.

Le statut du 30 mars 1806, par lequel l'Empereur Napoléon Ier a réglé tout ce qui concerne les membres de sa famille, est précédé de considérations qui n'ont encore aujourd'hui rien perdu de leur force ni de leur utilité.

Reproduisons ces considérations qui sont restées la charte fondamentale de la famille napoléonienne.

« L'état des princes appelés à régner sur ce vaste empire et à le fortifier par des alliances ne saurait être absolument le même que celui des autres Français.

» Leur naissance, leurs mariages, leur décès, les adoptions qu'ils pourraient faire, intéressent la nation tout entière, et influent plus ou moins sur ses destinées. Comme tout ce qui concerne l'existence sociale de ces princes appartient plus au droit politique qu'au droit civil, les dispositions de celui-ci ne peuvent leur être appliquées qu'avec les modifications déterminées par la raison d'État; et si cette raison d'État leur impose des obligations dont les simples citoyens sont affranchis, ils doivent les considérer comme une conséquence nécessaire de cette haute dignité à laquelle ils sont élevés, et qui les dévoue sans réserve aux grands intérêts de la patrie et à la gloire de notre Maison.

» Des actes aussi importants que ceux qui constatent l'état civil de la Maison impériale doivent être reçus dans les formes les plus solennelles : la dignité du trône l'exige, et il faut rendre d'ailleurs toute surprise impossible.

» En conséquence, nous avons jugé convenable de confier à notre cousin, l'archichancelier de l'Empire, le droit de remplir exclusivement, par rapport à nous et aux princes et princesses de notre Maison, les fonctions attribuées par les lois aux officiers de l'état civil. Nous avons aussi commis à l'archichancelier le soin de recevoir le testament de l'Empereur et le statut qui fixera le douaire de l'Impératrice. Ces actes, ainsi que ceux de l'état civil, tiennent de si près à la Maison impériale et à l'ordre politique, qu'il est impossible de leur appliquer exclusivement les formes ordinairement employées pour les contrats et pour les dispositions de dernière volonté.

» Après avoir réglé l'état des princes et princesses de notre sang, notre sollicitude devait se porter sur l'éducation de leurs enfants. Rien de plus important que d'écarter d'eux, de bonne heure, les flatteurs qui tenteraient de les corrompre, les ambitieux qui, par des complaisances coupables, pourraient capter leur confiance, et préparer à la nation des souverains faibles, sous le nom desquels ils se promettraient un jour de régner. Le choix des personnes chargées de l'éducation des enfants des princes et princesses de la maison impériale doit donc être réservé à l'Empereur.

» Nous avons ensuite considéré les princes et princesses dans les actions communes de la vie. Trop souvent la conduite des princes a troublé le repos des peuples, et produit des déchirements dans l'État. Nous devons armer les Empereurs qui régneront après nous, de tout le pouvoir nécessaire pour prévenir ces malheurs dans leurs causes éloignées, pour les arrêter dans leurs progrès, pour les étouffer lorsqu'ils éclatent.

» Nous avons aussi pensé que les princes de l'Empire, titulaires des grandes dignités, étant appelés par leurs éminentes prérogatives à servir d'exemple au reste de nos sujets, leur conduite devait, à plusieurs égards, être l'objet de notre particulière sollicitude.

» Tant de précautions seraient sans doute inutiles, si les souverains qui sont destinés à s'asseoir un jour sur le trône impérial, avaient, comme nous, l'avantage de ne voir autour d'eux que des parents dévoués à leur service et au bonheur des peuples, que des grands distingués par un attachement inviolable à leur personne; mais notre prévoyance doit se porter sur d'autres temps, et notre amour pour la patrie nous presse d'assurer, s'il se peut, aux Français, pour une longue suite de siècles, l'état de gloire et de prospérité où, avec l'aide de Dieu, nous sommes parvenus à les placer. »

Se fondant sur ces hautes considérations qui ont reçu des événements accomplis depuis cette époque, une force nouvelle, l'Empereur Napoléon III décréta, le 21 juin 1853, le statut suivant, qui reproduit les principales dispositions de l'acte du 30 mars 1806, avec les modifications exigée par la nouvelle constitution de l'Empire.

TITRE PREMIER.

DE L'ÉTAT DES PRINCES ET PRINCESSES DE LA FAMILLE IMPÉRIALE.

Article premier. — Conformément à l'art. 6 du sénatus-consulte du 7 novembre 1852, l'Empereur exerce sur tous les membres de sa Famille les droits de la puissance paternelle pendant leur minorité, et conserve toujours à leur égard un pouvoir de surveillance et de discipline dont les effets principaux sont déterminés par le présent statut.

(Statut du 30 mars 1806, art. 1er.)

Art. 2. — Si l'Empereur est lui-même mineur, ces droits seront exercés par le Régent, sous les conditions et dans les formes qui seront déterminées par le sénatus-consulte qui organisera la Régence.

Art. 3. — La Famille impériale se compose :

1° De la descendance légitime ou adoptive de l'Empereur ;

2° Des autres princes appelés éventuellement à l'hérédité par le sénatus-consulte du 7 novembre 1852, de leurs épouses et de leur descendance légitime.

Art. 4. — Le mariage des membres de la Famille impériale, à quelque âge qu'ils soient parvenus, sera nul de plein droit, et sans qu'il soit besoin de jugement, toutes les fois qu'il aura été contracté sans le consentement formel de l'Empereur.

Ce consentement sera exprimé dans une lettre close, contre-signée par le ministre d'État et qui tiendra lieu des dispenses d'âge et de parenté dans tous les cas où ces dispenses sont nécessaires.

(Statut du 30 mars 1806, art. 4.)

Art. 5. — Tous les enfants nés d'une union qui n'aurait pas été contractée conformément au précédent article sont réputés illégitimes.

(Statut de 1806, art. 5.)

Art. 6. — Les conventions matrimoniales des membres de la Famille impériale sont nulles si elles ne sont approuvées par l'Empereur, sans que, dans ce cas, les parties puissent exciper des dispositions du code Napoléon.

(Statut de 1806, art. 6.)

Art. 7. — Si un membre de la Famille impériale croit devoir demander la séparation de corps, il s'adressera à l'Empereur, qui prononce seul sans forme ni procédure.

(Statut de 1806, art. 8.)

Les effets de cette séparation, quant aux biens des époux, seront réglés par le conseil de Famille dans les formes qui seront ci-après déterminées.

Art. 8. — Les biens des princes et princesses de la Famille impériale, dont le père serait décédé, seront, pendant leur minorité, administrés par un ou plusieurs tuteurs que l'Empereur nommera.

(Statut de 1806. art 9.)

Art. 9. — Ces tuteurs rendront le compte de tutelle au conseil de Famille dont il sera parlé ci-après.

(Statut de 1806, art. 10.)

Art. 10. — Le conseil de Famille a juridiction sur le tuteur en tout ce qui concerne l'administration de la tutelle, il remplit, pour les actes de tutelle, toutes les fonctions qui, à l'égard des particuliers, sont déléguées par le code Napoléon aux conseils de famille ordinaires et aux tribunaux.

Néanmoins, les décisions qu'il rend n'ont d'effet qu'après l'approbation de l'Empereur, dans tous les cas où, entre particuliers, ces délibérations doivent être soumises à l'homologation des tribunaux.

(Statut de 1806, art. 11.)

Art. 11. — Les membres de la Famille impériale ne

peuvent, sans le consentement exprès de l'Empereur, ni adopter, ni se chager de tutelle officieuse, ni reconnaître un enfant naturel.

Dans ces cas, l'Empereur réglera les effets que l'acte doit produire quant aux biens et quant au rang qu'il donnera à la personne qui en sera l'objet.

(Statut de 1806, art. 12.)

Art. 12. — L'interdiction des membres de la famille impériale, dans les cas prévus par l'art. 489 du code Napoléon, est prononcée par le conseil de Famille.

Le jugement n'aura d'effet qu'après avoir été approuvé par l'Empereur.

Le conseil de Famille exercera sur le tuteur, sur l'interdit et sur les biens, l'autorité et la juridiction qui, entre particuliers, appartiennent aux conseils de famille ordinaires et aux tribunaux,

(Statut de 1806, art. 13.)

TITRE II.

DES ACTES RELATIFS A L'ÉTAT DES PRINCES ET PRINCESSES DE LA FAMILLE IMPÉRIALE.

Art. 13. — Le ministre d'État, assisté du président du conseil d'État (qui tiendra la plume), remplira exclusivement, par rapport à l'Empereur et aux Princes et Princesses de la Famille impériale, les fonctions attribuées par les lois aux officiers de l'état civil.

En conséquence, il recevra les actes de naissance, d'adoption, de mariage, et tous autres actes prescrits ou autorisés par le Code Napoléon.

Art. 14. — Ces actes seront inscrits sur un registre tenu par le président du conseil d'État, coté par première et dernière feuille, et parafé sur chaque feuille par le ministre d'État.

Art. 15. — Sur l'ordre de l'Empereur, le ministre d'État envoie une ampliation de ces actes au Sénat, qui en ordonne la transcription sur ses registres et le dépôt dans ses archives.

Art. 16. — Lorsque le registre est fini, il est clos et arrêté par le ministre d'État et déposé aux archives impériales. Jusqu'à cette époque, il demeure déposé aux archives du conseil d'État.

Le président du conseil d'État délivre des extraits des actes y contenus, lesquels sont visés par le ministre d'État.

Art. 17. — Les actes seront rédigés dans les formes établies par le code Napoléon.

Art. 18. — L'Empereur indiquera les témoins qui assisteront aux actes de naissance et de mariage des membres de la Famille impériale.

S'il est absent du lieu où l'acte est passé, ou s'il n'y a pas eu d'indication de sa part, le ministre d'État sera tenu de prendre les témoins parmi les Princes de la Famille impériale, en suivant l'ordre de leur proximité du trône, et, après eux, parmi les autres membres de la Famille de l'Empereur, les ministres, les présidents des grands corps de l'État, les maréchaux de France, les grands officiers de l'Empire et les membres du Sénat.

(Statut de 1806, art. 19.)

ART. 19. — Le ministre d'État ne pourra recevoir l'acte de mariage des Princes et Princesses, ni aucun acte d'adoption ou de reconnaissance d'enfant naturel, que sur l'autorisation de l'Empereur.

A cet effet, il lui sera adressé, le cas échéant, une lettre close qui indiquera, en outre, le lieu où l'acte doit être reçu. Cette lettre sera transcrite en entier dans l'acte.

(Statut de 1806, art. 20.)

ART. 20. — Les actes ci-dessus mentionnés, qui, par suite de circonstances particulières, seraient dressés en l'absence du ministre d'État, lui seront remis par celui que l'Empereur aura désigné pour le suppléer.

Ces actes seront inscrits sur le registre, et la minute y demeurera annexée, après avoir été visée par le ministre d'État.

(Statut de 1806, art. 21.)

ART. 21. — Lorsque l'Empereur jugera à propos de faire son testament par acte public, le ministre d'État, assisté du président du conseil d'État, recevra sa dernière volonté, laquelle sera écrite, sous la dictée de l'Empereur, par le président du conseil d'État en présence de deux témoins.

Dans ce cas, l'acte sera écrit sur le registre mentionné en l'article 14 ci-dessus.

(Statut de 1806, art. 25.)

Art. 22. — Si l'Empereur dispose par testament mystique, l'acte de suscription sera dressé par le ministre d'État et inscrit par le président du conseil d'Etat : ils signeront l'un et l'autre avec l'Empereur et les six témoins qu'il aura indiqués.

Le testament mystique de l'Empereur sera déposé au Sénat par le ministre d'Etat.

(Statut de 1806, art. 24.)

Art. 23. — Après le décès des Princes et Princesses de la Famille impériale, les scellés seront apposés dans leurs palais et maisons par le président du conseil d'Etat, et, à son défaut, par un conseiller d'Etat désigné par le ministre d'Etat.

(Statut de 1806, art. 25.)

TITRE III.

DE L'ÉDUCATION DES PRINCES ET PRINCESSES DE LA FAMILLE IMPÉRIALE.

Art. 24. — L'Empereur règle tout ce qui concerne l'éducation des enfants des membres de la Famille impériale ; il nomme et révoque à volonté ceux qui en sont chargés.

(Statut de 1806, art. 26.)

TITRE IV.

DU POUVOIR DE SURVEILLANCE, DE DISCIPLINE, QUE L'EMPEREUR EXERCE DANS L'INTÉRIEUR DE SA FAMILLE.

Art. 25. — Les membres de la Famille impériale, quel que soit leur âge, ne peuvent, sans l'ordre ou le congé de l'Empereur, sortir du territoire de l'Empire, ni s'éloigner de plus de 30 myriamètres de la ville où la résidence impériale se trouve établie.

(Statut de 1806, art. 30.)

Art. 26. — Si un membre de la Famille impériale commet un acte contraire à sa dignité ou à ses devoirs, l'Empereur pourra lui infliger, pour un temps déterminé et qui n'excédera pas une année, les peines suivantes :

Les arrêts ;

L'éloignement de sa personne ;

L'exil. (Statut de 1806, art. 31.)

Art. 27. — L'Empereur peut ordonner aux membres de la Famille impériale d'éloigner d'eux les personnes qui lui paraissent suspectes, encore que ces personnes ne fassent pas partie de leur maison.

(Statut de 1806, art. 32.)

TITRE V.

DU CONSEIL DE FAMILLE.

Art. 28. — Il y aura auprès de l'Empereur un conseil de

famille. Indépendamment des attributions qui sont données à ce conseil par les art. 9, 11 et 13 du présent statut, il connaîtra :

1° Des plaintes portées contre les Princes et Princesses de la Famille impériale, toutes les fois qu'elles n'auront pas pour objet des crimes ou délits. La compétence, pour ce dernier cas, sera réglée par un sénatus-consulte ;

2° Des actions purement personnelles intentées, soit par les Princes et Princesses de la Maison impériale, soit contre eux.

A l'égard des actions réelles ou mixtes, elles continueront d'être portées devant les tribunaux ordinaires.

(Statut de 1806, art. 33.)

Art. 29. — Le conseil de Famille est présidé par l'Empereur, ou, à son défaut, par celui des membres que l'Empereur désignera.

Il sera composé :

D'un prince de la Famille impériale, désigné par l'Empereur ; du ministre d'État ; du ministre de la justice ; des présidents du Sénat, du Corps législatif et du conseil d'État ; du premier président de la cour de cassation ; d'un maréchal de France ou d'un général de division désigné par l'Empereur.

Le ministre de la justice remplit près le conseil les fonctions de rapporteur.

Le président du conseil d'État tient la plume.

(Statut de 1806, art. 34.)

Art. 30. — Les pièces et les minutes des jugements sont déposées aux archives impériales.

(Statut de 1806, art. 34.)

Art. 31. — Les demandes susceptibles d'être présentées au conseil seront préalablement communiquées au ministre d'État, qui en rendra compte dans la huitaine à l'Empereur et prendra ses ordres.

(Statut de 1806, art. 35.)

Art. 32. — Si l'empeureur ordonne que l'affaire soit suivie devant le conseil, le ministre d'État procédera d'abord à la conciliation.

Les procès-verbaux contenant les dires, aveux et propositions des parties intéressées seront dressés par le président du conseil d'État. L'accommodement dont les parties pourraient convenir n'aura d'effet qu'après avoir été approuvé par l'Empereur.

(Statut de 1806, art. 36.)

Art. 33. — Le conseil de Famille n'est point tenu de suivre les formes ordinaires, soit dans l'instruction des causes portées devant lui, soit dans les jugements qu'il rend.

Néanmoins il doit toujours entendre les parties, soit par elles-mêmes, soit par leurs fondés de pouvoirs, et ses jugements seront motivés.

Il doit aussi avoir prononcé dans le mois.

(Statut de 1806, art. 37.)

Art. 34. — Les jugements rendus par le conseil de Famille ne sont susceptibles d'aucun recours ; ils sont signifiés aux parties à la requête du ministre de la justice, par la personne qu'il aura désignée.

(Statut de 1806, art. 38.)

Art. 35. — Lorsque le conseil de Famille statue sur des plaintes et qu'il les croit fondées, il se borne à déclarer que celui contre qui elles sont dirigées est répréhensible pour les faits que la plainte spécifie, et renvoie, pour le surplus, à l'Empereur.

(Statut de 1806, art. 36.)

Art. 36. — Si l'Empereur ne croit pas devoir user d'indulgence, il prononce l'une des peines portées en l'art. 26 ci-dessus, et même, suivant la gravité du fait, la peine de deux ans d'arrêts forcés dans le lieu qu'il désignera.

(Statut de 1806, art. 40.)

TITRE VI.

DES DISPOSITIONS DU PRÉSENT STATUT QUI SONT APPLICABLES AUX MEMBRES DE LA FAMILLE DE L'EMPEREUR NE FAISANT POINT PARTIE DE LA FAMILLE IMPÉRIALE.

Art. 37. — Les articles 2, 4, 5, 7, 11, 12, 23, 24, 26, 27 et 36 du présent statut sont applicables aux autres membres de la Famille de l'Empereur, qui ont ou acquerront la qualité de Français.

Toutefois, cette disposition, applicable à tous les degrés de la descendance masculine des frères de l'Empereur Napoléon Ier, ne s'étendra aux autres parents ou alliés de l'Empereur que jusqu'au quatrième degré.

L'article 28 du présent statut est également applicable aux personnes désignées dans le présent article, si ce n'est pour les actions intentées par des tiers étrangers à la Famille, lesquelles resteront soumises au droit commun.

La situation de la Famille impériale ainsi définitivement arrêtée, il fallait énumérer officiellement les membres ayant le droit d'en faire partie.

C'est ce que fit M. Troplong, président du Sénat, dans un rapport rédigé sur l'ordre de l'Empereur.

Le sénatus-consulte du 7 novembre 1852 avait divisé la famille de l'Empereur en deux parties :

1° La Famille impériale proprement dite, composée de personnes appelées éventuellement à l'hérédité et de leurs descendants des deux sexes ;

2° Les autres membres de la famille Bonaparte.

Voici l'énumération des personnes auxquelles s'appliquent les dispositions de l'article 6 du sénatus-consulte.

Joseph, le frère aîné de Napoléon, n'ayant pas laissé d'enfants mâles, la faculté d'adoption se trouve concentrée, en vertu de l'article 3 du sénatus-consulte, parmi les fils et petits-fils de Lucien et de Jérôme Bonaparte. Mais comme ils ont contracté tous les deux un premier mariage qui n'a pas été autorisé par Napoléon, les enfants de ces mariages ne peuvent être adoptés ni faire partie de la Famille impériale

Ainsi sont exclus: Charlotte Bonaparte, fille de Lucien, veuve du prince romain Gabrielli, dont elle a un fils et trois filles; la première femme du prince Jérôme, qui vit encore à Baltimore, son fils et son petit-fils.

Sont aptes à être adoptés : les fils du second mariage de Lucien, à savoir: Charles-Lucien Bonaparte, prince de Canino, ex-président de la Constituante romaine, âgé de quarante-neuf ans ; Louis-Lucien Bonaparte, âgé de trente-neuf ans; Pierre Bonaparte, âgé de trente-sept ans; Antoine Bonaparte, âgé de trente-six ans.

Le fils du second mariage du prince Jérôme avec une princesse de Wurtemberg, Napoléon-Joseph Bonaparte, âgé de trente ans.

Les fils de Charles-Lucien Bonaparte, prince de Canino : Joseph-Lucien Bonaparte, prince de Musignano, âgé de vingt-huit ans; Lucien-Louis Bonaparte, âgé de vingt-quatre ans; Napoléon-Jacques Bonaparte, âgé de treize ans.

Outre ces neuf princes et leurs fils, s'ils en ont, appelés éventuellement à l'hérédité, la nouvelle Famille impériale, dans la première catégorie de l'article 6 du sénatus-consulte, serait encore composée de : la princesse Zénaïde-Charlotte Bonaparte, fille aînée de Joseph, frère de Napoléon, et mariée au prince de Canino ; de trois filles de Lucien, la princesse Letitia Bonaparte, mariée à M. Thomas Wyse, membre catholique du Parlement d'Angleterre; de la princesse Alexandrine Bonaparte, mariée au comte Vincent de Canino ;

de la princesse Constance Bonaparte, religieuse au Sacré-Cœur de Rome; de la princesse Jeanne Bonaparte, mariée au marquis Honorat; de la princesse Mathilde Bonaparte, fille du prince Jérôme, mariée au prince Anatole Demidoff. Il faut ajouter encore cinq filles de Charles-Lucien Bonaparte, prince de Canino. A moins de décès récents parmi ces nombreux enfants de la famille Bonaparte, c'est, avec le prince Jérôme, ex-président du Sénat, vingt et un membres de la nouvelle Famille impériale dont le sort devra être réglé par un sénatus-consulte, et dont les célibataires ne pourront se marier sans l'autorisation de Louis-Napoléon.

Viennent maintenant les personnes de la seconde catégorie, les membres de la famille Bonaparte, qui suivant la définition de M. Troplong, composent la famille civile; ce sont: la princesse Napoléon Bacciochi, fille de la princesse Élisa, sœur de Napoléon, et mariée au comte Camerata; les enfants de Caroline, sœur de Napoléon, mariée à Murat; ces enfants sont: le prince Lucien Murat, la princesse Letitia Murat, mariée au comte Pepoli, la princesse Louise-Caroline Murat, mariée au comte Rasponi, et plusieurs enfants du prince Murat, parmi lesquels madame de Chassiron, et ses fils, qui sont au service.

L'Empereur devra fixer, par des statuts, les titres et la situation de ces membres de sa famille qui ne sont pas appelés éventuellement à l'hérédité.

Sur ces nouvelles bases nous pouvons acquitter aujourd'hui une ancienne promesse, en donnant, à partir du père de l'Empereur Napoléon Ier, jusqu'à 1853, une généalogie complète de la famille Bonaparte.

FAMILLE BONAPARTE.

Charles-Marie Bonaparte, né le 20 mars 1746, fut député par la noblesse de Corse auprès du roi de France. Il épousa Letitia de Ramolino et mourut à Montpellier en 1785.

Un frère utérin de madame Letitia de Ramolino fut plus tard connu sous le nom de cardinal Fesch, archevêque de Lyon, mort à Rome en 1839.

SES HUIT ENFANTS

Joseph-Napoléon Bonaparte, né à Corte, le 7 janvier 1768, roi de Naples du 30 mars 1806 à 1808; roi d'Espagne du 6 juin 1808 à 1813; comte de Survilliers. Il épousa, le 1er août 1794, Marie-Julie Clary, née le 26 décembre 1777, sœur de la reine de Suède, femme du roi Charles-Jean Bernadotte. Il mourut le 7 avril 1845.

Napoléon Bonaparte, né à Ajaccio le 15 août 1769, Empereur des Français le 18 mars 1804, sacré et couronné le 2 décembre de la même année, roi d'Italie le 26 mars 1805, protecteur de la Confédération du Rhin, médiateur de la Confédération suisse. Il épousa : 1° le 8 mars 1796, Marie-Rose-Joséphine Tascher de la Pagerie, née à la Martinique, le 24 juin 1763, veuve d'Alexandre, vicomte de Beauharnais, morte à la Malmaison le 29 mai 1814, divorcée depuis 1810 ; 2° le 2 avril 1810, Marie-Louise-Léopoldine-Françoise-Thérèse-Joséphine-Lucie, archiduchesse d'Autriche, née le 12 décembre 1791, déclarée, par le traité de Paris du 30 mai 1814, duchesse de Parme, Plaisance et Guastalla, morte en décembre 1847. — Il mourut en captivité à l'île Sainte-Hélène, le 5 mai 1821.

Lucien Bonaparte, né à Ajaccio, en 1765, prince de Canino, le 18 août 1814. Il épousa : 1° en 1795, Christine Boyer, morte en 1801 ; 2° en 1802 Alexandrine-Laurence de Bleschamp, née à Calais en 1778. Il mourut à Viterbe le 23 juin 1840.

Marie-Anne-Elisa Bonaparte, née à Ajaccio le 3 janvier 1777, princesse de Lucques et de Piombino, grande-duchesse de Toscane, mariée le 5 mars 1797 au prince Félix Bacciochi, morte au mois d'août 1820, laissant deux enfants :

1° Napoléone-Élisa Bacciochi, née le 3 juin 1806, mariée au comte Camerata ;

2° Frédéric Bacciochi, mort à Rome.

Louis Bonaparte, né à Ajaccio le 2 septembre 1778, roi de Hollande du 24 mai 1805 au 1er juillet 1810 ; il épousa, le 3 janvier 1802, la princesse Hortense-Eugénie de Beauharnais, née le 10 avril 1793, fille du premier mariage de l'Impératrice Joséphine avec le vicomte de Beauharnais, sœur du prince Eugène de Beauharnais, morte le 3 octobre 1837, connue plus généralement sous le nom de reine Hortense et duchesse de Saint-Leu. Il mourut le 25 juillet 1846.

Marie-Pauline Bonaparte, reconnue par l'Empereur, son frère, en qualité de princesse et duchesse de Guastalla, le 30 mars 1806, mariée : 1° au général Leclerc ; 2° le 6 novembre 1803, au prince Camille Borghèse. Elle mourut sans laisser d'enfants.

Marie-Annonciade-Caroline Bonaparte, née à Ajaccio, le 25 mars 1780, mariée, le 20 janvier 1800, à Joachim Murat, roi de Naples, le 15 juillet 1808, grand amiral de France. Elle mourut à Florence, connue sous le nom de comtesse de Lipona, le 18 mai 1839, laissant pour enfants :

1° Napoléon-Achille-Charles-Louis Murat, prince royal des Deux-Siciles, né le 21 janvier 1801, mort le 15 avril 1847 ;

2° Letitia-Josèphe Murat, née le 25 avril 1802, mariée au comte Pepoli, à Bologne ;

3° Lucien-Charles-Joseph-François-Napoléon Murat, né le 16 mars 1803, élu en 1848, par le département du Lot, représentant du peuple à l'Assemblée nationale ;

4° Louise-Julie-Caroline Murat, née le 22 mars 1805, mariée au comte Rasponi, à Ravenne.

Jérôme Bonaparte, né à Ajaccio, le 15 décembre 1784, roi de Westphalie du 1er décembre 1807 au 26 octobre 1813, prince de Montfort. Il a épousé, le 12 août 1806,

Frédérique-Catherine-Sophie-Dorothée, princesse royale de Wurtemberg, née le 21 février 1783, morte le 28 novembre 1836.

LES DEUX ENFANTS DE JOSEPH BONAPARTE

Zénaïde-Charlotte-Julie Bonaparte, née à Paris, le 8 juillet 1804, mariée à son cousin Charles-Lucien-Jules-Laurent Bonaparte, prince de Canino et Musignano, fils de Lucien Bonaparte, frère de l'Empereur.

Charlotte Bonaparte, mariée à son cousin le prince Napoléon-Louis Bonaparte, fils du roi Louis, veuve le 16 mars 1831; morte en 1839.

FILS DE NAPOLÉON

Napoléon-François-Charles-Joseph Bonaparte, né à Paris, le 20 mars 1811, prince impérial des Français, roi de Rome, duc de Reichstadt, mort à Vienne le 22 juillet 1832.

LES ONZE ENFANTS DE LUCIEN BONAPARTE

Charlotte Bonaparte, née en 1798, mariée au prince Gabrielli, dont elle a eu un fils et trois filles.

Christine-Egypta Bonaparte, née en 1798, mariée en 1824 à lord Dudley Stuart, morte en 1847. Son fils, Franck Dudley Stuart, est officier dans l'Inde.

Charles-Lucien-Jules-Laurent Bonaparte, né à Paris le 24 mai 1803, prince de Canino et de Musignano, membre correspondant de l'Institut de France, des académies de Saint-Pétersbourg, Berlin, Bruxelles, Londres, La Haye, auteur de la *Faune italienne*, fondateur des congrès scientifiques d'Italie.

Letitia Bonaparte, née à Milan le 1er décembre 1804, mariée à Thomas Wyse, membre catholique du Parlement d'Angleterre.

Louis-Lucien Bonaparte, né le 13 janvier 1813.

Pierre-Napoléon Bonaparte, né à Rome le 12 septembre 1815, chef de bataillon à la légion étrangère en Algérie, élu en 1848 par le département de la Corse représentant du peuple à l'Assemblée nationale.

Antoine Bonaparte, né à Tusculum le 31 octobre 1816.

Alexandrine-Marie Bonaparte, née à Rome en 1818, mariée au comte Vincent Valentini.

Constance Bonaparte, née à Bologne, en 1823, religieuse au Sacré-Cœur, à Rome.

Paul Bonaparte, mort en Grèce.

Jeanne Bonaparte, mariée au marquis Honorati.

LES TROIS ENFANTS DE LOUIS BONAPARTE.

Napoléon-Charles Bonaparte, prince royal de Hollande, mort à La Haye le 5 mars 1817,

Napoléon-Louis Bonaparte, grand-duc de Berg et de Clèves. Il avait épousé sa cousine, la princesse Charlotte, fille du roi Joseph. Il est mort à Forli, le 17 mars 1831, sans postérité.

Charles-Louis-Napoléon Bonaparte, né à Paris le 20 avril 1808, retenu en captivité pendant plusieurs années au fort de Ham, élu, en 1848, par quatre départements, représentant du peuple à l'Assemblée nationale.

LES TROIS ENFANTS DE JÉROME BONAPARTE.

Jérôme-Napoléon Bonaparte, prince de Montfort, né à Trieste, le 24 août 1814, colonel du 8e régiment de ligne, au service de son oncle, le roi de Wurtemberg. Il est mort en 1847.

Mathilde-Letitia-Wilhelmine Bonaparte, princesse de Montfort, née à Trieste, le 27 mai 1820, mariée en 1841 au prince Demidoff de San-Donato.

Napoléon-Joseph-Charles-Paul Bonaparte, prince de Montfort, né à Trieste, le 9 septembre 1822, ancien capitaine au 8e régiment de ligne, au service de son oncle le roi de Wurtemberg, élu en 1848, par le département de la Corse, représentant du peuple à l'Assemblée nationale.

LES DIX ENFANTS DE CHARLES-LUCIEN (prince de Canino).

Joseph-Lucien-Charles-Napoléon Bonaparte, prince de Musignano, né à Philadelphie, le 13 février 1824.

Lucien-Louis-Joseph-Napoléon Bonaparte, né à Rome, le 15 novembre 1828.

Julie-Charlotte-Zénaïde-Pauline-Letitia-Désirée-Bartholomée Bonaparte, née à Rome, le 6 juin 1830.

Charlotte-Honorine-Joséphine Bonaparte, née à Rome, le 4 mars 1832.

Marie-Désirée-Joséphine-Philomène Bonaparte, née à Rome, le 18 mars 1835.

Auguste-Amélie-Maximilienne-Jacqueline Bonaparte, née à Rome, le 5 février 1839.

Bathilde-Aloïse Bonaparte, née à Rome, le 26 novembre 1840.

Albertine-Marie-Thérèse Bonaparte, née à Florence, le 12 mars 1842, morte le 2 juin 1842.

Charles-Albert Bonaparte, né le 23 mars 1843.

LIGNE ADOPTIVE.

Le prince Eugène de Beauharnais, frère de la reine Hortense, épousa Auguste-Amélie, fille du roi de Bavière, Maximilien-Joseph ; il eut pour enfants :

1° Maximilien-Joseph-Eugène-Auguste-Napoléon de Beauharnais, duc de Leuchtemberg, qui a épousé, le 14 juillet 1846, Marie-Nicolaïewna, fille de S. M. l'empereur de Russie ;

2° Joséphine-Maximilienne-Eugénie de Beauharnais, mariée, le 19 juin 1823, à Joseph-François-Oscar Ier, roi de Suède, qui vient de mourir ;

3° Eugénie-Napoléone de Beauharnais, mariée le 22 mai 1826, à Frédéric, prince régnant d'Hohenzollern-Hechingen ;

4° Amélie de Beauharnais, mariée, le 2 août 1829, à don Pedro, empereur du Brésil ;

5° Auguste de Beauharnais, qui a épousé, le 29 janvier 1835, dona Maria II, reine de Portugal, mort pendant la même année ;

6° Théodeline-Louise-Eugénie-Napoléone de Beauharnais mariée, le 8 février 1841, à Guillaume, comte de Wurtemberg.

Reprenons maintenant, dans leur ordre d'importance constatée par les décrets impériaux, les principales figures de la famille Bonaparte.

LIGNE NATURELLE.

Le premier qui se présente à nous dans cette ligne, c'est le prince impérial, fils de l'ex-roi de Westphalie, Jérôme Bonaparte.

Mais avant de raconter la vie politique du fils, un mot encore sur le père, ce chef vénéré de la famille. Placé, à titre honoraire à cause de son âge, à la tête d'un des grands pouvoirs de l'État, le Sénat, et d'une institution qui résume les gloires et les dangers de la vie militaire, les Invalides, gardien de la plus précieuse des reliques, le roi Jérôme est aujourd'hui comme le trait d'union vivant entre les grandeurs des deux Empires.

Sa verte vieillesse lui permet encore de s'intéresser activement aux prospérités et à la puissance du pays, et ses divers voyages en Bretagne et en Normandie n'auront pas été inutiles à nos ports et à notre marine.

Son voyage en Bretagne a été l'occasion d'une ovation perpétuelle et d'hommages attendris de la part des matelots. C'est qu'on s'y rappelait quelques épisodes de sa vie militaire, entre autres le glorieux combat de Concarneau.

On nous saura gré de réveiller ces illustres souvenirs.

C'était le 26 septembre 1806, par un temps sombre, mêlé de pluie et de violentes rafales qui soulevaient les flots de la mer; tous les habitants du petit port de Concarneau, sur la côte méridionale du département du Finistère, étaient réunis sur le rivage. Les vagues se brisaient à leurs pieds, la pluie les inondait, le vent leur fouettait le visage ; ils n'en persistaient pas moins à se tenir dehors, attentifs au spectacle inaccoutumé qui se déroulait à leurs yeux à un mille en mer au plus. C'est qu'en effet la scène était de nature à attirer l'attention de gens plus habitués à entendre les chants joyeux du pêcheur revenant dans sa barque que la voix puissante du canon des navires de guerre.

Quand le vent, chassant les nuages amoncelés, nettoyait momentanément le ciel et permettait à la vue de s'étendre au large, les habitants de Concarneau apercevaient, non sans effroi, un vaisseau français prenant chasse devant toute une division de vaisseaux anglais ; une frégate ennemie le serrait même de si près, qu'elle pouvait le héler pour le faire amener.

Ce vaisseau français était le *Vétéran*, de 74, commandé par le plus jeune des frères de l'Empereur, le prince Jérôme Bonaparte. Il avait fait partie d'une escadre envoyée en Amérique; mais séparé par une tempête des autres bâtiments de sa division, et ne pouvant les rallier, il avait été obligé de faire route pour revenir en France. Le 15 août 1806, jour de la fête de l'empereur, se trouvant à la hauteur des Bermudes, le jeune capitaine de vaisseau s'était emparé d'un convoi anglais qu'escortaient deux frégates. L'ennemi perdit dans cette circonstance plus de vingt millions. L'amiral Keith, qui croisait sur les côtes de France, furieux en apprenant cette nouvelle, s'était mis à la recherche du *Vétéran*, décidé à lui faire payer cher son succès.

Le 25 septembre au soir, le vaisseau du prince Jérôme lui avait été signalé sous le vent, et il s'était mis à lui donner la chasse, heureux de l'importante capture qu'il ne pouvait manquer de faire le lendemain au point de jour. Mais lord Keith comptait sans l'audace de son jeune adversaire.

Le 26, le capitaine Jérôme Bonaparte, serré par l'Anglais, suivait la côte le plus près possible, manœuvrant pour éviter les récifs qui rendent ces parages si dangereux, et cherchant un mouillage où il pût être à l'abri de l'ennemi. Ce n'était pas chose facile.

Le *Vétéran*, toutes voiles dehors, échangeant des bordées avec la frégate d'avant-garde de la division de l'amiral, était parvenu à la hauteur de Concarneau, dans le courant des

Glénans, lorque son commandant, voyant qu'il ne pouvait éviter plus longtemps l'ennemi sans risquer de se perdre dans les brisants, réunit en conseil tous ses officiers, afin de provoquer une résolution définitive. Sur le pont de ce vaisseau vinrent se grouper quelques hommes qui devaient plus tard illustrer la marine française : Halgan, capitaine de frégate et second du prince Jérôme, mort récemment vice-amiral ; Duperré, lieutenant de vaisseau, mort amiral après une longue et glorieuse carrière ; Massieu de Clerval, mort vice-amiral ; de Mackau, depuis à la tête de notre marine comme amiral, et à cette époque simple aspirant de 2e classe.

L'état-major du *Vétéran*, convoqué par le prince, ne savait trop à quel parti s'arrêter. Jérôme, jeune, intrépide, préférant mourir les armes à la main plutôt que de servir au triomphe d'un amiral anglais, venait de déclarer formellement que, pour lui, il ne voyait que deux partis à prendre : donner tête baissée sur la division ennemie, forcer le passage et mettre le cap sur Brest, ou aborder le vaisseau amiral et se faire sauter avec lui. L'une de ces résolutions extrêmes allait être adoptée sans doute, quand Halgan, qui venait de s'éloigner pour commander une manœuvre, entend près de lui un novice du bord, nommé Furic, dire tout haut en breton : « Pardine, si on voulait, moi j'entrerais bien le vaisseau dans le port de Concarneau. — B..... d'imbécile, dit le second de Jérôme en haussant les épaules, et répondant comme malgré lui au matelot, tu crois donc qu'un vaisseau de soixante-quatorze ne cale pas plus d'eau que ta barque à pêche? — Possible, commandant, répond tranquillement le jeune timonier, mais cela n'empêche pas que, si on voulait, j'entrerais le vaisseau à Concarneau. » Cette persistance commença à fixer l'attention de Halgan. « Voyons, ajouta-t-il, sais-tu seulement t'orienter? sais-tu où nous sommes? — Dame, reprend impassiblement Furic, vous croyez donc que je ne connais pas les rochers, les passes et tout le bataclan d'un port où je suis né? » Et il se mit à donner une description si exacte de tous les points environnants, que le capitaine Halgan le prend par le bras, le mène au prince Jérôme, le pousse au milieu même du conseil, et s'empresse d'expliquer que ce novice timonier affirme pouvoir entrer le vaisseau à Concarneau.

Le commandant Jérôme interroge Furic; puis, se tournant vers son état-major: « Allons, Messieurs, autant cela que se faire sauter; essayons. Écoute, dit-il au matelot: je te donne carte blanche, te voilà commandant du bord; ordonne, on t'obéira. »

A l'instant, Furic, sans se le faire répéter, prend la barre du gouvernail et porte droit sur un point que la vague couvrait de son écume. Plusieurs officiers se hâtent de faire observer au jeune prince que le matelot les mène en plein sur les récifs: et chose plus curieuse, la frégate anglaise, en voyant la direction nouvelle prise par le *Vétéran*, s'arrête court, tandis que l'amiral Keith, en ennemi noble et généreux, fait le signal à la voile française qu'elle court à sa perte. Mais Jérôme ne tient compte ni des observations de son état-major ni des signaux de l'amiral anglais ; confiant dans l'expérience et le sang-froid de son pilote, il se livre à lui complétement.

Bientôt le *Vétéran*, rangeant la côte avec rapidité, s'engage hardiment dans une passe étroite au milieu des brisants, et vient, sous les yeux de la division anglaise, aux applaudissements des habitants de Concarneau, se mettre à l'abri des coups de l'ennemi, stupéfait d'une pareille audace.

C'était un trait digne du frère de l'Empereur. Napoléon le comprit et nomma Jérôme contre-amiral.

Quant au *Vétéran*, il fallut deux ans pour le sortir de Concarneau. On le désarma complétement, et tel était le peu d'espace dans lequel le simple novice avait réussi à faire entrer un vaisseau de soixante-quatorze, que les rocs touchaient pour ainsi dire ses deux bords.

Le prince Jérôme n'oublia jamais Furic. Sur sa recommandation, le Président de la République lui accorda la décoration de la Légion d'honneur par décret du 15 décembre 1849. Mais lorsque l'ancien commandant du *Vétéran* est venu visiter Concarneau, le 12 août 1852, il n'a plus retrouvé le pilote de son vaisseau, il était mort depuis quelques mois. Sa veuve vit encore, et le prince lui a fait une pension.

Le fils du roi Jérôme, aujourd'hui prince impérial, Napoléon-Joseph-Charles-Paul, est né à Trieste, le 9 septembre 1822.

Fils du dernier frère vivant de l'Empereur Napoléon Ier et de la reine de Westphalie, la vertueuse Catherine, morte à Lausanne le 29 novembre 1835, le prince Napoléon est le dernier fruit d'une union malheureuse à ses commencements, pleine, plus tard, de douces consolations et de joies véritables. On se le rappelle, le roi Frédéric de Wurtemberg, père de la princesse Catherine, n'avait sollicité cette alliance avec un frère du roi conquérant que par ambition et dans l'espérance d'un accroissement territorial. La princesse Catherine accepta ce mariage avec une résignation soumise plutôt qu'avec empressement. Elle remplit ses devoirs d'épouse et bientôt de mère. Mais cette union, qui avait eu le sort ordinaire de tant d'unions imposées par les convenances politiques, se resserra dans le malheur. La chute de l'Empire vit le roi de Wurtemberg trahir la cause de son gendre. Mais quand le père voulut faire partager à sa fille cet abandon, quand il exigea une répudiation, le cœur de l'épouse et de la mère se révolta. Elle opposa aux ordres de son père une noble résistance. Une année de captivité dans le château d'Elvangen ne put faire fléchir sa résolution, et les deux époux obtinrent enfin l'autorisation de se rendre en Autriche.

Depuis ce jour, la mort seule put les séparer. Né dans les paisibles douceurs de cette union si chèrement achetée, le prince Napoléon était capitaine d'artillerie dans la garde royale de Wurtemberg, quand éclata la coalition de 1840. La France était menacée; l'Allemagne, habilement soulevée par quelques poëtes bavards, sous l'inspiration du cauteleux diplomate qui régnait à Vienne, chantait sur la rive droite du Rhin les refrains provocateurs d'Arndt et de Becker.

Le prince Napoléon n'écouta que la voix du devoir. Il donna, ainsi que son frère, sa démission d'un grade qui l'exposait à tourner les armes contre la France, et il alla rejoindre son père en Italie.

Depuis plus de quatre ans il habitait la Toscane, lorsqu'il demanda au gouvernement français l'autorisation de se rendre pour quelques jours à Paris.

Nous avons dit ailleurs quelle terreur le nom de Bonaparte inspirait au pusillanime gouvernement de juillet. La bastille féodale de Ham renfermait déjà l'héritier prédestiné du trône impérial. La plupart des démarches tentées par des Bonaparte pour visiter la France, même pour y passer, avaient été repoussées par des fins de non-recevoir. La reine Caroline seule, en 1838, avait pu faire à Paris un court séjour, sous l'œil d'une police ombrageuse, et la veuve de Lucien, la princesse de Canino, avait dû prendre un nom d'emprunt pour obtenir une faveur semblable.

L'autorisation fut cependant accordée. Mais le gouvernement de Louis-Philippe ne tarda pas à s'en repentir. On sait la frappante ressemblance que, malgré sa taille élevée, présente avec Napoléon Ier le fils du roi Jérôme. Le neveu du grand homme, ce beau jeune homme dont chaque trait était marqué au type impérial, fit sans le vouloir, une impression énorme dans Paris. La foule se pressa autour de son hôtel : elle le suivit dans ses courtes promenades.

C'était l'arrêt du prince. Sa popularité involontaire lui fut imputée à crime. Il dut regagner l'Allemagne.

Cependant la mort avait frappé successivement tous les frères de l'empereur. Un seul vivait encore, le roi Jérôme, qui n'avait cessé de protester de ses intentions pacifiques et de son désir de mourir en paix sur la terre de la patrie. L'ostracisme qui, depuis 1814, pesait sur la famille impériale avait été maintenu en 1830 par raison d'État, disait-on. Le roi de Rome vivait encore !

Mais bientôt ce prétexte disparut devant un tombeau et, dès 1845, des pétitions demandant la rentrée en France des membres de la Famille Bonaparte furent adressées à la Chambre des députés, et envoyées aux ministres à l'unanimité, après un rapport favorable.

Deux ans après, le 18 avril 1847, le roi Jérôme adressa lui-même aux Chambres une pétition dans laquelle il demandait qu'on lui rendît enfin justice. A la Chambre des pairs, la pétition fut repoussée par un ordre du jour déguisé, mais à la faible majorité de huit voix. Le général Gourgaud avait ému et presque passionné la froide assemblée en s'écriant :

« C'est aujourd'hui l'anniversaire de Marengo et de Friedland ! J'adjure tous mes camarades qui sont ici, j'adjure les magistrats, les hommes politiques qui ont servi comme nous l'Empire, de ne pas permettre que l'histoire dise un jour : La Chambre des pairs a célébré un si glorieux anniversaire en bannissant du sol français le frère de celui qui voulait faire de la France la première nation du monde !... »

L'indignation publique força cependant le gouvernement à une concession tardive. Au mois de septembre 1847, le roi Jérôme reçut enfin l'autorisation de séjourner en France. Il était en Belgique avec son fils le prince Napoléon. Ils s'empressèrent tous deux d'accourir.

Ils étaient donc à Paris lorsqu'éclata cette révolution étrange dont les voies secrètes ne pouvaient encore être comprises. Ils ne virent tous deux dans la chute du trône de Louis-Philippe que la patrie relevée d'une honte et appelant, dans des circonstances graves, l'aide de tous ses enfants.

Le prince Napoléon envoya aussitôt son adhésion au gouvernement provisoire. Elle était conçue en ces termes :

« Messieurs, au moment même de la victoire du peuple, je me suis rendu à l'Hôtel de Ville. Le devoir de tout bon citoyen est de se réunir autour du gouvernement provisoire de la République, et je tiens à être un des premiers à le faire, heureux si mon patriotisme peut être utilement employé.

» Recevez, Messieurs, l'expression des sentiments de respect et de dévouement de votre concitoyen

» NAPOLÉON BONAPARTE. »

Les premières élections pour l'Assemblée nationale ne pouvaient laisser de côté le nom de Bonaparte. La Corse offrit à trois membres de la famille impériale l'honneur de la représentation. Le prince Louis-Napoléon refusa : mais le prince Napoléon et son cousin le prince Pierre acceptèrent avec un juste orgueil. En même temps, le prince Lucien Murat était nommé dans le Lot.

Cette faveur subite et marquée qui s'attachait au nom glorieux de Bonaparte effraya le gouvernement provisoire. Déjà il avait fait la faute de poser en prétendant le prince Louis-Napoléon en le forçant à retourner en Angleterre ; il combattit, mais vainement, par l'intermédiaire de ses commissaires extraordinaires, ces élections sympathiques.

La première occasion que saisit le prince Napoléon pour prendre position dans l'Assemblée fut une faute nouvelle du gouvernement républicain.

On était au 12 juin 1848. Le prince Louis-Napoléon venait d'être élu dans quatre départements à des majorités formidables. Son nom grandissait avec les dangers immenses qui s'accumulaient sur la nation. La Commission exécutive ne vit qu'un complot dans cette popularité providentielle. Une proposition de bannissement fut déposée sur le bureau de l'Assemblée.

Qui ne se rappelle ces jours néfastes ! L'armée hideuse des ateliers nationaux s'essayait déjà par des désordres journaliers aux sanglantes journées de la guerre civile. On trouva habile d'attribuer au prince, dont on redoutait l'influence, les troubles qui agitaient la capitale. On osa venir, en pleine tribune, déclarer qu'un officier de la garde nationale venait d'être tué d'un coup de pistolet aux cris de Vive l'Empereur !

Ce mensonge, inventé pour les besoins de la cause, précéda la proposition du décret qui maintenait contre le prince Louis-Napoléon la loi d'exil de 1832.

Le prince Napoléon s'élança à la tribune, où l'avaient précédé M. de Lamartine et son cousin le prince Pierre-Napoléon. Là, d'une voix indignée :

« Citoyens représentants, dit-il, avant tout je dois me joindre aussi énergiquement que possible aux paroles chaleureuses et vraies que vient de prononcer ici mon parent. Je pense que l'Assemblée nationale a été unanime dans son approbation à ce qu'il vient de dire. Mais il me reste un devoir pénible, un devoir peu brillant, sans entraînement, un appel à la raison, à la justice! citoyens, un appel au bon sens, au sang-froid, dans un moment terrible, je le reconnais, dans un moment où le sang français a coulé.

» Le citoyen Lamartine est venu vous dire avec toute son éloquence, et avec une affliction profonde et que nous partageons tous, qu'un attentat, qu'un crime horrible avait été commis à un cri que je ne veux pas répéter ici, mais qui, jusqu'à présent, n'avait jamais été accusé d'avoir fomenté de troubles, de guerre civile. Comme conséquence de ce malheur, il vous a dit : Prononcez un décret d'exclusion sous le coup de votre légitime indignation, sous le coup de la haine que nous ressentons tous contre ces misérables, contre ces malheureux qui se sont permis cet attentat indigne ; sous le coup de cette excitation on est venu vous présenter un décret de proscription. Je comprends que cela est sans doute en dehors de la pensée de M. de Lamartine, mais il y a une corrélation odieuse, un rapport indigne entre le coup de pistolet tiré et le nom qu'il vient de prononcer à cette tribune.

» C'est comme s'il avait dit : Ce coup de pistolet... Oh non ! il n'a pu le penser ; je rends trop hommage à ses sentiments. Mais il vous a dit, voyez cette corrélation : d'un côté, on prononce ce nom, de l'autre on commet un assassinat infâme ; de là la nécessité d'un décret de proscription. Citoyens, si demain l'on invoquait les noms les plus honorables, et plus ils seront honorables, plus on les invoquera pour commettre un attentat odieux, parce que les misérables se serviront sans cesse des noms qu'ils croiront pouvoir servir mieux de voile à leurs projets, toutes les fois qu'on tirera un coup de pistolet, et puis qu'on criera : Vive le citoyen un tel, faudrait-il en rendre responsable ce nom ? On vous a rappelé un passé que personne ne veut !

» Mais, messieurs, l'Empire, c'est un souvenir que la grande majorité des Français respecte comme une grande époque, mais que personne de nous, sachez-le bien, n'entend invoquer ni pour le présent, ni pour l'avenir ; c'est une chimère que l'Empire; aujourd'hui c'est une grande époque dans l'histoire; pour ma part, je la regarde comme la plus grande époque que nous ayons eue, et cependant je fais des vœux sincères pour que l'époque que nous traversons à présent devienne plus grande encore en gloire, en félicité intérieure. Je ne le crois pas!

» Personne n'est plus disposé que moi, par ses faibles forces, à contribuer à cette grandeur.

« Mais, citoyens, ne vous laissez pas entraîner à ce fantôme, je vous en supplie, et qu'il me soit permis encore une fois, en descendant de cette tribune, de protester contre cette corrélation indigne que je repousse de toutes mes forces, que tous les bons citoyens repousseront, que M. de Lamartine lui-même, s'il était sur son banc, devrait être le premier à repousser; contre toute corrélation, dis-je, entre les troubles qui sont commis et le nom qui a été prononcé à cette tribune contre lequel on vous demande un décret de proscription. »

Ces nobles et chaleureuses paroles l'emportèrent sur les mensongères dénonciations de la commission exécutive et le futur Empereur Napoléon III ne fut pas banni de la république française.

Réélu membre de l'Assemblée législative, le prince Napoléon n'a pas perdu une seule occasion de montrer à la fois le respect de son illustre origine et l'ardent amour des libertés populaires.

Le jour où fut discutée cette loi de peur et de division qui rétrécit les bases du suffrage universel, le 24 mai, M. Thiers était monté à la tribune pour rallier les représentants des intérêts monarchiques dans cette campagne liberticide. L'orateur orléaniste venait d'essayer d'inspirer à l'Assemblée l'horreur des masses populaires en racontant les excès de la populace aux plus honteuses époques de l'histoire : ces trois millions de cultivateurs et d'ouvriers que la loi du 31 mai allait priver d'un droit reconnu par la Constitution, ce peuple dont les républicains prenaient la défense, M. Thiers les insulta maladroitement par un mot devenu célèbre.

« Ce peuple, s'écria-t-il, c'est cette vile multitude qui a livré aux Médicis la liberté de Florence ; qui a, en Hollande, dans la sage Hollande, égorgé les Witt, qui étaient, comme vous savez, les vrais amis de la liberté ; c'est cette vile multitude qui a égorgé Bailly, qui, après avoir égorgé Bailly, a applaudi au supplice, qui n'était qu'un abominable assassinat, des Girondins ; qui a applaudi ensuite au supplice mérité de Robespierre, qui applaudirait au vôtre, au nôtre ; qui a accepté le despotisme du grand homme, qui la connaissait et savait la soumettre ; qui a ensuite applaudi à sa chute, et qui, en 1815, a mis une corde à sa statue pour la faire tomber dans la boue. »

Des applaudissements éclatèrent sur les bancs de la majorité monarchique. Le prince Napoléon se leva, courut indigné à la tribune et, malgré un rappel à l'ordre suivi de la censure, il s'écria :

« Non, ce n'est pas le peuple qui a commis sur la statue de Napoléon une profanation aussi odieuse. Ce sont les émigrés rentrés sur les fourgons de l'ennemi, ce sont les royalistes qui se sont attelés à la corde qui renversa la statue de la colonne Vendôme. »

« Eh quoi ! s'écria M. Thiers avec une feinte douleur, c'est un homme qui doit tout à son nom qui soutient de semblables opinions et qui siége où il siége. »

« Si je siége à gauche, répondit le prince Napoléon, c'est justement à cause du nom que je porte, c'est parce que je défends les intérêts du peuple. Mon choix est fait entre les vainqueurs et les vaincus de Waterloo ; j'aime mieux être du côté des vaincus. »

Cette réplique éloquente fut suivie d'un indicible scandale. Au milieu des insultes de la majorité, une trentaine de membres se retirèrent de la salle, protestant contre l'outrage fait au peuple et contre l'injuste partialité du président de l'Assemblée, M. Dupin.

Telle a été, en toute occasion, la conduite parlementaire du prince Napoléon, toujours dévoué aux intérêts de la démocratie.

Un des premiers, pendant cette rude et tumultueuse session de 1851, le prince Napoléon comprit le péril que créait pour la France l'attitude hostile de M. le général Changarnier, ce Monck à double face des partis monarchiques. Intronisé aux Tuileries, tenant en main le commandement extraordinaire des forces de la première division militaire et de la garde nationale, le général était devenu comme un troisième pouvoir dans l'Etat. Un journal, *la Patrie*, publia au commencement de l'année un ordre du jour, contenant des instructions à l'armée de Paris sur la conduite qu'elle aurait à tenir en cas d'émeute. C'était un véritable code d'assassinat légal à l'usage des soldats contre le peuple. On y trouvait les recommandations suivantes :

1° N'obtempérer à aucune réquisition qu'après en avoir reçu l'ordre du lieutenant général ; 2° Sans pitié pour les gardes nationaux pris dans l'émeute ; 3° Ne pas écouter les représentants ; 4° Fusiller à l'instant les traîtres ; 5° Tomber sur tous ceux qui feraient courir de faux bruits, tels que la mort du général en chef ; 6° Tous ceux qui s'abstiendront pendant le combat, fusillés.

La responsabilité d'ordres semblables revenait au général et, bien que ces instructions eussent été données à une époque de funeste mémoire, à la suite de la guerre sociale de 1848, il n'en était pas moins vrai qu'elles avaient été maintenues à l'ordre du jour de l'armée.

Le 8 janvier, le prince Napoléon présenta à l'Assemblée une demande d'interpellation sur ces faits si graves. Malgré ses efforts, la majorité monarchique s'empressa d'étouffer le débat en refusant aux ministres de la guerre et de l'intérieur, MM. Schramm et Baroche, le temps nécessaire pour répondre à ces interpellations spéciales. On faisait ainsi au général Changarnier une position supérieure au détriment de la dignité du ministère.

Cet acte de partialité transparente entraîna la démission du cabinet du 31 octobre. Mais, quelques jours après, le dictateur futur de la restauration monarchique tombait sous un acte énergique de la volonté du Président de la République. Sentinelle placée auprès du pouvoir exécutif par les chefs du prétendu parti de l'ordre, dans un but encore mal compris, difficile à définir, mais évidemment hostile, le général Changarnier succombait enfin, non pas devant la peur, mais devant l'impatience qu'il inspirait. Il s'était placé auprès du prince Louis-Napoléon non comme un lieutenant fidèle, mais comme un observateur inquiet, sévère, intéressé. Il était devenu comme la personnification de l'article 32 de la Constitution, cette machine de guerre incessamment dirigée contre le pouvoir exécutif.

L'habile et énergique initiative du prince Napoléon ne fut pas pour peu de chose dans la chute de cet altier prétorien de Claremont et de Wiesbaden.

Enfin, quand l'Assemblée préluda à cette discussion de la révision de la Constitution qui devait l'entraîner dans l'abîme, quand la majorité monarchique voulut entamer une première fois le suffrage universel, en prorogeant par décret les pouvoirs des officiers de la garde nationale nommés par le peuple, le prince Napoléon, colonel de la deuxième légion (banlieue), s'écria :

« Voulez-vous donc organiser la guerre civile ? Voulez-vous armer une partie de la nation contre l'autre, ériger la misère du peuple en système et assurer votre domination par l'asservissement et l'oppression du pays? »

Ceci se passait le 24 mai. Mais déjà, fidèle à ses principes, le Prince avait résigné, le 8 avril, ses pouvoirs expirés. En quittant ses fonctions de colonel, il écrivait aux gardes nationaux de sa légion :

« Nommé par les suffrages de mes concitoyens, je ne veux pas accepter une prorogation décrétée par la majorité de l'Assemblée. »

Et, adressant ses adieux à ses compagnons d'armes, il leur disait encore :

« Soyez toujours les plus fermes soutiens de la République et de la grande cause de la démocratie. »

Prince impérial aujourd'hui et placé par un décret impérial sur les marches du trône, le prince Napoléon n'a pas changé de principes. Il est encore démocrate aujourd'hui, de cette démocratie féconde qui s'appuie sur le principe bien compris d'autorité.

Un décret du 24 janvier 1853 a conféré au prince Napoléon le droit de porter le titre et l'uniforme de général de division. Envoyé par l'Empereur en mission spéciale pour inspecter le camp d'Helfaut le prince impérial a su, par son affabilité et par ses talents, se concilier l'estime et l'affection de l'armée.

Sa maison militaire est ainsi composée:

Aides de camp, MM. Fabri Pisani, capitaine d'état-major, et Roux, capitaine d'infanterie; officier d'ordonnance, M. David, lieutenant d'infanterie

Un mot maintenant sur les deux autres enfants du roi Jérôme.

Le frère aîné du prince Napoléon, le prince Jérôme-Napoléon-Charles-Frédéric, était colonel d'artillerie de la garde royale de Wurtemberg; il donna sa démission en même temps que son frère lors des événements de 1840. Il avait fait de brillantes études au collége de Holopes, à Sienne, et avait suivi, à partir de 1833, le cours d'artillerie de l'école militaire de Louisbourg, en Wurtemberg.

En 1842, le prince Jérôme-Napoléon fut atteint d'une maladie de l'épine dorsale. Abandonné par tous les médecins, le jeune prince, sur les conseils du docteur Lallemand, qui répondait de la guérison, sollicita du gouvernement français, l'autorisation de se rendre aux eaux du Vernet, dans les Pyrénées-Orientales. C'était une question d'humanité: le gouvernement de Louis-Philippe n'y vit qu'une question politique et répondit par un refus. Le prince Jérôme-Napoléon, ainsi dévoué à la mort par une politique impitoyable, alla s'éteindre à Florence dans les bras de son père.

Le troisième enfant de la reine Catherine et du roi Jérôme est la princesse Mathilde-Letitia-Louise-Elisa, née à Trieste, le 27 juin 1820. Cette princesse dont la beauté célèbre fait l'ornement de la cour impériale, a passé sa jeunesse à Florence. Elle fut adoptée par cette capitale italienne de l'art et de l'esprit.

En 1840, elle a épousé le comte Anatole de Demidoff. Le roi Jérôme habitait alors Quarto, maison de campagne délicieuse dans les environs de Florence ; c'est là qu'eurent lieu les fiançailles qui, pour la jeune et belle vierge, devaient être sitôt suivies de chagrins immérités. Séparée aujourd'hui de son mari, à qui l'empereur de Russie a dû interdire le séjour du pays qui serait choisi pour habitation par sa femme, elle habite Paris depuis 1847.

Contentons-nous de rappeler, comme souvenir de ces joies trop tôt disparues, une des plus jolies pages d'une lettre de J. Janin, écrite sous les orangers fleuris de Quarto. Elle a pour titre : *le voyage d'un homme heureux*.

« A dix-huit ans tout au plus, Mathilde de Montfort n'est pas seulement la plus belle princesse du monde, ce ne serait pas assez dire, elle est tout simplement la plus belle personne de l'Europe. Elle a le front, elle a le regard, elle a la démarche d'un Bonaparte ; elle a les pieds, les mains, la taille, la grâce parfaite, le teint charmant d'une Parisienne. Même quand elle n'est qu'une jeune fille ravissante et s'abandonnant au bonheur de l'heure présente, regardez-la, et vous trouverez quelque chose qui perce tout au travers de cette dix-huitième année innocente et naïve. Ajoutez qu'elle est la plus noble dame du monde. Par son oncle Napoléon Bonaparte (et comme il l'eût aimée, le vieux soldat! comme il eût abrité sa tête grisonnante à l'ombre de tous ces printemps chargés de roses !), la princesse Mathilde marche légèrement à la tête de la noblesse moderne ; pas une origine nouvelle qui ne se rattache à son origine, pas un bâton de maréchal qui ne porte ses armoiries, pas un gentilhomme de l'épée qui n'ait été un des soldats de sa famille ; en même temps elle appartient par sa mère à ce que la vieille noblesse a de plus antique et de plus auguste. De toute cette grande famille d'illustres exilés, c'est cette enfant qui a porté le plus légèrement ce grand nom de Bonaparte. Elle a jeté sur tout cet exil je ne sais quel parfum d'innocence et de jeunesse. »

Reprenant maintenant la série de nos portraits, non plus par ordre hiérarchique, mais par ordre de primogéniture, nous trouvons d'abord la descendance du roi Joseph, l'aîné de la famille.

Le roi Joseph avait eu de Julie-Clary, les princesses Zénaïde-Julie et Charlotte Napoléone. La princesse Zénaïde-Julie, seule survivante aujourd'hui, est née à Paris, le 8 juillet 1804. Elle a épousé le prince Charles, son cousin germain, fils aîné du prince de Canino. La princesse Zénaïde a trouvé dans Rome une seconde patrie.

Lucien, prince de Canino, eut, de sa première femme, Christine Boyer, deux filles, l'une Charlotte-Marie, l'autre Christine-Egypta.

L'aînée, seule survivante, la princesse Charlotte-Marie, est née à Saint-Maximin, le 23 février 1795. Promise d'abord au prince des Asturies, depuis Ferdinand VII, roi d'Espagne, elle épousa, le 27 décembre 1815, le prince Marius Gabrielli, de qui elle eut cinq filles. L'une de ces filles, la princesse Christine, a épousé le marquis Stephano; l'autre, Lavinie, est unie au comte Avanti; les autres sont les princesses Emilie, Placide et Françoise. Le prince Marius Gabrielli est mort à Rome le 17 septembre 1841.

C'est une singulière histoire que celle du mariage manqué de la princesse Charlotte.

On annonça à Lucien le mariage projeté de sa fille Charlotte avec le prince des Asturies, sans même lui demander son consentement de père. Cette alliance lui eût donné pour gendre l'héritier de Charles-Quint et de Louis XIV; mais il refusa. « Non, écrivit-il à son frère, je ne consentirai jamais à sacrifier mes enfants à votre politique. Dieu connaît vos desseins sur Ferdinand; mais je sais, moi, que vous avez trop fait contre ce prince infortuné pour que je puisse l'appeler mon gendre. »

La colère de Napoléon fut terrible. Elle s'augmenta encore, quand la jeune fille refusa une autre alliance, celle du grand-duc de Wurtzbourg. Alors Lucien redemanda impérieusement sa fille. « Rendez-la moi, écrivait-il, ou, bravant ma proscription et vos ordres, j'irai le chercher jusque dans le salon des Tuileries. » — « Qu'elle parte, s'écria Napoléon en lisant cette lettre, qu'elle parte, je ne veux plus en entendre parler. » Au bout de vingt-quatre heures, la jeune fille avait quitté Paris. Lucien et sa femme vinrent à vingt lieues au-devant d'elle.

La princesse Charlotte ne fut-elle pas, malgré l'impuissante colère de Napoléon, plus heureuse d'unir son sort à celui d'un prince obscur, que de monter sur ce trône d'Espagne où l'eût atteinte dans ses affections et dans sa dignité la terrible réaction qui renversa l'œuvre avortée du conquérant de la Péninsule?

Voici ce que dit de cette charmante princesse un diplomate distingué qui eut l'honneur d'être attaché, en Autriche, à la personne du roi de Rome. « J'eus, dit le chevalier de Prokesch, occasion de rencontrer chez le prince Gabrielli, la princesse Gabrielli, sa belle-sœur, fille du prince de Canino. C'est une femme aimable et spirituelle dont la conversation m'intéressa. Elle me demanda avec empressement des détails sur le duc de Reichstadt alors atteint de la maladie qui l'enleva peu de jours après. Elle écouta ce que je lui en racontai avec le plus grand intérêt. »

Lucien avait épousé, en secondes noces, madame Alexandrine de Bleschamp. De ce mariage, contracté en 1802, sont issus sept enfants. Un mot d'abord sur la mère.

Madame Alexandrine de Bleschamp, princesse douairière de Canino, doyenne aujourd'hui de la famille, a partagé en épouse dévouée les vicissitudes nombreuses qui marquèrent la vie du prince de Canino. A la seconde abdication de l'Empereur, l'exil l'avait jetée à Rome, ainsi que le prince et la princesse Borghèse. Comme son mari, elle consacra ses loisirs à la culture des belles-lettres, et ses essais, dont nous avons déjà parlé ailleurs, et dont on trouvera les titres à la fin de ce volume dans la Bibliographie napoléonienne, l'ont placée honorablement parmi les poëtes de France et d'Italie. Après quarante ans d'exil, elle obtint du gouvernement de juillet l'autorisation de se rendre à Paris; mais, on l'a vu, on imposa à la noble veuve l'obligation de cacher son nom vénéré sous un nom d'emprunt.

Aujourd'hui, la princesse de Canino, retirée à Sinigaglia, sur les bords de l'Adriatique, pleure encore son illustre époux.

De ce mariage, on le sait, sont issus sept enfants. Le premier est le prince Charles-Jules-Laurent, né à Paris le 24 mai 1803.

Le prince Charles de Canino, célèbre aujourd'hui à un double titre, comme naturaliste éminent et comme démocrate exalté, fut, dès sa plus tendre enfance, exilé à Rome avec sa mère. Fils du frère le plus compromis de l'Empereur, il dut sentir plus que beaucoup d'autres membres de sa famille, le contre-coup de la haine qui poursuivait son oncle illustre et son père. Lucien, doublement détesté par les Bourbons, et comme Bonaparte, et comme républicain, s'était réfugié, dès la fin de juin 1815, en Savoie, sous le nom du comte de Casali. Mais les troupes austro-sardes cernaient la frontière, et Lucien fut réduit à venir solliciter à Lyon l'autorisation de passer les Alpes. Conduit prisonnier à Turin, l'infortuné père ne fut rendu que deux mois après à sa famille, et encore sous la dure condition d'être placé sous la surveillance du gouvernement pontifical. Mais la bienveillance de Pie VII rendit cette situation supportable.

Les années 1816, 1817, 1818 et 1819 se passèrent, pour le jeune Charles, dans les paisibles études de l'adolescence. Son père, Madame-mère, le cardinal Fesch et la princesse Pauline habitaient Rome, entourés de l'estime générale. Lucien, tout en occupant ses loisirs à la culture des belles-lettres, présidait lui-même à l'éducation de son fils, qui croissait au milieu des admirables exemples que lui donnaient Letitia et sa vertueuse mère.

A dix-neuf ans, le 20 juin 1822, le prince Charles se rendit à Bruxelles, où se trouvait alors la reine Julie, et il épousa la fille aînée du roi Joseph, la princesse Zénaïde. L'année suivante, il se rendit aux États-Unis, auprès de son oncle et beau-père. C'est là qu'il commença à publier ces excellentes études d'ornithologie qui lui ont valu plus tard une réputation européenne et une place distinguée dans la plupart des sociétés scientifiques de l'Europe, entre autres à l'Académie des sciences de France, qui l'a honoré du titre de membre correspondant.

Il appartient encore à la Société linnéenne, à la Société zoologique de Londres, à l'Académie de Berlin. Nous dirons ailleurs quelques mots sur ses beaux ouvrages d'histoire naturelle. C'est encore à lui que revient l'honneur d'avoir fondé les congrès scientifiques d'Italie, dont la première réunion eut lieu à Pise en 1839.

Malheureusement, cette gloire ne suffit pas au prince. Revenu en Italie, il s'était tenu longtemps à Rome en dehors des partis. Il avait laissé passer, sans s'y mêler, les généreuses et inutiles tentatives qu'avaient essayées les patriotes italiens et même des membres de sa famille, pour hâter la régénération et la libération de l'Italie. Mais, à la fin du règne de Grégoire XVI, il se sentit emporté par son ardeur naturelle vers les partisans des réformes. Les États-Romains soupiraient après une administration laïque, imbue des principes nouveaux semés en Italie, comme dans l'Europe entière, par la main puissante de Napoléon. L'élection de Pie IX sembla devoir amener cette révolution féconde que tous les honnêtes gens eussent désirée pacifique. Le souverain pontife lui-même avait embrassé chaleureureusement la cause de la liberté et répandu sur les États du saint-siége les lumières naissantes d'un gouvernement libéral. Tout annonçait que ces sages concessions n'étaient que l'aurore d'une ère nouvelle, riche en réformes et en progrès, quand le contre-coup de la révolution de février et l'ambition insensée de Charles-Albert mirent à néant ces heureuses entreprises de l'esprit nouveau. Les concessions faites par le saint-père parurent insuffisantes aux amis imprudents de la liberté. Chaque jour on exigea de Pie IX des concessions nouvelles.

Il faut bien le dire, le prince Charles, devenu, depuis la mort de son père, arrivée le 29 juin 1840, prince de Canino et chef de la famille, était du nombre de ces impatients. Élu membre de la Chambre des députés, qui ouvrit ses séances le 9 juin 1848 et fut dissoute le 28 décembre suivant, il ne comprit pas que l'exagération démocratique allait pousser la révolution italienne dans les excès de la réaction. Il fut de ceux qui récompensèrent le saint-père par l'ingratitude la plus imprudente et qui livrèrent Rome comme l'Italie entière à la démagogie. Sans doute l'amour ardent des libertés populaires l'entraîna dans cette voie qui se terminait par un abîme, mais il n'en fut pas moins un de ceux qui préparèrent cette odieuse séance du 9 février 1849, dans laquelle l'Assemblée constituante, réunie depuis trois jours, proclama la république romaine et la déchéance de la papauté.

On sait le reste. Cette révolution commencée dans le sang de l'infortuné comte Rossi que le parti démocratique dévoua au poignard d'un lâche assassin, aboutit à faire de la capitale du monde religieux le rendez-vous de tous les énergumènes qui promenaient par le monde, non la révolution, mais l'anarchie. Président de l'Assemblée révolutionnaire, signataire du décret du 10 mai 1849 qui rejetait les premières propositions de l'envoyé extraordinaire du gouvernement français, promoteur et signataire du décret de permanence du 3 juin, publié en réponse à la dénonciation de l'armistice par le général en chef de l'armée française, le prince de Canino participa, en apparence du moins, au gouvernement de la république romaine. Mais, en réalité, il était déjà dépassé et il eût été une des premières victimes de l'anarchie, si l'anarchie avait remporté la victoire. Un club ignoble et une association de révolutionnaires exécrables, pour qui Rome n'était qu'un champ de bataille et un enjeu, gouvernait réellement. Ce despotisme fangeux assumera dans l'histoire toute la honte de ces crimes et de ces fureurs liberticides dont le seul résultat a été de replonger la malheureuse Italie dans son ancien esclavage.

Après la restauration de Pie IX, l'ex-président de la Constituante romaine vit son exil volontaire changé en exil définitif. Il vint demander asile à la France : le prince président refusa d'abord de le recevoir. Plus tard, le prince de Canino réussit à faire lever l'interdit. Il vint s'établir à Paris et fréquenta l'Élysée où cependant il n'était pas très-ostensiblement reçu. Enfin, il rentra en grâce et, après le 2 décembre 1851, il obtint la naturalisation française.

Le prince de Canino a eu de la princesse Zénaïde douze enfants, dont neuf vivent encore. Ce sont :

Le prince Joseph-Lucien-Charles-Napoléon Bonaparte,

prince de Musignano, né à Philadelphie, le 12 février 1824; le prince Lucien-Louis-Joseph-Napoléon, né à Rome, le 15 novembre 1826 ; les princesses Julie-Charlotte-Pauline-Letitia-Désirée-Bartholomée, née à Rome, le 6 juin 1830 ; Charlotte-Honorine-Joséphine-Pauline, née à Rome le 4 mars 1832; Marie-Désirée-Eugénie-Joséphine-Philomène, née à Rome, le 18 mars 1835; Auguste-Camille-Maximienne, née à Rome, le 9 novembre 1836 ; le prince Napoléon-Jacques-Philippe-Grégoire, né à Rome, le 5 février 1839; la princesse Bathilde-Aloïs-Léonie, née à Rome, le 24 novembre 1840; et enfin le prince Charles-Albert, né à Rome, le 22 mars 1843, filleul de l'infortuné monarque du Piémont.

Le fils aîné du prince Charles de Canino est fort aimé de l'Empereur Napoléon III et il annonce déjà la plus heureuse intelligence. Ce jeune rejeton de la branche italienne, désormais rapatriée, est resté à Rome pour y achever ses études.

Le second enfant de Lucien et de madame Alexandrine de Bleschamp, est la princesse Letitia, née à Milan, le 6 décembre 1804. Elle a épousé M. Wyse, membre de la Chambre des communes et lord de la Trésorerie en Angleterre, ancien ministre plénipotentiaire de la Grande-Bretagne en Grèce. De ce mariage est issue madame la comtesse de Solms qui elle-même a donné le jour à un arrière petit-fils de Lucien, tenu sur les fonts de baptême, le 7 mars 1852, dans la basilique du Vatican, par la princesse Letitia, sa grand' mère et par M. le comte Alexis de Ponseran. Le jeune prince a reçu le nom d'Alexis.

On sait, par un procès récent, que le territoire français a dû être interdit à la comtesse de Solms. Respectons les justes motifs qui ont fait prononcer cet arrêt souverain.

Le troisième fruit du second mariage de Lucien est le prince Louis, né à Ludlow, en Angleterre, le 4 janvier 1813. Lui aussi, comme son frère aîné, a su conquérir dans les sciences une place distinguée. Polyglotte éminent, il est encore compté comme un des premiers chimistes de l'Europe moderne.

Le quatrième est le prince Pierre-Napoléon, né à Rome, le 11 octobre 1815. Cette figure remarquable mérite une attention particulière.

Le prince Pierre-Napoléon Bonaparte avait seize ans à peine, quand la haine et la terreur qui s'attachaient comme une auréole au nom de sa famille, le forcèrent à quitter cette Italie qui avait servi d'asile à la plupart de ses parents. Un de ses frères était mort en combattant pour la liberté des Hellènes. Lui-même, doué d'une âme de feu, avait montré, dans des luttes engagées avec les brigands des Maremmes, une énergie précoce.

Mais ce n'étaient là que des essais de cette bravoure instinctive qui l'entraînait vers les dangers. Le but, le but sacré de ce jeune enthousiasme, c'était la liberté de l'Italie, plus que cela, la liberté du monde.

C'était le moment où, dans les Abbruzzes, dans la Romagne, partout où pénétraient difficilement les sbires royaux ou les dragons des États-Romains, s'organisaient, quelque-

fois même à la voix de prêtres inspirés, ces imprudentes et généreuses insurrections qui réveillaient en sursaut l'Europe endormie et garrottée.

Un jour, le prince Pierre quitta secrètement le château paternel, et partit pour la Toscane, où l'attendaient, pour le placer à leur tête, quelques bandes insurgées. Mais la police romaine avait été avertie de ses intentions. On parvint à l'arrêter, au moment où il allait rejoindre ses compagnons de lutte. Malgré sa résistance, il fut fait prisonnier, et conduit dans les prisons de Livourne.

Il y resta six mois. Désormais, les États pontificaux lui étaient interdits. Il était inscrit sur le livre rouge des rois et des princes. Il lui fallut chercher un asile dans ce nouveau monde qui avait déjà recueilli tant de nobles martyrs de la gloire et de la liberté.

Parti, en janvier 1832, du port de Livourne, à bord d'un bâtiment de commerce américain, il alla habiter Pointe-Breeze, sur la Delawarre. C'était, on se le rappelle, l'habitation du roi Joseph.

L'activité fébrile du jeune prince ne pouvait se contenter des paisibles occupations du roi détrôné. A cette époque éclataient, dans toute leur force, ces luttes ardentes qui arrachaient, pièce à pièce, le sol de l'Amérique méridionale aux armes de l'Espagne. Les nouvelles républiques, nées sur la terre américaine, étaient en proie à ces guerres civiles qui éprouvent les gouvernements naissants, issus d'une même souche.

Le prince Pierre-Napoléon offrit ses services au général Santander, président de la Nouvelle-Grenade, alors en guerre avec la république de l'Equateur. Admis dans les rangs de l'armée néo-grenadine, avec le grade de chef d'escadron, et attaché au président en qualité d'aide de camp, le prince remonta jusqu'au Puerto d'Ocaña le rio Magdalena, et suivit son général à San Antonio de Cucuta, au pied des Cordillières des Andes. De là, il arriva, vers le mois de septembre, à Santa-Fé de Bogota et contribua, dans diverses rencontres, à la défaite du général Florès, président de l'Equateur.

La paix conclue entre les républiques rivales, le jeune prince eût continué à suivre sa nouvelle carrière, si les susceptibilités jalouses de la politique européenne ne l'avaient suivi jusque dans ces contrées reculées. On chercha à faire comprendre au président Santander que la présence d'un Bonaparte dans les rangs de l'armée colombienne pourrait créer des difficultés diplomatiques. Le général Santander repoussa loyalement ces insinuations haineuses. Mais le prince, averti de ces machinations, crut qu'il était de son honneur de rendre sa parole à l'hôte qui l'avait si bien accueilli. Il retourna à New-York au commencement de l'année 1833.

C'est alors, et lorsqu'en Europe on ignorait encore ces lâches persécutions, que Lucien écrivit à son fils cette lettre touchante, dans laquelle se montre à découvert son âme de père et de citoyen. On lira avec intérêt ce document peu connu.

« Canino, 15 novembre 1832.

» Nous recevons enfin, mon cher Pierre, une de tes lettres d'Amérique. Tu sembles craindre que je n'approuve pas ton départ pour la Colombie. Au contraire, je t'approuve fort. J'estime beaucoup le président de cette république, et je ne crois pas que tu puisses mieux faire que de t'attacher à lui et à la Colombie, jusqu'à ce que la Providence redonne à notre belle France un gouvernement républicain. Cet avenir est loin d'être impossible; les vestiges de l'Empire et de la monarchie se dissipent; et les idées de brumaire reprennent leur éclat dans toute notre patrie. On sent que la république consulaire, que j'avais fondée plus que personne, était la véritable, la seule ancre de salut pour la France; on y revient à grand pas tous les jours. Dans ce cas et dans ce cas seul, je te conseillerais de quitter la Colombie.

» Attire-toi l'estime de tes nouveaux concitoyens, et réponds par ta conduite à ton nom et à l'amitié de tes chefs, à qui tu présenteras mes respects affectueux et mes remercîments pour la bienveillance qu'ils témoignent à mon cher Pierre-Napoléon. Tu n'es plus dans un pays où ce beau nom soit périlleux à qui le porte; j'approuve fort que tu t'en pares.

» Maman t'embrasse tendrement, ainsi que les petites. Maman ne peut s'accoutumer à ton silence..... Elle doute quelquefois de ton cœur. Tristes pensées pour une mère!...

» Antoine n'a pas trouvé Joseph, et on m'écrit qu'il va venir en Europe. Hélas! qu'y faire maintenant? J'aurais bien désiré qu'il suivît ton exemple. Puisses-tu te faire une carrière honorable!

» Je vais partir pour Londres, où Joseph s'est établi. Je ne suis pas en état de te faire cent piastres (cinq cent quatre-vingts francs) par mois. Je verrai avec Joseph, à Londres, d'arranger tes affaires. Si je puis vendre quelque chose, je serai bien content de te faire passer ce que je pourrai. Ainsi tu ne peux pas compter sur autre chose que sur tes quarante piastres, dont les fonds sont faits. La Providence me mettra à même, j'espère, bientôt de pouvoir t'aider comme je désire.

» Nous t'embrassons de tout notre cœur, et te donnons, maman et moi, notre bénédiction la plus complète. Puisse mon cher fils avancer dans la carrière, et nous rendre glorieux de ses succès.

» Ton papa,

» LUCIEN BONAPARTE. »

Après avoir séjourné quelques mois à New-York, le prince Pierre-Napoléon revint en Italie, et obtint de nouveau l'autorisation de résider dans les États-Romains. Mais cette bienveillance ne fut pas de longue durée. On prit bientôt prétexte des expéditions armées auxquelles le prince prenait part contre les brigands des Maremmes, pour le représenter comme conspirant l'affranchissement de l'Italie. Vaincu par les sollicitations du cardinal Lambruschini, Grégoire XVI signa l'ordre de son exil.

Déjà le prince faisait les préparatifs de son départ, quand ses ennemis résolurent de se délivrer, par un honteux forfait, des terreurs qu'il leur inspirait. Le prince se promenait, dans son costume habituel de chasseur, sur la place de Canino, quand plusieurs carabiniers romains s'approchent de lui et leur sous-lieutenant entame une conversation qui devait éloigner toute défiance de sa part. Mais, tout à coup, plusieurs mains s'attachent à ses armes : un coup de pistolet est tiré à bout portant sur lui; mais l'amorce seule prend feu. Doué d'une force herculéenne, le prince se dégage, tire son couteau de chasse, blesse deux hommes, tue le sous-lieutenant. Trente hommes qui l'entouraient, effrayés par cette résistance inattendue, allaient prendre la fuite, quand une balle vient terminer la lutte, en renversant le prince aux pieds de ses ennemis. Ceux-ci s'acharnent sur le corps de leur victime, lui portent plusieurs coups de sabre et de baïonnette et le jettent en prison, sanglant, inanimé.

Quelle main avait ourdi ce complot détestable? On n'en saurait douter quand on voit qui fut récompensé, qui fut persécuté à la suite de ce guet-apens, par le gouvernement pontifical. Le frère du sous-lieutenant, si justement puni, fut nommé, quelque temps après, évêque de Sinigaglia.

Lucien était alors en Angleterre. La princesse de Canino, avertie de ces infâmes violences, fit au Saint-Père un appel indigné :

« Très-Saint-Père, lui écrivit-elle, la princesse de Canino, prosternée aux pieds de Votre Sainteté, implore humblement sa justice souveraine et paternelle contre l'horrible attentat qui vient d'avoir lieu envers deux de ses fils, don Pierre et don Antoine Bonaparte. Ces deux jeunes gens, d'après les ordres sacrés de Votre Sainteté, transmis au cardinal Fesch, leur oncle, par l'organe de ses deux cardinaux Rivarola et Lambruschini, se préparaient, affligés comme ils devaient l'être d'être ainsi condamnés sans être entendus, à quitter les États romains. Ils attendaient de moment en moment les passe-ports qui leur avaient été offerts par Votre Paternité. Cette offre de passe-ports leur avait été faite par moi, leur infortunée mère, en exécution des ordres de Votre Sainteté, et me laissait par conséquent en pleine sécurité contre toute autre tentative. Victimes de la plus noire calomnie, mes enfants, mes pauvres enfants, la mort dans le cœur et indignés de l'atrocité des inculpations dont ils étaient l'objet, se résignaient enfin avec douceur à recevoir et à profiter des passe-ports de Votre Sainteté, bien qu'ils ne sussent où aller !... Quel fut leur étonnement lorsque, au mépris de cette espèce de négociation avec le gouvernement de Votre Sainteté, ils se virent inopinément attaqués à main armée et d'une manière furibonde, par une trentaine de carabiniers « sans intimation quelconque, verbale ou écrite, sans qu'on m'eût avertie en rien, » comme cela devait être en ma qualité de princesse, mère d'enfants mineurs, pour tenter, au moins par la douceur, de leur faire entendre moi-même ce qu'on voulait d'eux et de quelle part ils étaient ainsi barbarement assaillis? Mes enfants, Très-Saint-Père, ont dû se croire attaqués, entourés de véritables sicaires, qui (je l'ai d'abord cru moi-même) s'étaient travestis en carabiniers pour assassiner à la fois deux Bonaparte. Personne, en effet, ne pourra croire que Votre Sainteté, au moment où elle faisait des offres de passe-ports, ait pu donner des ordres si contraires à l'humanité et à la religion. Cette manière de traiter les hommes, quels qu'ils soient, en les abordant à coups de sabre, de pistolet, de baïonnette, «sans aucune intimation,» a provoqué une résistance légitime aux yeux de Dieu et des hommes ; car il n'est d'usage et de loi en aucun pays de tirer ainsi à bout portant, même sur des criminels contumaces, au risque de la perdition de leur âme et de leur corps. Très-Saint-Père, je ne doute pas que dans votre puissance et sagesse souveraine vous ne recherchiez et punissiez les auteurs de cette véritable tentative d'assassinat.

» Pierre, l'aîné de mes fils, a été grièvement blessé et emprisonné, sa valeur ayant enfin dû céder au nombre. Les carabiniers, trop nombreux, en effet, dans le petit espace qu'ils avaient eu l'ineptie de choisir pour leur champ de bataille, se sont peut-être blessés et tués entre eux par suite de leur maladresse bien connue à se servir de leurs armes, ou peut-être aveuglés par le trouble et le danger qu'ils couraient en commettant une si détestable action. Enfin, Très-Saint-Père, de quelque part que soient venus les coups de mort, soit que la divine Providence, ayant voulu punir l'infâme trahison de ces gens-là, ait permis qu'un seul jeune homme pût résister à trente militaires transgresseurs des lois de l'humanité ; quelque mort, enfin, ou blessé qu'il y ait eu dans cette affaire, ce n'est point mon fils qui les a tués, mais bien ceux qui ont dirigé cette abominable agression, qui hors des règles ordinaires de la justice et de la religion, ne peut être émanée du cœur de Votre Sainteté.

» Mon fils don Antoine, blessé aux mains en plusieurs endroits en parant les coups de baïonnette qu'on lui dirigeait dans le ventre, a pu, avec l'aide de Dieu et par sa contenance imposante, faire reculer ses traîtres ennemis, et, sans avoir besoin de se servir contre eux de ses armes, il est venu se réfugier dans mon sein.

» En ce triste état de choses, je supplie Votre Sainteté de vouloir bien donner les ordres nécessaires pour l'expédition des passe-ports qu'elle a offerts à mon oncle le cardinal Fesch, passe-ports qui eussent épargné l'effusion du sang s'ils étaient arrivés aussitôt que Votre Sainteté en a déclaré l'intention.

» Si cependant elle juge dans sa souveraine sagesse que deux enfants mineurs, blessés en défendant leur vie barbarement et déloyalement attaquée, sont coupables, il ne me reste plus qu'à espérer que, la justice divine éclairant la justice humaine, mes enfants seront déclarés innocents aux yeux de l'une et de l'autre, à la face des tribunaux.

» Pleine de confiance dans la justice et la bonté de Votre Sainteté, la princesse de Canino, de nouveau prosternée à ses pieds, implore l'apostolique et paternelle bénédiction. »

Revenu à lui, cependant, le prince avait passé la nuit dans une grange, où ses bourreaux l'avaient jeté tout chargé de liens. Le lendemain, on le conduisit à Rome, où il fut enfermé dans un cachot du château Saint-Ange.

Le guet-apens était flagrant : nulle sommation n'avait été faite. Et cependant le gouvernement pontifical n'eut pas honte de traduire le prince Pierre-Napoléon devant une commission extraordinaire, comme coupable de meurtre. Cette commission était presque entièrement composée de lieutenants de police. La sentence était portée d'avance. Malgré cela, on redoutait tellement que la vérité n'éclatât par sa propre force, que l'on refusa à l'accusé la liberté de la défense et l'audition des témoins. Bien qu'il n'eût pas vingt et un ans, il fut condamné à la peine capitale et le gouvernement pontifical se donna le facile honneur de commuer en un exil perpétuel l'arrêt sauvage sorti de cette ignoble procédure.

L'indignation fut profonde en Italie et en Europe. Chez les paysans des Maremmes, elle se traduisit par une admiration enthousiaste et, aujourd'hui encore, le voyageur qui traverse ces poétiques déserts, peut entendre dans la bouche des habitants cette tarentelle, improvisée par un barde italien sur l'héroïque résistance du jeune héros :

O che gran colpo di mano !
Il tenente casca giù,
Il cartel da capitano
A pigliar da Belzebù.

Ne don Pietro giace appresso ;
Ch' anzi Orlando al braccio sembra !
Ma perchè non sei com' esso
Tu fatato in ogni membra.

Te cadere alfin per terra,
Non vedessi tramortito.....
Pur la vinci in tanta guerra
Caro eroe, benchè ferito.

Hai punito il traditore,
Gli altri a lutto hai tu costretti,
Ciascun loda il tuo valore,
Tutti lor son maladetti.

Lungamente in ogni parte
Ridirassi il gran coraggio
Di don Pietro Bonaparte
Nella sera del tre maggio.

C'est ainsi qu'autrefois la poésie populaire chantait dans des romanceros répétés de village en village, les exploits de Renaud ou de Roland.

Après neuf mois de captivité, le prince Pierre-Napoléon partit pour l'exil le 7 février 1837. Il se rendit d'abord aux États-Unis, puis il revint en Angleterre, où se trouvait alors le roi Joseph et, de là, résolut de faire une excursion en Orient.

Dans ce voyage, il lui arriva une aventure qui mit encore en relief son intrépidité.

Le prince s'était arrêté à Corfou. Un étroit canal sépare l'île de la terre ferme, et on organisait souvent à Saint-Étienne de Corfou, des chasses en Albanie. Mais les habitants de la côte albanaise avaient rendu depuis quelque temps dangereuses ces excursions de plaisir et de nombreux assassinats avaient porté la terreur parmi les Ioniens.

Le prince Pierre n'en résolut pas moins de visiter cette côte inhospitalière et il partit dans une barque conduite par sept marins et par deux gardes de la santé. On arriva dans le petit port de Pargagna. Après avoir chassé du côté d'Itelià et de Butrintô, le prince commençait à dîner sur le rivage, lorsque débarquèrent à quelque distance deux Albanais armés de poignards et de pistolets. Ces brigands s'avancèrent, injuriant et menaçant. On leur offrit, pour les apaiser, quelques vivres et quelque argent. Mais, comme ils continuaient leurs menaces, le prince, pour éviter une collision, donna l'ordre d'embarquer. Croyant à une fuite, les deux Albanais s'élancent, et chacun d'eux ajuste le prince et tire. Un des pistolets fait long feu : la balle de l'autre effleure le prince. Alors celui-ci, forcé de défendre sa vie, les renverse morts tous les deux des deux coups de son fusil double.

Cette lutte avait attiré un grand nombre d'Albanais qui, furieux de la mort de leurs camarades, accouraient pour les venger. Il fallut se rembarquer. Malheureusement, le vent soufflait dans la direction du rivage, et les efforts réunis des sept matelots ne pouvaient réussir à gagner la haute mer. La frêle embarcation resta ainsi pendant près d'une demi-heure à demi-portée de fusil du rivage, exposée au feu des Albanais. Le prince, pour encourager ses compagnons, s'était placé debout, la tête tournée vers ses lâches agresseurs. Par un bonheur inouï, pas une balle ne l'atteignit, tandis que les bordages de la barque étaient criblés. Enfin, on réussit à prendre le large et à regagner Saint-Étienne.

Quelques jours après, l'aga d'Itelià eut le front de se plaindre du meurtre des deux misérables qu'avait puni le prince. Il annonçait au chef de la police de Corfou que, si on lui refusait satisfaction, toute sa tribu s'était engagée par serment à assassiner le prince. Une lettre semblable fut adressée à celui-ci.

Il répondit à l'aga d'Itelià la lettre suivante :

« Corfou, le 20 février 1838.

» Le Tout-Puissant, qui dispose des hommes et des empires, a voulu conserver mon existence dans votre pays, comme il l'a protégée ailleurs, tout en me permettant de punir mes agresseurs. La sympathie que ces deux voleurs excitent parmi vous prouverait assez, quand même ce ne serait pas connu partout, que vous êtes la plus grande canaille de l'Europe. Il n'est pas étonnant que vous vous révoltiez contre une réaction légitime, à laquelle chacun de vous, par ses cruelles habitudes, est exposé. — Le gouvernement ionien, à qui vous demandez une satisfaction que lui-même aurait le droit d'exiger pour tant d'assassinats et de brigandages dont vous avez attristé ces îles, répondra, je n'en doute point, comme sa dignité l'exige, par le plus profond mépris à vos misérables menaces.

» Quant à moi, je ne puis m'empêcher de vous dire qu'en

tirant sur vos complices, après qu'ils eurent tiré sur moi, pour me voler sans doute la chaîne d'or et la montre que j'avais au cou, je n'ai fait qu'exercer le droit de défendre ma vie, droit que la loi du Christ et celle de Mahomet donnent également à tous les hommes;

» Qu'en épousant les intérêts des agresseurs, vous prouvez irrévocablement que vous êtes un tas de voleurs, d'assassins et de brigands qui n'avez jamais su que détrousser les malheureux poussés vers vous par leur mauvaise étoile, et que vous servir, en tremblant, derrière vos roches, des armes que vous êtes indignes de porter;

» Enfin, quoique vous soyez la lie du monde entier, si c'est d'une satisfaction personnelle que vous parlez plutôt que d'infâmes attentats, je veux bien m'abaisser jusqu'à vous prouver que s'il en est un parmi vous, fût-il le premier ou le dernier, qui ait assez de courage pour se battre corps à corps avec moi, je lui prouverai qu'il n'y a pas de supériorité que les hommes civilisés ne possèdent sur de misérables sauvages. Et en vous envoyant ce défi, j'ai l'honneur de m'ériger en champion des citoyens ioniens que vous avez assassinés. »

On pense bien que le chef de brigands n'accepta pas la proposition : mais, en moins de huit jours, trois Albanais essayèrent d'assassiner le prince. Il fallut enfin purger Corfou de cette vermine et interdire le séjour de l'île à tout Albanais.

De Corfou, le prince Pierre se rendit à Malte et de là en

Espagne et en Angleterre. Ce ne fut qu'à la fin de 1838 qu'il se fixa définitivement à Mohimont, dans la province de Luxembourg.

On sait quelles difficultés diplomatiques créait alors la séparation de la Belgique et de la Hollande. Une collision paraissait inévitable et une guerre européenne pouvait en sortir. Le prince offrit ses services à la Belgique. Le roi Léopold les déclina avec reconnaissance. La position de la Belgique vis-à-vis de la France ne lui permettait pas d'accepter l'épée d'un Bonaparte. C'était d'ailleurs l'époque où la présence du prince Louis-Napoléon en Suisse suffisait pour inquiéter le gouvernement français et pour attirer sur la petite république helvétique les menaces d'un puissant royaume.

Le prince Pierre se résigna et chercha des consolations dans l'étude. Mais, malgré lui, l'art militaire attirait exclusivement ses prédilections. Il esquissait, au milieu des poétiques retraites des Ardennes, une charmante nouvelle, *la Rosa de Castro*, tableau des mœurs des Maremmes; mais l'ardeur de son sang l'emportait bientôt. Il offrait ses services à Espartero, à l'empereur Nicolas, mais seulement pour une campagne en Circassie, à Mehemet-Ali, vice-roi d'Egypte, enfin, et surtout à la France. Il demandait d'être admis à servir en Algérie, ne fût-ce que comme simple soldat de la légion étrangère. Vaines prières ! Ce soldat eût porté le nom de Bonaparte.

En 1845 seulement, le prince obtint l'autorisation de venir

voir sa mère à Paris. Il y avait près de dix ans qu'il ne l'avait embrassée.

Une des premières visites du prince Pierre fut pour le tombeau de son oncle aux Invalides. Laissons-le raconter lui-même ses impressions à la vue de ces nobles reliques.

« .... L'illustre général Petit, à la tête de l'état-major de l'hôtel, la plus grande partie de nos vétérans étant présents, est venu me recevoir et me montrer en détail l'honorable refuge que la munificence nationale assure aux défenseurs du pays. Une foule nombreuse assistait à l'excellent accueil qui m'a été fait, et j'ai vu avec émotion et espoir que la sympathie pour le nom de l'Empereur et de mon père n'est pas seulement dans le cœur des héroïques soldats d'une autre génération, mais aussi dans celui de la génération à laquelle nous appartenons. Que vous dirai-je du tombeau du grand homme et du profond sentiment d'enthousiasme et de tristesse qui m'a saisi, lorsque, debout devant tout ce qui nous reste du grand messie révolutionnaire, côte à côte avec le général Petit, le héros de Fontainebleau, je reçus des mains de ce brave la couronne d'immortelles qui parait le cercueil sacré. On avait fait pour moi une exception dont je suis vivement reconnaissant, car il est impossible de voir la chapelle Saint-Jérôme sans un ordre exprès du maréchal Soult, qui n'est pas aujourd'hui à Paris, et qui, d'ailleurs, la refuse.

» ..... Après la visite au tombeau, le général Petit et ses officiers m'introduisirent dans l'appartement du commandant de l'hôtel, où les reliques qui doivent orner le cercueil, une fois placé dans la crypte, sont conservées sous la garde immédiate du général Petit. Le chapeau d'Eylau, l'épée, le grand cordon donné par mon oncle Joseph, je les regarde avec le recueillement du pèlerin du moyen âge visitant le tombeau des apôtres, à Saint-Pierre de Rome. Le général Petit prend l'épée de l'Empereur et s'écrie qu'un de ses neveux peut la toucher aussi. Je la baise avec émotion, cette épée qui, quoique impériale, n'en fut pas moins l'épée de la démocratie, la terreur de la Sainte-Alliance..... »

Mais, après s'être enivré de ces souvenirs de gloire et du bonheur de revoir la patrie, il fallut repartir pour l'exil. Le prince revit avec tristesse le sauvage asile que lui offraient les Ardennes et attendit.

Il n'attendit pas longtemps. Bientôt un bruit venu de la France lui apprit la chute de la royauté bâtarde de juillet. Palpitant d'espoir et de joie, il accourut à Paris le 27 février. Sa première visite fut pour l'Hôtel de Ville, siége de la souveraineté populaire. Républicain éprouvé, il fut accueilli avec empressement par les membres du gouvernement provisoire.

Le 2 mars, l'adhésion du prince parut dans le journal officiel. En voici les termes :

« Messieurs, fils de Lucien Bonaparte, nourri de ses opinions républicaines, idolâtre comme lui de la grandeur et du bonheur de la France, j'accours, enfant de la patrie, me mettre à la disposition des éminents citoyens qui forment le gouvernement provisoire. Le sentiment qui me domine, c'est un patriotique enthousiasme et la conviction que la prospérité et l'avenir de la république ont été résolus le jour où le peuple vous a mis à sa tête. Comme mon père, qui n'a jamais trahi son serment, j'engage le mien entre vos mains à la république française.

» Recevez, Messieurs, cet acte d'une profonde sympathie et d'un dévouement qui ne demande que d'être mis à l'épreuve.

» PIERRE-NAPOLÉON BONAPARTE. »

Ce même jour, le prince obtenait sa nomination au grade de chef de bataillon du 1er régiment de la légion étrangère en Algérie. Mais, en même temps, il était autorisé à séjourner provisoirement à Paris.

Les élections pour l'Assemblée constituante l'envoyèrent représenter la Corse, malgré la maladroite opposition du gouvernement provisoire.

Quelques jours à peine après l'entrée en exercice de cette Assemblée, la république était déjà menacée par ses partisans eux-mêmes. On enseignait aux masses la défiance et la haine de leurs représentants et une manifestation, soi-disant pacifique, envahissait le local de l'Assemblée nationale. Seul, avec M. d'Adelswaerd, le prince Pierre trouva assez de présence d'esprit pour protester contre cette foule violente et brutale. « Respectez la souveraineté populaire, » s'écria-t-il d'une voix tonnante. Et il chercha un écho à ses généreuses indignations dans le gouvernement provisoire, dans le bureau de l'Assemblée. Tous étaient consternés, impuissants. La lâcheté était à l'ordre du jour et tremblait sur le fauteuil du président. Que fût-il donc arrivé si l'on eût présenté à ces pâles parodistes de l'ancienne république, la tête d'un nouveau Féraud?

Quelques hommes, pourtant, parmi les malheureux égarés, avaient reconnu le fils de Lucien. Ils se groupèrent autour de lui, et lui :

« Savez-vous, dit-il, ce que vous êtes venus faire ici, citoyens? vous êtes venus compromettre, et pour longtemps, la république. Vous demandez que l'on aille au secours de la Pologne ; eh bien ! je suis militaire, et je ne demande pas mieux que de partir avec la division que vous voulez y envoyer; mais je suis aussi représentant du peuple, représentant d'un département où il n'y a que des braves, et tant que par votre présence vous profanerez cette enceinte, je vous déclare que je ne voterai pas. »

La dissolution de l'Assemblée une fois prononcée, lorsque le prince vit que les gouvernants s'abandonnaient à d'indignes terreurs, il courut à la commission exécutive, qui siégeait au Luxembourg. Il demanda des ordres. Mais il était écrit que la population paisible de Paris sauverait seule cette république qu'elle n'avait pas faite.

Lorsque vint la scène du 12 juin, lorsque le nom de Bonaparte fut présenté comme une cause d'agitation et de désordre, lorsque la commission exécutive réclama, par la bouche de M. de Lamartine, l'exil du prince Louis-Napoléon, le prince Pierre s'élança à la tribune :

« Citoyens représentants, dit-il, tous ceux qui portent mon nom flétrissent et flétriront l'attentat qui vient de se commettre. Il est possible que ceux qui l'ont commis aient crié *Vive l'Empereur!* mais ils sont bien coupables en versant le sang français d'avoir profané le nom de l'homme qui avait tant d'horreur de la guerre civile, de l'homme qui, pour l'éviter en 1815, a sacrifié sa couronne et sa famille. Les vieux soldats de la Loire le savent, la France le sait. Pour ma part, je ne comprends pas ces soupçons que je ne mérite pas... A la première nouvelle de notre heureuse révolution, je suis accouru de l'exil, j'ai prêté spontanément entre les mains du gouvernement provisoire mon serment de fidélité à la république ; je n'en prêterai jamais d'autre... La main sur la conscience, je puis dire que je suis républicain de père en fils. Mes convictions démocratiques, mes convictions d'aujourd'hui sont celles que j'ai toujours eues. Au surplus, citoyens représentants, l'heure des épreuves est peut-être arrivée ; elles sont la pierre de touche du patriotisme, et quant à moi, je prends devant vous l'engagement solennel de ne pas les éviter. Si la république était menacée par des réactionnaires ou par des anarchistes, je prends également l'engagement de la défendre.... »

Quand vinrent ces journées néfastes où une partie de la population parisienne, pervertie par des doctrines immorales, engagea avec la France entière une lutte fratricide, le prince Pierre eut bientôt fait son choix entre la démocratie véritable et la démagogie. Dès les premières heures de cette guerre sociale, il s'inscrivit au premier rang des représentants du peuple qui acceptèrent le dangereux devoir de la conciliation. Il courut aux barricades, armé de la parole du frère et des conseils du représentant de la nation. Parti à cheval avec M. de Lamartine, il parcourut les boulevards et les faubourgs et arriva au canal Saint-Martin, au plus fort de la bataille.

A ce moment, les pourparlers étaient devenus inutiles. Il fallait jouer la partie de la société. Le prince se jeta courageusement au milieu d'une grêle de balles. Là, comme partout, la victoire fut disputée. Malgré l'audacieuse insouciance des gardes mobiles, malgré la solidité des troupes de ligne, la barricade du faubourg du Temple coûta cher. Plusieurs officiers tombèrent ; un grand nombre de soldats de l'ordre payèrent de leur vie cette attaque. Le prince, exposé au premier rang, eut un cheval tué sous lui.

Les journées de juin avaient éclairé la société française. Elle cherchait un sauveur : elle le trouva dans le prince Louis-Napoléon, enfin admis dans les rangs de la représentation nationale. Cet instinct du pays, les républicains exclusifs le tournaient en accusations amères contre la famille Bonaparte.

On reprochait à tous ses membres de préparer une restauration impériale : on parlait de prétendants.

Le prince courut à la tribune :

« Citoyens représentants, dit-il, j'ai demandé la parole pour que l'on sache bien, ici et ailleurs, que dans cette enceinte il n'y a pas de prétendants, mais des représentants du peuple qui ont prêté serment de fidélité à la république démocratique, qui ne le violeront jamais, et qui ne souffriront pas qu'on les désigne par une qualification qui équivaudrait à celle de traître ou d'hypocrite. Pour mon compte, je déclare que je tiendrai pour un prétendant au monopole de l'insolence, et pour un faux frère, celui qui voudrait ainsi conspuer ses collègues. »

Le lendemain était acceptée à une immense majorité la proposition de M. Pietri, relative à l'abrogation de la loi de proscription portée contre la famille Bonaparte.

Après l'élection du 10 décembre, le prince Pierre-Napoléon a suivi pendant quelque temps, sa vocation militaire. Il a assisté, en Afrique, aux premiers travaux du siége de Zaatcha, et aujourd'hui, placé sur les marches du trône, il n'en a pas moins conservé ses habitudes d'indépendance et ses convictions démocratiques.

Rien n'égale sa générosité sympathique et son dévouement à ses amis. L'infortune le trouve toujours prêt à la secourir. Un jour, une personne de sa maison est prise, au commencement de la nuit, de douleurs violentes et de nature à inspirer de vives alarmes. Le prince s'élance sur un cheval sans selle et sans bride et, n'ayant qu'un simple bridon, il se rend au galop chez un pharmacien pour avoir du laudanum, pensant que son nom et sa qualité lui feront remettre immédiatement ce qu'on pourrait refuser à un domestique. Il revenait avec la fiole contenant le remède, lorsque, à la porte de son hôtel, en tournant, le cheval manque des quatre pieds et le jette à terre avec violence. Dans cette chute, le prince se brise les deux os de la jambe droite et se contusionne fortement le côté correspondant de la tête. Toutefois, il ne perd pas connaissance et dirige lui-même, avec le plus grand calme, les braves ouvriers accourus du voisinage pour le relever et le transporter. C'était dans les derniers mois de la présidence. Louis-Napoléon Bonaparte, informé de cet accident, accourt de l'Élysée et préside aux premiers soins que l'on prodigue à son cousin. Bien qu'elle affectât les deux os, la fracture était simple et put être heureusement réduite.

Le cinquième enfant de Lucien est le prince Antoine, né à Rome, le 31 octobre 1816. Une vocation toute militaire, une force herculéenne, un tempérament de feu l'entraînèrent, comme son frère Pierre, dans les mouvements révolutionnaires de l'Italie. Mais il a dû accepter les nécessités de l'exil et il a fini par exploiter près de Canino, dans les Maremmes, une terre appartenant à sa famille. Aujourd'hui, enfin, il a pu revoir sa patrie.

Les deux derniers enfants du prince de Canino sont la princesse Marie et la princesse Constance.

La princesse Marie, née à Rome, le 12 octobre 1818, brille à la fois par les vertus et par la beauté qui sont comme l'apanage de la famille. Elle a épousé, en 1836, le chevalier Vincenzo Valentini. Elle habite Viterbe et a deux fils, les princes Valentin et Antoine, et une fille, la princesse Lucienne, dont Lucien de Canino fut le parrain à son lit de mort.

La princesse Constance, née le 30 janvier 1823, est entrée, en 1834, au couvent du Sacré-Cœur, à Rome. Elle y a pris le voile en 1835 et n'appartient plus aujourd'hui qu'à Dieu.

L'aînée des trois sœurs de Napoléon Ier, le quatrième enfant de Charles Bonaparte, Marianne-Élisa, grande-duchesse de Toscane, comtesse de Campiguano, épouse du prince Félix Baciocchi, n'a pas laissé de descendance mâle. Le nom de Baciocchi n'est donc porté aujourd'hui que par des parents à divers degrés du prince Félix.

Fortune bizarre que celle de ce nom de Baciocchi, éteint aujourd'hui dans la famille impériale et qui, du vivant même du prince, dut être laissé dans l'ombre du trône grand-ducal.

Lorsque la princesse Élisa épousa le comte Baciocchi et reçut en apanage le duché de Piombino, le nom de la nouvelle duchesse, issue de famille souveraine, dut primer, d'après l'étiquette des cours, celui de son mari, simple comte italien.

Le petit prince de Piombino, dépossédé de son duché par la constitution de l'apanage, vint se plaindre à M. de Talleyrand et lui exposer qu'il avait perdu non-seulement ses États, mais jusqu'à son nom.

« C'est intolérable, en vérité, disait-il. Je ne sais qui je suis; je ne me nomme plus rien du tout. Faites donc quelque chose pour moi. » — Avec plaisir, répondit le spirituel diplomate. Eh bien, monseigneur, appelez-vous Baciocchi; c'est un nom vacant.

La princesse Élisa avait eu de son mariage deux enfants. Le premier est cette Élisa-Napoléone Camerata, née à Paris, le 3 juin 1806, femme du comte Camerata, dont nous avons raconté le dévouement au duc de Reichstadt. La princesse habite Villa-Elisa, près de Trieste.

Le second enfant de la grande-duchesse Elisa, le prince Jérôme-Charles, né à Paris, le 3 juillet 1810, est mort à Rome, en 1830, d'une chute de cheval.

De la famille du roi Louis nous n'avons plus rien à dire. Le seul représentant vivant de cette famille est aujourd'hui l'Empereur Napoléon III.

La princesse Pauline, femme du prince Camille Borghèse, morte le 3 janvier 1825, n'a pas laissé d'enfants. Le prince lui a survécu et est mort à Rome, le 9 mai 1832.

La reine Caroline de Naples, fille cadette de Charles Bonaparte et veuve de Murat, a laissé quatre enfants, dont trois vivent encore.

Son fils aîné, Napoléon-Achille Murat, prince royal de Naples, ressemblait à son père par une bravoure éclatante ; il obtint d'abord, en 1831, la permission de prendre du service en Belgique ; mais sa présence inspira des inquiétudes au méticuleux gouvernement de Louis-Philippe. Le jeune soldat se retira aux États-Unis. Là, contraint de chercher dans le travail une existence honorable, il se fit élire colonel de la milice des États-Unis et accepta du gouvernement de la république la place de directeur des postes. Plus tard il embrassa la profession d'avocat. Il est mort sans enfants en 1847.

La fille aînée de la reine Caroline, la princesse Letitia-Josèphe est née à Paris, le 25 avril 1802. Elle a épousé le marquis Pepoli et habite aujourd'hui Bologne. Elle a eu de ce mariage un fils, Joachim, et trois filles, Caroline, Elisabeth et Pauline.

La princesse Letitia-Josèphe fut confiée, toute jeune, aux soins intelligents de madame Campan. Cette première éducation développa ses heureuses qualités d'esprit. Mais Joséphine crut s'apercevoir qu'il n'en était pas de même de son cœur. Un peu de vanité gâte bien des vertus : la bonne et simple impératrice voulut étouffer bien vite ce mauvais germe. Elle écrivit à madame Campan en renvoyant Caroline à Saint-Germain :

« Recevez, ma chère madame Campan, mes remercîments et mes reproches. Les uns seront pour les bons soins, pour la brillante éducation que vous donnez à ma nièce ; les autres pour les défauts que votre sagacité n'a pas manqué de remarquer en elle et que votre indulgence a tolérés. Cette petite fille est douce, mais froide ; instruite mais dédaigneuse ; spirituelle mais sans jugement ; elle ne plaît pas, et ne s'en soucie guère ; elle croit que la réputation de son oncle, que la bravoure de son père sont tout ; apprenez-lui mais bien sèchement, bien crûment, qu'elles ne sont rien. Nous vivons dans un temps où chacun est fils de ses œuvres ; et si, ceux qui servent l'État aux premiers rangs, doivent avoir quelques avantages et posséder quelques priviléges, ce sont ceux d'être plus aimables et plus utiles. C'est ainsi seulement, qu'aux yeux de l'envie, on se fait pardonner sa fortune ; voilà, ma chère madame Campan, ce que vous n'auriez pas dû laisser ignorer à ma nièce ; et voilà ce qu'en mon nom vous devez lui répéter sans cesse ; je veux qu'elle traite comme égales toutes ses compagnes, dont la plupart valent mieux ou autant qu'elle et auxquelles il ne manque que d'avoir des parents plus habiles ou plus heureux. »

Ou Joséphine s'était trompée sur le caractère de cette aimable enfant, ou l'âge et le malheur firent disparaître jusqu'à la plus légère trace de ces défauts. Car nulle femme ne fut plus aimable et plus modeste.

Le troisième enfant de la reine Caroline, le prince Lucien-

Napoléon-Louis-Charles-Joachim Murat est né à Paris, le 16 mai 1803. Proscrit, comme tous ses parents, le prince Lucien dut, lui aussi, demander un asile à la république américaine. C'est en 1825 qu'il partit pour les États-Unis.

M. Adolphe Blanqui a raconté, à ce sujet, l'anecdote suivante :

Le prince Lucien au moment de son départ, s'arrêta quelque temps à Malaga pour faire lui-même sa provision de vin du pays. Un jour qu'il se promenait sur le port, il fut accosté par un homme d'un extérieur misérable, qui lui offrit un sabre de belle apparence, dont il avait, disait-il, besoin de se défaire. Le jeune Murat refusa de l'acheter, d'abord, s'excusant sur l'inutilité d'une pareille arme pour un voyageur tout prêt à s'embarquer ; mais enfin il céda, vaincu par les instances de cet homme qui se présentait comme un ancien militaire dans l'indigence, ce qui n'est point rare en Espagne. Jusque-là rien que de fort ordinaire : il ne s'agit que d'un acheteur et d'un marchand.

Transporté bientôt à Gibraltar, le fils de l'ex-roi de Naples attendait dans cette ville une occasion favorable de passer en Amérique, et il vivait familièrement avec les officiers de la garnison parmi lesquels se trouvait M. Hunter-Ward, celui, dit M. Adolphe Blanqui, duquel je tiens ce récit. Un jour, après s'être montré plusieurs fois à cheval dans les lignes, notre voyageur reçut un billet qui contenait en substance ce qui suit :

« Monsieur, une femme dont le cœur est à vous, apprend que vous allez partir pour un très-long voyage, et que, peut-être, elle est condamnée à ne plus vous revoir. Elle se fie à votre honneur et désire vous entretenir un moment. Sortez des lignes ; elle vous attendra. »

Ce billet ne fut bientôt plus un mystère pour personne, et Lucien Murat s'en alla paisiblement en bonne fortune, non sans avoir fait plus d'un envieux. Mais le sort lui réservait un terrible désappointement.

A peine sorti du territoire anglais, un alguazil espagnol arrêta son cheval, et conduisit le cavalier au poste voisin, où il fut reconnu. « N'êtes-vous pas, lui dit-on, le fils de Murat ? — Mon père était roi de Naples. — De quel droit êtes-vous en ces lieux ? — Mais, monsieur, je me promène. — Vous vous promenez ! c'est vous qui avez acheté le sabre de Riego à Malaga ; vous êtes nanti de l'arme magique des révolutionnaires, vous venez conspirer, misérable !.... » Et il fut immédiatement jeté dans un cachot, au lieu d'aller en bonne fortune. Là pendant plus d'un mois, étendu sur la paille et réduit aux plus vils aliments, il lui fallut essuyer mille outrages. « Scélérat, lui disait-on, tu paieras les crimes de ton père, et les massacres de Madrid. Tu ne reverras plus le jour, heureux si tu n'es pas mis en pièces ! » Et ces confidences se renouvelaient nuit et jour.

Les officiers anglais, trouvant que sa bonne fortune durait bien longtemps, commencèrent à concevoir des inquiétudes, et ils firent demander individuellement des renseignements aux autorités espagnoles. Leurs démarches réitérées étant demeurées sans effet, une sommation officielle fut envoyée de la part du gouverneur de Gibraltar, et l'infortuné Lucien, pâle, maigre, décoloré, sortit enfin du gouffre où tout porte à croire qu'il avait été entraîné avec une odieuse perfidie. Encore ne fut-il rendu qu'à la condition de s'embarquer sur le premier navire en charge pour l'Amérique.

Échappé à ces persécutions, le jeune prince s'établit aux États-Unis, y épousa une jeune Américaine et créa un établissement d'enseignement que dirigeait sa femme.

Après la mort de sa mère, le prince Lucien vint secrètement à Paris. La loi d'exil lui défendait le séjour de la France et un agent de la police secrète vint lui intimer l'ordre de partir. Le prince mit l'agent à la porte en déclarant qu'il n'était venu que pour régler ses affaires, qu'il resterait tant que ses affaires ne seraient pas terminées, et que si on voulait l'expulser, il faudrait employer la violence. Le gouvernement ferma les yeux, par crainte d'un scandale.

Le prince Lucien Murat, rappelé en France par la révolution de février, fut nommé représentant du peuple, pour le département du Lot, à l'Assemblée constituante. Il fut ensuite élu colonel d'une des légions de la garde nationale de Paris (banlieue), et grand maître de l'ordre maçonnique en France.

De son mariage, le prince Lucien Murat a quatre enfants,

la princesse Caroline, le prince Joachim, les princes Anna et Achille.

L'aîné de ses fils, le prince Joachim, suit déjà la carrière militaire. Engagé dans les chasseurs d'Afrique, déjà il s'est fait remarquer par sa bravoure impétueuse dans une charge exécutée par les chasseurs sous les ordres du général Mac-Mahon contre les Beni-bel-Aïd de la vallée de l'Oued-el-Kebir.

Le quatrième enfant de la reine Caroline de Naples, la princesse Louise-Julie Murat, est née à Paris, le 22 mars 1805. Elle a épousé, à vingt ans, le comte Jules Rasponi, de Ravenne. La comtesse Rasponi habite l'Italie. Elle a trois fils, Joachim, Pierre et Achille, et une fille d'une remarquable beauté, Letitia.

LIGNE ADOPTIVE.

Le prince Eugène de Beauharnais, fils adoptif de l'Empereur Napoléon Ier, ancien vice-roi d'Italie, prince de Venise et grand-duc héréditaire de Francfort, mort le 21 février 1824, a laissé, de son mariage avec la princesse Auguste-Amélie de Bavière, fille du roi Maximilien, née le 21 juin 1788, cinq enfants, dont trois vivent encore.

Le premier de ces enfants est la princesse Joséphine-Maximilienne-Eugénie, aujourd'hui reine de Suède, née à Paris, le 24 mars 1807, mariée, le 19 juin 1823, au prince

Oscar monté en 1844, par la mort de son père Charles-Jean XIV (Bernadotte), sur le trône de Suède.

La princesse Joséphine, à laquelle l'Empereur avait accordé le titre de princesse de Bologne, a du roi de Suède cinq enfants, quatre fils et une fille.

Le second enfant du prince Eugène, la princesse Eugénie-Napoléone, née le 23 décembre 1808, a épousé, le 22 août 1826, le prince Frédéric-Guillaume de Hohenzollern-Hechingen.

Le troisième, la princesse Amélie-Auguste-Napoléone, ancienne impératrice du Brésil, duchesse de Bragance, née à Paris, le 31 juillet 1812, a épousé, le 17 octobre 1829, don Pedro Ier, empereur du Brésil, mort le 24 septembre 1834, en laissant à sa veuve une fille, la princesse Amélie, née le 1er décembre 1831. On sait que don Pedro Ier, appelé au trône de Portugal par la mort de Jean VI, renonça à ce trône le 2 mai 1826 en faveur de sa fille dona Maria.

Le quatrième, la princesse Théodelinde-Louise-Eugénie-Napoléone, née le 13 avril 1814, a épousé le comte Guillaume de Wurtemberg, major général, et a eu de lui deux enfants.

Enfin, le prince Maximilien-Joseph-Eugène-Auguste-Napoléon, prince impérial de Russie, duc de Leuchtenberg, prince d'Eichstadt, dernier enfant du prince Eugène, est né le 2 octobre 1817.

Il n'eut pas, comme ses sœurs, à subir les premiers chagrins de l'exil et à fuir précipitamment le pays d'adoption. Dès l'explosion des troubles de Milan, en 1814, le prince Eugène avait abandonné le royaume. Murat était resté seul à la tête du parti national italien. Mais son ambition flottait entre l'appui compromettant de la France et l'appui douteux de la coalition.

Dès qu'on apprit l'abdication de l'Empereur, une conspiration austro-libérale tenta de soulever l'armée italienne contre le prince Eugène qui était alors à Mantoue. La conspiration ayant échoué à Mantoue, prit Milan pour théâtre.

Le 20 avril 1814, le palais du Sénat fut entouré par la foule, les sénateurs bonapartistes qui arrivaient pour régler les affaires courantes se virent accueillis par des huées. On demandait la révocation d'un message qui reconnaissait le gouvernement de Beauharnais et la convocation des colléges électoraux pour disposer de la souveraineté.

Les émeutiers pris dans la dernière classe du peuple étaient dirigés par un groupe nombreux d'ignobles personnages armés de parapluies. Le Sénat faiblit, il accorda tout; au même instant la salle de ses délibérations fut envahie, les meubles furent jetés par les fenêtres, on se rua sur le ministère des finances, on découvrit le ministre Prina dans les combles du palais, et on le descendit avec des cordes du grenier dans la rue, où des misérables l'assommèrent à coups de parapluie. Le palais du comte Prina fut pillé et rasé, son cadavre traîné dans la ville, l'émeute menaçait de saccager les palais des bonapartistes.

Hâtons-nous de dire que le parti libéral, aveuglé, trompé dans cette circonstance, était entraîné et dominé par la noblesse, qui avait lancé la populace et les paysans contre le Sénat. La noblesse exploita les causes du mécontentement public, en imputant les impôts, les conscriptions, toutes les mesures qui avaient soulevé la colère du peuple, aux ministres, aux fonctionnaires, qu'elle traitait d'intrigants et de concussionnaires et surtout d'étrangers. Or les hommes de l'administration étaient tous Italiens; ils venaient de Modène, de Bologne, de Venise, des autres provinces du royaume d'Italie, et on les représentait comme une masse de brigands venus du dehors.

L'émeute, dispersée dans la rue, grâce à l'attitude énergique de la bourgeoisie, triompha au sein des corps électoraux, grâce aux manœuvres de l'aristocratie milanaise, sans que les colléges fussent en nombre, sans convoquer le corps des savants, dont on supprima les droits politiques, sans convoquer les commerçants des provinces que l'on excluait ainsi de la population, sans admettre à voter les électeurs des provinces conquises qui se trouvaient à Milan, on imposa au royaume d'Italie la décision de cent soixante-dix électeurs du duché de Milan qui prononcèrent la déchéance de Napoléon et on s'empressa d'envoyer des commissaires au camp des alliés pour faire ratifier la révolution.

Les commissaires qui se rendirent auprès de l'empereur François devaient réclamer :

1° L'indépendance du royaume d'Italie ; 2° la plus grande étendue possible du royaume ; 3° une monarchie constitutionnelle ; 4° un nouveau prince autrichien ; 5° et une déclaration tendant à proclamer que la religion catholique, apostolique, romaine, serait désormais la religion de l'État.

On fit des promesses, le général autrichien Bellegarde alla à Milan, dirigea la régence, et au bout d'un an, la Lombardie n'était plus qu'une province de l'empire autrichien.

C'est ainsi qu'une émeute de populace, soudoyée par l'aristocratie, termina dans l'Italie septentrionale la période napoléonienne.

On le voit, la réaction autrichienne mettait en péril non-seulement la couronne, mais encore la vie du vice-roi et de sa famille. Le prince se dirigea vers le Tyrol. En arrivant à Roveredo, il fut prévenu par le colonel autrichien qui avait le commandement de cette ville, que si la vice-reine pouvait passer en sûreté, il n'en était pas ainsi de lui, que les habitants accusaient d'avoir fait fusiller, comme espions, plusieurs notables de leur pays. Le colonel autrichien mit alors à sa disposition sa voiture, son uniforme, ses gens, sa livrée, et lui recommanda surtout d'aller avec rapidité, et de s'abstenir de parler français. A l'aide de ces précautions, le passage s'effectua sans accident. Peu de temps après il arriva à Munich, où son beau-père le reçut de la manière la plus affectueuse.

L'amitié du roi de Bavière mit le prince Eugène et sa famille dans une situation honorable. Mais, dix ans après, le prince succombait à une maladie causée par tant de chagrins et de souffrances. Le prince Auguste-Charles-Eugène-Napoléon, fils aîné de Beauharnais, avait alors quatorze ans. Il succéda à son père dans la souveraineté du duché de Leuchtenberg et de la principauté d'Eichstadt, sous la tutelle de sa mère.

Lorsqu'eut lieu la séparation de la Belgique et de la Hollande, le nom du prince de Leuchtenberg fut prononcé en même temps que celui du duc de Nemours pour l'inauguration du trône nouveau. Le gouvernement français se refusa à donner à un prince de la race des Bourbons d'Orléans cette couronne qui fût devenue dès lors comme une annexe de la couronne française. Une décision semblable eût été trop hardie pour le monarque de juillet. Mais, en même temps, le cauteleux Louis-Philippe s'opposa à ce qu'un membre de la famille Bonaparte fût élu.

Le refus du gouvernement français fut notifié au congrès national par une dépêche de M. Sébastiani, en date du 11 janvier 1831 :

« Le gouvernement de Sa Majesté, disait M. Sébastiani, verrait dans le choix de M. le duc de Leuchtenberg une combinaison de nature à troubler la tranquillité de la France.

Nous n'avons point le projet de porter la plus légère atteinte à la liberté des Belges dans l'élection de leur souverain, mais nous usons de notre droit en déclarant de la manière la plus formelle que nous ne reconnaîtrons point l'élection de M. le duc de Leuchtenberg. Sans doute, de leur côté, les puissances seront peu disposées à cette reconnaissance. Quant à nous, nous ne serons déterminés dans notre refus que par la raison d'État, à laquelle tout doit céder lorsqu'elle ne blesse les droits de personne. »

Cet acte politique, si inattendu, causa, en Belgique, un étonnement profond, une indignation générale. Est-ce donc ainsi, s'écria-t-on, que le gouvernement français entend la liberté des peuples ? La candidature du duc de Leuchtenberg n'en devint que plus populaire. Mais les puissances parlaient: il fallut obéir et le prince Léopold de Saxe-Cobourg fut imposé par la France et par l'Angleterre au congrès national.

Le prince Auguste avait alors vingt et un ans : il était né à Milan le 10 décembre 1810. Une aventure politique dont le côté chevaleresque intéressa vivement les esprits fut, à cette époque, tentée par don Pedro Ier et le prince Auguste y trouva l'occasion d'une revanche.

Don Pedro Ier, empereur du Brésil, avait été marié une première fois à l'archiduchesse Léopoldine d'Autriche. Plus tard, le 17 octobre 1829, il avait épousé une des filles du prince Eugène, la princesse Amélie. D'abord appelé, par la mort du roi Jean VI, au trône de Portugal, il avait renoncé à la couronne en faveur de sa fille dona Maria. Cette renonciation, qui eut lieu en 1826, trouva une opposition énergique dans l'ambition de don Miguel, frère de don Pedro. Don Miguel, secondé par le clergé, soutenu par la cour de Rome, réussit à s'emparer du pouvoir. Mais, tout à coup, on apprit que don Pedro renonçait à la couronne du Brésil, en faveur de son fils et qu'il arrivait pour réintégrer sa fille sur le trône de Portugal. Deux ans après, dona Maria était définitivement reconnue comme reine légitime et don Miguel vaincu s'enfuyait dans l'exil, ne laissant derrière lui que le souvenir de ses folies et de ses cruautés.

Don Pedro tuteur de la jeune reine, alors âgée de quatorze ans, fut nommé régent du royaume. Mais la maladie, les fatigues de la lutte avaient épuisé ses forces. Il voulut assurer un protecteur à sa fille et un roi au Portugal ; il jeta les yeux sur le prince Auguste, son beau-frère, auquel il avait voué une estime et une affection singulières, et qu'il avait, quatre ans auparavant, décoré du titre de duc de Santa-Cruz et élevé à la dignité d'Altesse Royale.

Ce choix ne pouvait manquer d'exciter des défiances nouvelles, des protestations diplomatiques. Mais, cette fois, la politique se heurtait à un caractère énergique. Don Pedro déclara que le mariage se ferait : en août 1834, le Parlement portugais donna à l'union projetée son approbation et don Pedro put mourir, tranquille, heureux, il le croyait du moins, d'avoir assuré l'avenir de sa dynastie.

Le 26 janvier 1835, le mariage fut célébré : mais, hélas ! deux mois après, le 28 mars, le roi de Portugal était emporté par une maladie subite, foudroyante.

L'étonnement fut général : la douleur des Portugais fut profonde. On soupçonna un crime. Mais l'histoire ne peut admettre que des faits, elle rejette les accusations que n'appuie aucune preuve.

Par la mort du prince Auguste, le prince Maximilien-Joseph-Eugène-Auguste-Napoléon devint duc de Leuchtenberg et prince d'Eichstadt. Il avait alors dix-huit ans. Il a épousé, le 14 juillet 1839, la grande-duchesse Marie, fille de l'empereur de Russie, Nicolas Ier. Cette fortune étrange, si peu en rapport avec les obstacles jusque-là apportés à l'union des fils du prince Eugène avec des filles de souverains régnants, était due aux qualités personnelles, brillantes et solides à la fois, qui, chez le prince Maximilien rappelaient à tous ceux qui l'avaient connu le sympathique prince Eugène, le vice-roi d'Italie.

Madame la duchesse douairière de Leuchtenberg, la veuve honorée du prince Eugène, tante du prince Louis-Napoléon, est morte au commencement du mois de mai 1851.

L'ancienne famille impériale comptait parmi ses membres par alliance ou par adoption : l'oncle maternel de l'Empereur, le cardinal Fesch ; le prince Eugène de Beauharnais, fils adoptif de Napoléon Ier, et enfin la princesse Stéphanie de Beauharnais, nièce de l'Impératrice Joséphine, fille adoptive de l'Empereur, femme du prince Charles-Frédéric-Louis, fils aîné du grand-duc de Bade.

La grande-duchesse Stéphanie de Bade, née à Paris le 28 août 1789, avait épousé le prince Charles le 8 juin 1786. Montée avec son épouse sur le trône grand-ducal de Bade, elle le perdit le 8 décembre 1818. Elle en avait trois filles :

La princesse Louise-Amélie-Stéphanie, née le 5 juin 1811, mariée, le 9 novembre 1830, au prince Gustave de Wasa ;

La princesse Joséphine-Frédérique-Louise, née le 21 octobre 1813, mariée le 21 octobre 1834, au prince Charles de Hohenzollern-Sigmaringen ;

Et la princesse Marie-Amélie-Caroline, née le 11 octobre 1817, mariée, le 23 février 1843, au marquis de Douglas.

On nous saura gré de donner quelques détails sur quelques autres personnages qui, sans appartenir à la famille impériale, touchent à la ligne adoptive : nous voulons parler de mademoiselle Tascher de la Pagerie et de Henri et Louis de Tascher de la Pagerie.

Mademoiselle de Tascher de la Pagerie avait été mariée, par les soins de l'Empereur Napoléon Ier, au prince d'Aremberg. En faisant ce mariage, l'Empereur, qui n'avait point adopté mademoiselle de Tascher, voulut au moins la placer dans une position plus digne de l'union, qu'elle allait contracter, et, pour cet effet, il lui donna le titre de princesse, et lui en conféra le brevet; aussi après l'annulation de son mariage avec le prince d'Aremberg, ne cessa-t-elle pas d'être princesse.

Henri de Tascher était un jeune homme charmant. Lorsque l'Empereur eut donné le trône d'Espagne à son frère Joseph, ce prince le prit pour aide de camp et l'emmena avec lui à Madrid ; là il eut l'occasion de voir mademoiselle Clary, nièce de la reine, et en devint éperdûment amoureux. Le roi Joseph la lui donna en mariage et dota magnifiquement les deux époux avec des propriétés situées en Espagne.

Mademoiselle Clary était, dit un contemporain, une jeune personne extrêmement agréable, jolie, douce, aimable et d'un caractère qui prévenait tout d'abord en sa faveur. M. Henri Tascher était un fort bon militaire qui fit la guerre en brave ; il mourut à Paris d'une maladie occasionnée par les fatigues qu'il avait éprouvées dans les diverses campagnes auxquelles il avait toujours pris une part active. Sa veuve fut réellement inconsolable de sa perte : ce fut au point que l'on craignit pour ses jours ; sans l'existence d'une jolie petite fille, seul enfant qu'elle eût de son mariage, aucun soin n'aurait pu la rattacher à la vie, mais elle était mère et elle vécut.

Peu de temps après son irréparable malheur, elle se rendit à Munich, où le prince Eugène, qui l'aimait beaucoup, l'avait engagée à venir auprès de sa femme.

L'autre frère de mademoiselle Tascher, M. Louis, avait été pendant quelque temps à l'École militaire de Fontainebleau, sous la discipline du bon mais sévère général Belavène. La protection de l'Empereur lui fit faire par la suite un beau et riche mariage ; il épousa la fille de la princesse de la Leyen, nièce et héritière du prince primat. Ce fut sa malheureuse mère qui, dans l'incendie du bal que le prince de Schwartzenberg donna à l'occasion du mariage de l'Empereur avec Marie-Louise, périt victime de son amour maternel.

Deux fils de Louis de Tascher de la Pagerie occupent aujourd'hui un rang distingué dans l'armée française. L'aîné, capitaine d'infanterie de marine, est maréchal de logis du palais impérial. Le cadet, Charles-Robert-Joseph a été nommé, le 10 juillet 1851, capitaine en second au 1er régiment de spahis.

Telle est l'histoire de cette famille dont le premier chef couronné a clos l'ère du droit historique et inauguré l'ère du droit nouveau.

Le successeur et le neveu de Napoléon Ier est appelé à continuer cette même tâche d'affranchissement et de civilisation et, plus heureux que son oncle, il pourra concilier enfin l'autorité et la liberté. Ainsi sera résolu le grand problème des temps modernes.

Le droit nouveau, le droit napoléonien, tel est vraiment le héros de cette histoire que nous avons retracée avec un religieux respect. Ce droit, depuis le jour où il fut affirmé par le suffrage populaire, la France ne l'a pas un instant méconnu, oublié. La chute de l'Empereur, l'éclipse momentanée du soleil impérial ne sont pas du fait de la France : la chute de Napoléon a été la seule grande honte qu'ait subie notre pays. Aussi, dès ce jour, la fortune des Bonaparte a été indissolublement unie à celle de la liberté et de l'honneur de la France.

La restauration populaire du droit napoléonien est aujourd'hui un fait définitif. Les expériences diverses tentées depuis 1815 n'ont servi qu'à constater la mission providentielle de la race nouvelle. La fortune n'a ramené un instant l'ancien droit royal que pour le forcer à légitimer la révolution et pour démontrer son impuissance. Après ce suicide de la tradition monarchique, le dogme de la souveraineté nationale a été deux fois reconnu, mais deux fois confisqué par des intérêts opposés, par des passions diverses.

Tout cela devait, dans les desseins secrets de la Providence, aboutir à cet admirable spectacle d'une nation tout entière proclamant comme son chef, avec une persistance sans exemple, le représentant de cette famille qui incarne pour ainsi dire la révolution elle-même, avec ses grandeurs sans tache et ses libertés régulières.

Historiens de cette famille prédestinée, nous avons accompli la plus grande partie de notre tâche. Nous avons mis en lumière les figures principales et les profils moins connus qui se confondent dans la pénombre impériale. Il nous reste, après avoir tracé la Bibliographie spéciale des Bonaparte, à étudier dans le volume suivant Louis-Napoléon Bonaparte savant, écrivain et politique ; puis nous raconterons dans un dernier volume la vie et les origines de la gracieuse compagne qu'a placée sur son trône l'Empereur Napoléon III.

BIBLIOGRAPHIE

DE LA FAMILLE BONAPARTE

L'APTITUDE singulière de la plupart des membres de la famille Bonaparte à briller à la fois dans la conduite des affaires pratiques de la vie et dans les plus nobles exercices de l'intelligence, n'aura pas échappé à ceux qui auront lu attentivement cette histoire. Écrivains distingués, artistes de premier ordre, savants, les Bonaparte, depuis le premier jour où leur nom apparaît dans l'histoire, donnent, à un plus haut degré encore, l'idée d'une de ces maisons de l'ancienne Rome qui, à travers les siècles, embrassaient toutes les manifestations de la personnalité humaine.

Depuis les Bonaparte d'Italie jusqu'à Louis-Napoléon III Empereur des Français, depuis l'auteur du récit du siége de Rome jusqu'au prisonnier qui jetait dans son cachot de Ham les éléments d'un nouvel ordre social, nous allons passer en revue les œuvres diverses dues à cette race choisie.

Nous indiquerons en même temps quelques-unes des sources les plus importantes, quelques-uns des recueils spéciaux où devra puiser à l'avenir tout historien consciencieux de la famille.

SOURCES GÉNÉALOGIQUES.

D'Hénin.—*Coup d'œil historique et généalogique sur la maison impériale des Comnènes*, Venise, 1789, in-8°. — 8, J, 505, 4, de la Bibliothèque impériale.

Cadastres Florentins : Ier cadastre de l'an 1427, quartier San Spirito Gonfalone Scala, fol. 30, et cadastre de l'an 1400, fol. 7.

De ces cadastres a été extrait l'ordre généalogique légalisé à Florence par la députation impériale déléguée pour les affaires de la noblesse.

Archives de l'ordre religieux et militaire de Saint-Étienne, lettres P. et M. liasse 8, années 1570 et 1571.

Dell' Apprensione d'Abito, livre dans lequel sont rapportés les détails de la prise d'habit du chevalier Fausto Beltrami, fils de Catterina de Bonaparte, 1570, lettre A, fol. 42.

Actes publics de San Miniato.

Recherches historiques sur la Corse, par Robiquet.

Storia di Corsica, par Renucci.

Armorial, manuscrit du XVIe siècle, conservé dans la bibliothèque du comte de Montenegro dans l'île de Majorque. Il a appartenu à Don Juan Dameto, archiviste de Mallorca, mort en 1633 ; il contient les blasons des principales familles de Mallorca.

Il résulterait de cet armorial et de quelques autres nobiliaires majorquins, qu'il aurait existé des Bonaparte d'origine provençale ou languedocienne, transplantés plus tard en Espagne. Les preuves en sont consignées, entre autres, dans un nobiliaire avec armoiries appartenant au savant archiviste de la couronne d'Aragon, et où l'on peut voir, à la date du 15 juin 1549, les titres de noblesse de la famille Fortuny au nombre desquels figure, parmi les quatre quartiers, celui de l'aïeule maternelle qui était de la famille *Bonapart*.

Dans le registre : Indice, Pedro III, tome 2, des archives de la couronne d'Aragon, sont mentionnés deux actes, à la date de 1276, relatifs à des membres de la famille *Bonapar*. Ce nom, d'origine provençale ou languedocienne, en subissant, comme tant d'autres de la même époque, l'altération majorquine, serait devenu *Bonapart.*

En 1411, Hugo Bonapart passa dans l'île de Corse, en qualité de *régent* ou gouverneur, pour le roi Martin d'Aragon. C'est à lui qu'on fait remonter l'origine des Bonaparte. On sait que les membres de cette famille signent indifféremment Bonaparte ou Buonaparte. Ainsi *Bonpar* serait le nom roman, *Buonaparte*, l'italien ancien, et *Bonaparte*, l'italien moderne.

NICCOLO II BONAPARTE.

Niccolo II de San Miniato al Tedesco, qui vécut vers le milieu du XVe siècle, fondateur, à l'université de Pise, de la chaire de jurisprudence. On a de lui :

La Vedova, comédie italienne, représentée à l'université de Pise et jouée plus tard à Florence. Le ton léger et spirituel de cette œuvre dramatique et la pureté du langage la rendent digne d'être citée à la suite des productions du grand siècle florentin.

JACOPO IV BONAPARTE.

Doyen de l'église florentine au commencement du XVIe siècle, prêtre et bénéficier de la cour de Rome, Jacopo Bonaparte a laissé un des livres les plus importants pour l'histoire du XVIe siècle. Il a pour titre :

Tableau historique des événements survenus pendant le sac de Rome en 1527, transcrit du manuscrit original et imprimé pour la première fois à Cologne 1756, avec une *Notice historique sur la famille Bonaparte*, traduit de l'italien par M*** (Hamelin). Paris, Gag. Warée.

Ce compte rendu impartial des événements intérieurs survenus dans Rome pendant le siége de cette ville par le connétable de Bourbon, en 1527, est l'histoire d'un fait dont

les *Mémoires* de Benvenuto-Cellini ne sont que le roman. Jacopo Bonaparte y a retracé en homme d'État les discordes intestines, les négociations secrètes, les progrès de l'action militaire, les hésitations funestes des assiégés, la brutalité des hordes assiégeantes. Le style de ce résumé historique est simple, net, concis, tel, en un mot, qu'on pourrait l'attendre d'un homme pratique et d'un écrivain distingué.

CHARLES-MARIE BONAPARTE.

Le père de Napoléon Ier a écrit pendant sa première jeunesse des poésies légères, des madrigaux pleins d'afféterie qui n'ont jamais été réunis en un seul corps d'ouvrage ; on en retrouverait la trace dans les recueils littéraires du temps. Sans doute Charles-Marie Bonaparte, occupé plus tard de pensées plus graves, ne jugea pas ces essais d'une plume inexpérimentée dignes d'un souvenir sérieux.

NAPOLÉON Ier EMPEREUR.

Qui ne sait que l'Empereur Napoléon a été, en même temps que le plus grand capitaine connu, en même temps que le législateur et l'organisateur par excellence, un de ces écrivains qui laissent une trace profonde dans la littérature d'un peuple? Nul mieux que lui n'a prouvé la vérité du mot académique de Buffon : Le style est l'homme même. Napoléon Ier se coule dans le sien tout entier et d'un seul jet.

Voici ce que disait, le 24 juin 1830, de Napoléon écrivain, un homme qui, lui-même, est l'honneur des lettres françaises, M. Thiers. « Nous ne pouvons plus avoir, dit-il, cette grandeur tout à la fois sublime et naïve qui appartenait à Bossuet et à Pascal, et qui appartenait autant à leur siècle qu'à eux ; nous ne pouvons plus même avoir cette finesse, cette grâce, ce naturel exquis de Voltaire. Les temps sont passés. Mais un style simple, vrai, calculé, un style savant, travaillé, voilà ce qu'il nous est permis de produire. Le style de Laplace dans l'*Exposition du système du monde*, de Napoléon dans ses *Mémoires*, voilà les modèles du langage simple et réfléchi propre à notre âge. » Et il ajoute : « Napoléon est le plus grand homme de son siècle, on en convient ; mais il en est aussi le plus grand écrivain. »

Napoléon, disait récemment M. Alfred de Musset, dans son spirituel discours de réception à l'Académie française, Napoléon, dans sa toute-puissance, effrayait le talent modeste; ce n'était pas sa faute, le temps lui manquait. Au milieu de ses campagnes, lorsqu'il se plaisait (il le dit lui-même), au son des cloches et au bruit du canon, il aimait aussi la littérature, mais il la rudoyait un peu. C'était alors qu'assistant un jour à une tragédie guerrière, il disait, en manière d'éloge : « Il nous faudrait beaucoup d'ouvrages comme celui-là ; c'est une vraie pièce de quartier général. On va mieux à l'ennemi après l'avoir entendue. » Éloge bizarre, qui a sa grandeur !

Et, à ce propos, ne serait-il pas bien temps de venger Napoléon Ier de cette accusation banale qui le représente comme l'ennemi des lettres?

« Si Corneille vivait, je le ferais prince » disait l'Empereur. Un autre grand capitaine, Condé, disait aussi : « Il faudrait à cet homme un parterre de rois. » Ce sont là des hommages qui honorent celui qui les reçoit et celui qui les rend. Pour bien admirer la grandeur, il faut la sentir en soi-même. Aussi voyez combien est misérable l'enthousiasme factice des esprits vulgaires. Si les sans-culottes de Rouen veulent honorer la mémoire de leur illustre compatriote, ils ne trouvent rien de mieux que de choisir une petite nièce de Pierre Corneille pour l'affubler des oripeaux païens de la Déesse Raison.

La grandeur du caractère répond donc, chez Napoléon comme chez tous les autres hommes, de la grandeur de l'intelligence.

Mais d'ailleurs est-ce bien sérieusement qu'on présente comme un ennemi des lumières celui qui fit tant de choses pour le progrès de l'intelligence ? Le fondateur de l'École normale, de l'École des chartes, de l'École centrale des travaux publics, devenue depuis l'Ecole polytechnique ne craignait pas sans doute les victoires de la raison humaine. Qu'on se reporte à cette renaissance, qui suit les ténèbres de la terreur. Un seul homme rappelle en France le génie et le goût qui avaient reculé devant la guillotine, et cet homme c'est Napoléon.

Exista-t-il jamais dans aucun pays un foyer de lumières plus brillant, plus rapidement allumé ? des Lagrange, des Laplace, des Haüy, des Bertholet, des Chaptal, des Fourcroy, un Monge qui revêtait la géométrie transcendante des couleurs de l'imagination la plus riche, un Poisson, exact et sévère, un Vauquelin, un Prony, un Bossut, un Malus, inventeurs qui ont ouvert au XIXe siècle cette voie féconde dans laquelle il n'a cessé de marcher depuis, voilà les hommes illustres que Napoléon avait su grouper, qu'il avait créés, pour ainsi dire.

Et, en même temps, l'Université renaissait sous l'habile direction de M. de Fontanes !

Ce tyran de l'idée, cet ennemi des lettres, n'avait-il pas créé l'Ecole normale, cette illustre pépinière de savants et de professeurs d'où sont sortis, maîtres ou élèves, les Burnouf, les Villemain, les Cousin, les Augustin Thierry, les Patin, les Jouffroy, les Droz, brillant essaim qui eût fécondé la littérature impériale si l'Empire n'avait succombé sous l'effort de l'Europe.

Histoire, lettres, philosophie, tout ce mouvement qui a fait la gloire de la France moderne, toutes ces créations de l'esprit, du génie, de l'érudition patiente qui ont continué à notre pays sa domination intellectuelle sur le monde, tout cela est sorti d'un modeste pavillon du collége Louis-le-Grand, accordé par Napoléon à l'Ecole normale naissante et dans lequel elle a fourni ses destinées les plus brillantes. La France de la restauration a profité de toutes ces gloires de l'esprit, sans se rappeler toujours quelle main avait semé ces riches moissons qu'elle récoltait.

Un jour M. de Fontanes, grand maître de l'Université, craignant d'effaroucher les oreilles de l'Empereur par un mot mal sonnant, affectait de parler de l'*Empire des lettres*.

« Eh! monsieur, lui dit brusquement Napoléon, laissez-nous au moins *la République des lettres !* »

Oui, cela est vrai, Napoléon avait compris à la fois la grandeur et les périls de l'intelligence. Oui, il disait : « On écrit trop. Je voudrais moins de livres et plus de bon sens. » Quelquefois, lorsque l'édifice naissant qu'il construisait de sa main puissante, était attaqué par ceux qu'il nommait idéologues, il s'indignait de voir cet abus de la pensée et il condamnait au silence les imprudents ou les impatients. Mais il ne bannissait pas les lettres : il ne faisait alors que les ajourner.

Le style parlé ou écrit de Napoléon Ier est admirablement calculé pour l'effet et singulièrement insoucieux des délicatesses ciselées de la forme. C'est bien toujours ce style fruste et taillé au vif abrupte et primesautier, à peine dégrossi plus tard par la pratique des hommes et des choses, qui désorientait le vieux professeur de belles-lettres de l'Ecole militaire, le bon Domairon, qui disait : C'est du granit chauffé au volcan.

Le premier exemple saisissable de cette manière puissante est un :

Mémoire couronné par l'Académie de Lyon, sur cette question : « Quels sont les principes et les institutions à inculquer aux hommes pour les rendre le plus heureux possible. »

Ce discours anonyme avait été retrouvé en manuscrit par Talleyrand et jeté au feu par Napoléon lui-même. Mais Louis Bonaparte en avait fait prendre copie, et ce Mémoire, curieux seulement par le nom de l'écrivain, a été publié par le général Gourgaud.

On n'y retrouve guère que les lieux communs de la philosophie du XVIIIe siècle, revêtus d'un style quelquefois original, souvent déclamatoire.

On peut consulter encore pour les essais de la première enfance du héros les :

Fragments tirés du cabinet de M. le comte de Weymar.

Nous en avons cité un, la petite fable, le Chien, le Lapin et le Chasseur, que nous considérons comme apocryphe.

« La poésie, dit quelque part Napoléon, est un goût inné de notre famille. Moi-même, j'ai composé à Brienne un poëme sur la Corse qui valait bien ceux de mon frère le démocrate. »

Ces essais poétiques n'ont laissé aucune trace, pas plus que l'*Histoire de la Corse*, louée par l'abbé Raynal et par Mirabeau, et dont ce dernier, qui s'y connaissait, disait : « Cela promet un écrivain du premier ordre. »

Collection des Bulletins de la grande armée.

Ceci est vraiment l'œuvre capitale de l'homme qui a eu au plus haut degré l'éloquence pratique faite pour agir sur l'esprit du soldat. Jamais capitaine n'en a donné de plus frappants exemples : ils sont dans toutes les bouches et dans toutes les mémoires. Quant au style nerveux, concis de la narration, il peut servir de modèle à tous les historiens militaires. Il est inutile de rappeler que la plupart de ces bulletins ne sont autre chose que des dictées faites sous la tente ou sur les champs de bataille.

Opinions de Napoléon sur divers sujets politiques et d'administration telles qu'il les a prononcées dans le conseil d'État, recueillies par M. le baron Pelet (de la Lozère), député. 1 vol. in-8°.

C'est surtout dans les discussions du conseil d'État que Napoléon révèle toute la hauteur de son génie politique et la profondeur de ses vues administratives. Il n'est presque aucune des grandes questions d'ordre public qu'il n'ait abordée dans ce précieux recueil. On y trouve la pensée du grand organisateur sur l'instruction publique et l'Université, sur la justice, le conseil d'État, etc.; sur les cultes, sur les juifs, les sépultures, la circonscription militaire, les finances et les impôts, la Banque de France, sur les mines, les émigrés, la liberté de la presse, sur les communes, sur les forêts, sur les maisons de jeu. Rien de plus intéressant que de l'entendre lui-même dévoiler ses plus secrètes pensées. Cet ouvrage nous fait connaître Napoléon et son époque mieux que des histoires volumineuses.

Lettres authentiques de Napoléon et de Joséphine, 2 vol. in-8°, Paris, Firmin Didot, avec *fac-simile* de sept lettres autographiées.

Il y a deux cent trente et une lettres de l'Empereur et soixante-sept de l'Impératrice, etc.

Ces lettres sont comme la révélation intime de Napoléon.

Elles montrent comment sentait, comment parlait le général, le consul, l'Empereur, non dans ses discours ou proclamations, mais dans les libres épanchements de ses affections les plus passionnées et les plus tendres. Cette correspondance prouve que le conquérant, le maître du monde, était, dans l'intimité, le plus tendre des époux et le meilleur des hommes.

« *Observations dictées par Sa Majesté le 19 avril 1807, sur le rapport du ministre de l'intérieur, relatif à l'établissement d'une école spéciale de littérature et d'histoire au collége de France.* »

C'est là le premier germe de l'Ecole des chartes.

M. Vallet de Viriville raconte comment la première pensée de cette institution fut conçue par Napoléon Ier.

C'était en 1807, après Eylau, avant Friedland. L'Empereur habitait le château de Finckenstein, près du bourg d'Osterode, et de là il contenait l'Europe et gouvernait la France. Toutes les semaines, ses ministres lui envoyaient de France *le portefeuille*, et l'Empereur consacrait quelques heures de la matinée à résoudre les affaires intérieures, grandes ou petites. Frappé de la décadence littéraire de la France au milieu des inquiétudes politiques, et jaloux d'une gloire qu'il craignait de voir manquer à son règne, Napoléon avait chargé le duc de Cadore, ministre de l'intérieur, de lui proposer des mesures propres à faire refleurir, entre autres, les grands travaux d'érudition si admirablement exécutés autrefois par les bénédictins, si malheureusement interrompus par la révolution française. Sur les notes du duc de Cadore, l'Empereur émit ses propres vues dans une suite de dictées remarquables, annotées de sa propre main et qui se conservent actuellement aux archives du palais Soubise.

L'un de ces fragments, publié à part, est celui dont nous avons donné le titre.

Ajoutons à ces œuvres, personnelles à Napoléon Ier, les ouvrages suivants tous à consulter pour l'histoire de sa vie :

Quelques notions sur les premières années de Bonaparte, par *** (Phélipeaux, à ce qu'on croit).

Le manuscrit de l'île d'Elbe, des Bourbons en 1815, publié par le comte de ***, Londres, 1818, in-8°, 86 pages.

Cet ouvrage est du marquis Charles-Tristan de Montholon-Sémonville, fidèle serviteur de Napoléon, général de brigade sous l'Empire, l'un des quatre exécuteurs testamentaires de Sainte-Hélène.

Mémoires pour servir à l'histoire de France sous Napoléon, 1823, 8 vol. in-8° par le même.

Quant au *Mémorial de Sainte-Hélène* on connaît nos réserves sur ce document, trop souvent contestable. On consultera avec plus de fruit les *Mémoires et dictées* publiés en commun par le marquis de Montholon-Sémonville et par le général Gourgaud.

Derniers moments de Napoléon, par le docteur Antomarchi.

Histoire de la captivité de Sainte-Hélène, par le marquis de Montholon.

Mémoires, par Maitland.

JOSEPH BONAPARTE.

Sources historiques à consulter :

Fastes de la Légion d'honneur, Paris, 1842.

On y trouvera une notice spéciale consacrée à Joseph Bonaparte, par M. Auguste Amic, et composée sur des documents fournis par Joseph lui-même.

Quelques mots sur Joseph-Napoléon Bonaparte, biographie très-courte et très-substantielle écrite par le prince Louis-Napoléon, aujourd'hui Empereur des Français.

Les œuvres du roi Joseph sont les suivantes :

Moïna, ou la villageoise du Mont-Cenis.

Ce petit roman, écrit avec goût, est un des premiers exemples de ces analyses morales, de ces études psychologiques qui donnent un caractère tout nouveau au roman moderne. Sensibilité douce, ton mélancolique, couleurs grises ou voilées sont les qualités et les défauts de ce livre estimable.

Napoléon, poëme en dix chants. Philadelphie 1825 ; Paris, Gardenbas, 1840.

LUCIEN BONAPARTE.

Sources biographiques à consulter :

Appel à la justice des contemporains de feu Lucien Bonaparte, *en réfutation des assertions de M. Thiers dans son Histoire du Consulat et de l'Empire*, brochure publiée par les soins de madame la princesse de Canino, après la mort de son mari.

Mémoires de Lucien Bonaparte.

On y trouvera sur Lucien et sur toute l'histoire contemporaine des révélations pleines d'intérêt. Ces Mémoires sont écrits dans un style pressé, sobre, nourri : on y sent une conviction ardente, inébranlable.

La plus curieuse des révélations personnelles au prince de Canino, est celle qui a trait à cette entrevue de Mantoue, que tant d'historiens, entre autres M. Capefigue, ont si singulièrement défigurée.

C'était en 1807, après la paix de Tilsitt. L'Empereur visitait son royaume d'Italie : il fit demander une entrevue à son frère qui se trouvait alors à Rome et qui était en disgrâce par suite de son mariage avec madame Alexandrine de Bleschamp. Le 13 décembre, les deux frères se revirent pour la première fois depuis quatre ans.

Après qu'ils se furent embrassés, l'Empereur offrit à Lucien le royaume d'Italie. Sans repousser cette ouverture, Lucien répondit qu'en tout cas, s'il acceptait, il exigeait immédiatement l'évacuation des troupes françaises, et qu'il suivrait la politique qui lui semblerait la plus profitable à la nation italienne. C'était, ajoute M. Félix Wouters qui résume les faits de cette entrevue d'après les *Mémoires* et d'après le témoignage exact du prince Pierre-Napoléon Bonaparte, c'était suffisamment dire qu'il régnerait par lui et non sous l'influence de Napoléon ; mais cela n'entrait ni ne pouvait entrer dans les vues de l'Empereur. Celui-ci lui offrit alors le grand-duché de Toscane. Sans donner ni refuser son acceptation, Lucien répondit que, duc de Toscane, il marcherait sur les traces de Léopold, dont le règne paternel fut si cher à ses sujets, et chez lesquels il a laissé de si beaux souvenirs. La réponse était celle d'un noble cœur, d'une âme élevée ; mais, dans la situation que les événements avaient faite à la France, cette réponse était un refus au point de vue de la politique de Napoléon. Du reste, une circonstance toute personnelle s'opposait, pour le moment, à la réconciliation des deux frères, comme à l'acceptation de la haute position qui était offerte à Lucien. L'offre de la Toscane, comme celle de la couronne d'Italie, était soumise à la condition que Lucien divorcerait avec madame Alexandrine de Bleschamp, ce qui était impossible. Lucien répondit à cette demande avec indignation, mais avec beaucoup de calme et de dignité. Napoléon s'emporta ; dans sa colère, il brisa une montre en disant qu'il saurait briser de même les volontés qui s'opposeraient à la sienne ; il alla même jusqu'à menacer Lucien de le faire arrêter ; Lucien répondit à cette menace, toujours avec la même dignité : « Je vous défie de commettre un crime. » Peu d'instants après, sans avoir rien obtenu ni l'un ni l'autre, les deux frères se séparèrent, Lucien pour retourner à Rome, Napoléon pour se rendre à Milan.

Charlemagne, ou l'Église délivrée, poëme épique en vingt-quatre chants, Paris, Firmin Didot, 1815, réimpression d'une première édition publiée en 1814 à Londres.

La Cyrneide, ou la Corse délivrée, poëme en douze chants, Paris, Firmin Didot, 1819.

Nous avons exprimé notre opinion sur ces deux poëmes dans lesquels on trouve quelques beautés étincelantes, mêlées à de froides et monotones tirades. Ce qu'on y trouve de plus remarquable, c'est l'innovation qui, dans le premier, substitue aux alexandrins solennels et compactes la strophe à l'italienne plus vive et moins uniforme. En cela, Lucien a imité les poëtes italiens les plus accrédités et il s'est fondé sur cette observation plus ou moins juste que l'alexandrin convient mieux à la tragédie qui parle, qu'à l'épopée qui chante. Chaque strophe est composée de six vers dont le sixième est de sept syllabes. La strophe commence toujours par une rime correspondante à celle du dernier vers de la strophe qui précède : il y a là une tentative d'introduire dans notre poésie l'assonance familière aux langues méridionales.

En somme, il ne faudrait pas s'exagérer la valeur de ces grandes compositions littéraires. Sans être aussi sévère que Napoléon lui-même, dont nous avons rapporté l'opinion sur cet amas énorme de vers, nous dirons qu'il n'y a là rien de meilleur ou de plus mauvais que dans cent épopées du même genre et de la même époque.

Ode contre les détracteurs d'Homère, composée pour la réception d'Aignan, traducteur de l'*Iliade*. Elle a été lue à l'Institut, le 15 mai 1815.

Lucien a laissé encore quelques productions moins pompeuses, parmi lesquelles nous citerons les suivantes :

La Tribu indienne, Paris, 1793.

Ce petit roman se place par sa date au milieu des œuvres peu littéraires qu'enfanta le Directoire. On y sent les influences mêlées et confuses de Raynal et de Bernardin de Saint-Pierre, de la philosophie nouvelle et du sentiment de la nature compris d'une façon toute humaine. En somme, on ne trouve dans ce petit volume que des déclamations fort innocentes.

La Tribu indienne a été réimprimée en 1814, sans doute par suite d'une spéculation assez honteuse, peut-être même par esprit de haine contre les Bonaparte, sous le titre suivant :

Les Ténédares, traduit de l'anglais de mistress Helm, auteur de la caverne de Sainte-Marguerite.

LA PRINCESSE DE CANINO.

La noble et digne épouse de Lucien a, elle aussi, consacré les loisirs de l'exil à la culture des belles-lettres. C'est dans la paisible retraite où Lucien alignait des vers et suivait avec intérêt des études archéologiques, que la princesse de Canino écrivit un poëme qui l'a placée à un rang honorable parmi les poëtes.

Batilde ou la Reine des Francs, poëme en douze chants, 1846.

Ce poëme, publié dix-huit ans après, a pour héroïne la sainte recluse du monastère de Chelles. On y voit, dans des vers bien frappés, ce mouvement providentiel qui entraîne vers la religion du Christ ces barbares qui seront bientôt une grande nation : on y voit la religion naissante forcée à cacher ses mystères dans l'ombre de la nuit, dans les retraites sauvages de forêts inaccessibles; puis bientôt les temples désolés, les monastères souillés se rouvrent et la main du

prêtre chrétien bénit ses bourreaux éclairés par la lumière divine.

Lyre nocturne d'OEdipa, poëme de courte haleine.

Chants français, collection de ballades, romances, complaintes, dans le style troubadour. On ne saurait demander à un poëte, fût-ce même à une femme, d'échapper au mauvais goût de son temps.

Le Sphinx, livre fort curieux et très-supérieur à tous les autres ouvrages de la princesse ; il s'y révèle une originalité véritable.

CHARLES DE CANINO.

Ornithologie américaine, écrit en langue anglaise, Philadelphie, 1825.

Ce beau travail, commencé par le prince lorsqu'il n'avait encore que vingt et un ans, et dont les seconds et troisièmes volumes ont paru en 1828, et le dernier en 1833, a valu à Charles de Canino les suffrages des premiers naturalistes de l'Europe. C'est la continuation du grand ouvrage de Wilson sur les oiseaux de l'Amérique du Nord. Le prince s'est associé dans ce travail la princesse Zénaïde sa femme.

Iconographie de la faune italienne.

Cet ouvrage, qui a assuré au prince sa place dans les Académies les plus illustres de l'Europe, est accompagné de plusieurs traités remarquables sur la zoologie, les vertébrés, l'anatomie comparée, etc.

Observations sur la seconde édition du règne animal de Cuvier, Paris, 1830.

Observations sur l'état actuel de la zoologie en Europe, Paris, 1832.

On trouvera, en outre, dans une foule de recueils scientifiques et dans les Mémoires de l'Académie des sciences de nombreux articles du prince sur les oiseaux, sur les vertébrés, sur l'anatomie et sur l'histoire naturelle en général.

ZÉNAIDE DE CANINO.

La spirituelle épouse du prince Charles de Canino a laissé une :

Traduction des œuvres complètes de Schiller.

Cette traduction élégante est conçue dans l'esprit d'interprétation moderne, qui rend en même temps la pensée et les mots, l'attitude générale du style et la poésie du sentiment.

LOUIS DE CANINO.

Le frère cadet de Charles de Canino est considéré comme le premier chimiste de l'Italie. Il a déjà publié :

Exposition d'une nomenclature exprimant le rapport atomique, en italien, Florence, 1839, et réimprimée à Pérouse, avec des observations par le professeur Purgotti. Ce Mémoire a été lu au congrès scientifique de Pise ; la nomenclature proposée par le prince a été adoptée par un grand nombre de professeurs italiens ;

Sur la préparation des bromures et des iodures insolubles, également en italien ; Mémoire lu au congrès de Pise en 1839, et qui a été reproduit par plusieurs recueils scientifiques, entre autres par les *Annali medico-chirurgici*, qui se publient à Rome ;

Différents *Mémoires* sur le *Cerium*, le *Lanthane* et le *Didymium*, qui ont été lus aux congrès scientifiques de Florence et de Lucques ;

Note sur la séparation du *Cerium* d'avec le *Didymium*, moyennant l'acide valérianique, qui a été envoyée par l'auteur à l'Institut de France, et qui se trouve reproduite dans les comptes rendus de l'Académie ;

Note sur le *Lactate de quinine*, également envoyée à l'Institut ;

Différents *Mémoires* sur de nouveaux sels de quinine, tels que *formiate*, *picrate*, etc. ;

Mémoire sur l'acide valérianique, et sur plusieurs nouveaux *valérianates*, notamment sur ceux de *quinine* et de *zinc*, proposés aux médecins, ainsi que différents autres nouveaux médicaments, d'après certaines considérations chimico-thérapeutiques propres à l'auteur, développées à l'occasion des congrès scientifiques italiens. Ce Mémoire, qui a fait révolution dans la science, a été inséré dans le journal de Chimie médicale de Rome. Un second Mémoire du prince Louis sur le même sujet a été publié, en italien, dans la *Gazetta delle scienze medico-fisiche* de Florence ;

Mémoire sur la préparation de la mannite en très-beaux

cristaux, qui a été inséré dans les actes du congrès scientifique de Lucques ;

Recherches chimiques sur le venin de la vipère, en italien, Mémoire très estimé qui a été inséré dans la *Gazette scientifique de Florence ;*

Vocabularium-Comparativumomnium linguarum Europœarum, première livraison, Florence, 1847.

JEANNE ONORATI HONORATI.

Cette jeune et charmante princesse, fille de Lucien, femme du marquis Onorati Honorati, mourut à Jési, près d'Ancône, d'un refroidissement gagné à la sortie d'un bal. La princesse Jeanne était née à Rome, le 21 juillet 1807 ; elle est morte à vingt-deux ans laissant une fille, Clélie, aujourd'hui marquise Honorati.

Sa mère, la princesse de Canino, a rassemblé dans un petit volume les œuvres poétiques de cette fille charmante et les a publiées sous ce titre :

Ispirazioni d'affecto de una giovane Musa, Sinigaglia, 1847.

On trouve dans ces poésies de jeune fille un reflet de la belle âme qui les inspira.

LOUIS BONAPARTE.

Documents historiques et réflexions sur le gouvernement de la Hollande, Paris, Aillaud, 1820 ; 3 vol. in-8°.

Ces Mémoires éclairent singulièrement l'histoire de France et l'histoire de l'Europe pendant la période comprise entre 1806 et 1810. C'est un compte rendu fait à la nation que le roi Louis avait été appelé à gouverner. Une loyauté parfaite et l'esprit le plus libéral y brillent du plus vif éclat et ces hautes qualités historiques sont encore relevées par la modestie de celui qui raconte sa vie politique. Nous avons dit ailleurs que, dans son testament, Napoléon a traité ce curieux ouvrage de « libelle plein d'assertions fausses et de pièces falsifiées. » C'est là un jugement passionné qui révèle une de ces idées fixes, une de ces rancunes vivaces qui, chez l'Empereur, s'attachaient toujours aux résistances les plus loyales. Le jugement de Sainte-Hélène est, au reste, infirmé par ce seul fait que Napoléon n'avait pas même lu l'écrit de son frère.

Réfutation de l'histoire de Napoléon par Walter-Scott.

Ici est vraiment le libelle et la plume du roi Louis, bien loin de l'écrire, s'est chargée de le noter d'infamie. L'illustre romancier anglais, poussé par une haine absurde et aussi par une honteuse vénalité, n'avait pas craint de ternir sa gloire en s'associant aux calomnies dont le gouvernement de la Restauration poursuivait le héros tombé : le comte de Saint-Leu, devançant l'histoire, a noblement vengé la mémoire du martyr qu'un Anglais eût dû être le dernier à insulter. Mais, chez les Anglais à cette époque, le génie fut trop souvent incompatible avec la grandeur du caractère et Byron devait donner aussi l'exemple d'un esprit distingué s'acharnant sur le cadavre d'un vaincu.

Marie, ou les peines de l'amour, réimprimé sous cet autre titre :

Marie, ou les Hollandaises, Paris, Arth. Bertrand, 1814.

Ce petit roman écrit à Graetz, en Styrie, pendant les loisirs que laissait à Louis son abdication récente, résume toute la délicatesse et toute la douceur mélancolique de son âme. Cette corde plaintive fait le mérite d'une autre œuvre littéraire, ses :

Odes, Vienne, 1813.

Nous en avons cité dans la biographie spéciale du roi de Hollande des fragments vraiment remarquables.

Mémoires sur la versification française et essais divers.

Le roi Louis y poursuit, lui aussi, la réforme de la versification française. Il voudrait introduire dans notre poésie le rhythme des Grecs ou des Latins qui convient si peu au génie de notre langue. La rime lui semble être un héritage des barbares et il voudrait emprunter aux littératures méridionales l'accent et l'assonance.

LOUIS-NAPOLÉON BONAPARTE, EMPEREUR DES FRANÇAIS.

Nous consacrerons un volume tout entier aux œuvres du fils du roi Louis, du neveu de Napoléon Ier. Mais nous voulons ici donner un aperçu rapide de ces travaux littéraires, historiques et scientifiques qui eussent suffi à assurer à leur auteur une place distinguée, si son génie ne l'avait porté au trône de France.

Une première observation nous frappe en ouvrant ces œuvres : c'est le caractère singulièrement complet de l'esprit qui les a dictées. Parle-t-il des choses de la science, il est net, exact, rigoureux, logique : écrit-il l'histoire d'une époque, il a des aperçus lumineux qui révèlent l'homme d'État ; laisse-t-il aller son âme aux tristes rêveries, il est poëte.

Écoutez, par exemple, cette élégie de l'exilé :

« O vous que le bonheur a rendus égoïstes, qui n'avez jamais souffert les tourments de l'exil, vous croyez que c'est une peine légère que de priver les hommes de leur patrie ! Or, sachez-le, l'exil est un martyre continuel, c'est la mort ; mais non la mort glorieuse et brillante de ceux qui succombent pour la patrie, non la mort plus douce de ceux dont la vie s'éteint au milieu du foyer domestique, mais une mort de consomption, lente et hideuse, qui vous mine sourdement et vous conduit sans bruit et sans effort à un tombeau désert.

» Dans l'exil l'air qui vous entoure vous étouffe et vous ne vivez que du souffle affaibli, qui vient des rives lointaines de la terre natale.

» Etranger à vos compatriotes qui vous ont oublié, sans cesse étranger parmi ceux avec lesquels vous vivez, vous êtes comme une plante transportée dans un climat lointain qui végète faute d'un coin de terre où elle puisse prendre racine.

» L'exilé peut trouver sur la terre étrangère des âmes généreuses, des caractères élevés qui s'efforceront d'être pour lui prévenants et affables, mais l'amitié, cette harmonie des cœurs, il ne la rencontre nulle part, car elle ne repose que sur une communauté de sentiments et d'intérêts ; les prévenances même dont il est l'objet perdront beaucoup de leurs charmes à ses yeux, parce qu'elles auront toutes le cachet d'un service rendu. Être à l'égard d'un exilé comme envers tout le monde, n'est-ce pas un acte de courage ?

» Exilé, vrai paria des sociétés modernes, si tu ne veux pas avoir le cœur brisé à chaque instant, il faut, comme le dit Horace, que tu t'enveloppes dans ta vertu et que, la poitrine couverte d'un triple airain, tu sois inaccessible aux émotions qui t'assailliront à chaque pas que tu feras dans la vie.

» Ne te laisse jamais aller à un épanchement de cœur, à des entraînements sympathiques qui tendraient à te rappeler au souvenir de tes compatriotes; ils viendraient, l'injure à la bouche, te demander de quel droit toi, exilé, tu oses venir exprimer une opinion sur les affaires de ton pays; de quel droit tu oses pleurer ou te réjouir avec tes concitoyens ! si tu rencontres sur la terre étrangère un des tiens, c'est-à-dire un de ces hommes dont tous les antécédents se rattachent à ta famille, et avec lequel tu as passé les premières années de ton enfance, arrête l'élan qui te pousse vers lui; ne lui tends pas la main car tu le verrais fuir avec précipitation... et il n'a pas tort, car ton contact semble porter la contagion; ton baiser est comme le souffle du désert qui dessèche tout ce qu'il touche. Si l'on savait qu'il t'a parlé, on le priverait du pain qui fait vivre ses enfants! C'est un crime aux yeux des grands du jour que d'être lié avec un exilé.

» Vois-tu dans le lointain ce drapeau aux couleurs si belles? Entends-tu retentir ces chants guerriers? Malheureux, ne cours pas rejoindre tes frères : fais-toi attacher comme Ulysse au mât du vaisseau; car si tu allais partager leurs dangers, ils te diraient : « Nous n'avons que faire de ton sang!...»

» Si une calamité publique afflige tes concitoyens, si l'on reçoit, pour soulager l'infortune, l'offrande du riche comme celle du pauvre, n'envoie pas le fruit de tes épargnes, car on te dirait : « Nous n'avons que faire de l'obole de l'exilé.»

» Prends garde à chaque pas que tu fais, à chaque mot que tu prononces, à chaque soupir qui s'échappe de ta poitrine car il y a des gens payés pour dénaturer tes actions, pour défigurer tes paroles, pour donner un sens à tes soupirs!

» Si l'on te calomnie, ne réponds pas; si l'on t'offense, garde le silence, car les organes de la publicité sont fermés pour toi, ils n'accueillent pas les réclamations des hommes qui sont bannis; l'exilé doit être calomnié sans répondre, il doit souffrir sans se plaindre ; la justice n'existe pas pour lui.

» Heureux ceux dont la vie s'écoule au milieu de leurs concitoyens, et qui après avoir servi leur patrie avec gloire, meurent à côté du berceau qui les a vus naître ! Mais malheur à ceux qui, ballottés par les flots de la fortune, sont condamnés à mener une vie errante, sans attraits, sans charme et sans but, et qui, après avoir été de trop partout, mourront sur la terre étrangère sans qu'aucun ami vienne pleurer sur leur tombe ! »

A ces aspirations mélancoliques, à ces touchantes et poétiques tristesses, opposez les lumineuses et précises expositions de la science spéciale qui se rencontrent dans les ouvrages théoriques de Louis-Napoléon.

Ouvrez par exemple le

Précis historique sur l'arme de l'artillerie, Paris, Pagnerre, 1849.

Vous y trouverez l'érudition la plus complète, l'esprit d'application le plus positif. Ce petit ouvrage commence par la dédicace suivante :

« Je dédie cet ouvrage aux officiers des diverses écoles d'application de France ; je le dédie aussi aux officiers suisses de l'école d'application de Thoun, comme souvenir du temps que nous avons passé ensemble pendant mon exil.

» L'artillerie est l'âme d'une armée, et l'armée c'est le garant de l'indépendance de la patrie, le soutien de son honneur, la garde du feu sacré. Dans l'état incomplet de la société actuelle, puisque c'est encore la force des armes qui décide du sort des nations, il faut être soldat avant d'être citoyen ; et plus est grand le trésor de la liberté amassé par un peuple, plus il doit surveiller avec persévérance l'emploi des forces qui en assurent la possession.

» Puisse mon ouvrage être apprécié de ceux auxquels je le destine ! puissent les hommes de l'art le regarder avec bienveillance ! puisse-t-il enfin prouver à quelques vieux compagnons d'armes de l'Empereur, que les neveux du capitaine d'artillerie de Toulon n'ont pas dégénéré !

» Louis-Napoléon BONAPARTE,

» Fils de l'ex-roi de Hollande. »

Dans un premier chapitre, l'auteur expose d'abord très-clairement quelles étaient avant l'invention de la poudre les conditions générales de la poliorcétique du moyen âge. L'attaque des places répondait aux conditions même de la guerre, avec ses luttes corps à corps, ses piques lancées contre l'ennemi, avec la terrible framée du Gaulois, la lance du guerrier Sarrazin, les éléphants chargés de tours de l'Asiatique. L'Europe était alors couverte de châteaux qui empruntaient leur force et leur sûreté, soit de leur situation naturelle, soit de leur construction. Les moyens d'attaque consistaient principalement dans l'escalade de vive force à l'aide d'échelles ; dans les efforts mécaniques tentés à main d'homme pour ruiner les murs qui servaient d'abri aux assiégés, et enfin dans la mine qui permettait d'incendier en sous-œuvre les ouvrages de l'ennemi, ou de pénétrer au

cœur de la place. Ces définitions, comme on le voit, conviendraient presque identiquement à l'art actuel de la guerre. Mais la grande différence gît dans les détails, détails tellement importants que leur changement a renouvelé la face de la science militaire. Or, c'est dans l'étude éclairée et dans l'explication de ces différences que consiste le véritable mérite de ce traité.

Les machines de jet employées au moyen âge, dit l'illustre auteur, dans l'attaque comme dans la défense des places, n'étaient plus celles des Romains, et c'est bien à tort que la plupart des auteurs modernes leur donnent sans cesse les noms de balistes et de catapultes ou d'artillerie névro-balistique; car la baliste, la catapulte et le scorpion des Romains avaient pour moteur la force de torsion des câbles de nerfs, tandis que les machines du moyen âge étaient des trébuchets ou bien des arbalètes à tours.

L'auteur entre ensuite, pour justifier cette thèse, dans des observations étendues au sujet de ces deux instruments, et rend compte des expériences tentées en 1850, à Vincennes, par ses ordres et sous la direction de M. le capitaine Favé, pour vérifier la puissance du trébuchet. Il conclut ensuite en signalant l'interprétation erronée que l'on trouve chez nos historiens modernes tels que MM. Capefigue, Michaud et Poujoulat, Guizot, et qui plus est, dans une pareille matière, le général Bardin, auteur du *Dictionnaire de l'armée de terre*, lesquels ayant à rendre, d'après les textes du XIIe au XIVe siècle, les mots *balista*, *baslistarii*, les ont traduits par baliste et balistaires; tandis qu'il ne s'agissait pas de ces lourdes machines romaines, mais bien d'arbalètes et d'arbalétriers.

Louis-Napoléon Bonaparte ne s'est pas, comme on le sait, contenté de faire la théorie de l'arme de l'artillerie : il s'est encore appliqué, et avec un succès incontestable, à donner à cette arme terrible des ressources nouvelles. Nous étudierons, dans le volume spécial consacré aux œuvres de l'Empereur, les modifications qu'il propose d'introduire dans le système des bouches à feu : nous ne voulons ici que donner un spécimen curieux de ses talents d'ingénieur en racontant l'histoire peu connue d'une expérience faite, sous sa direction, lorsqu'il était président de la république.

Dans son traité spécial, Louis-Napoléon avait expliqué le mécanisme mal compris de ces puissantes machines de jet qui, au moyen âge, servaient à lancer des pierres énormes et d'autres projectiles. Il chargea le capitaine d'artillerie Favé d'établir, d'après ses dessins, une machine semblable.

On a employé dans les siéges, au moyen âge, deux sortes de machines de projection, les grosses arbalètes de divers mécanismes, lançant leurs traits horizontalement, comme le font nos canons, et les machines qui lançaient des pierres ou d'autres projectiles sous des angles élevés, comme nos mortiers. Les machines à tir courbe se composaient d'une flèche tournant autour d'un axe horizontal soutenu sur deux supports; à l'un des bouts de la flèche était suspendu un contrepoids; à l'autre était attachée une fronde par laquelle était lancé le projectile. Le jeu de cette fronde est la partie essentielle de la machine, celle qui, jusqu'à présent, n'avait pas été comprise : le président de la république en avait retrouvé la disposition et le mécanisme. Un des bouts de la fronde est fixé à un anneau placé près du bout de la flèche dont l'extrémité se prolonge par un crochet légèrement courbé; l'autre bout de la fronde forme une boucle qui entre dans ce crochet. Cette partie de la flèche étant en bas, la fronde est placée horizontalement dans un auget, le projectile est mis dans la poche de la fronde, dont la boucle entre dans le crochet qui termine la flèche.

Le contre-poids se trouve alors en haut et la flèche est maintenue dans cette position par un déclic; si on le fait ouvrir, le contre-poids tombe et la flèche tourne autour de son axe, entraînant la fronde : en vertu de la force centrifuge exercée par le projectile, la direction de la fronde se rapproche de celle de la flèche; à un certain moment, la boucle glisse sur le crochet et la fronde s'échappe, laissant le projectile continuer librement sa trajectoire pour aller tomber du côté d'où il est parti. Le projectile a fait alors une révolution complète autour de la machine. La portée et même la direction dépendent du moment où le projectile e t laissé libre : il faut, pour que la machine produise tout son effet utile, qu'à cet instant le projectile ait acquis son maximum de vitesse, et qu'il s'échappe sous un angle voisin de quarante-cinq degrés. Pour que l'angle de départ soit favorable, il faut un certain rapport entre les longueurs des deux parties de la flèche séparées par l'axe, la longueur de la fronde, le contre-poids, la courbure du crochet et le poids du projectile. Une longue expérience de ces machines avait sans doute transmis aux *engineurs* du moyen âge, la tradition de ces divers éléments, mais elle n'est pas parvenue jusqu'à nous. Le prince avait trouvé dans un ouvrage de Marino Sanuto, écrivain du XIVe siècle, que pour une flèche de 30 pieds, il fallait en prendre 5 d'un côté et 25 de l'autre. On est parti de ces données, et pour la machine à construire l'on a adopté 10m,30 pour longueur de la flèche, afin d'avoir 0m,30 au delà du point de suspension du contre-poids. Ce contre-poids a été composé de deux parties, l'une fixée invariablement à la flèche par des frettes en fer, l'autre contenue dans une caisse suspendue à un axe traversant la flèche. Le crochet de l'autre extrémité, destiné à recevoir la boucle de la fronde, a été disposé de manière qu'on pût varier son inclinaison.

Les détails de la construction présentèrent des difficultés qu'il serait trop long de rapporter ; on dira seulement qu'on se rapprocha le plus possible des dispositions représentées dans le dessin fourni par le prince.

La machine fut d'abord montée dans le chantier de l'entrepreneur de charpente pour s'assurer qu'elle serait en état de fonctionner. On reconnut bientôt qu'un seul câble ne pouvait suffire pour abaisser la flèche, et qu'il en fallait deux, le premier agissant par l'intermédiaire d'une poulie de renvoi placée à une dizaine de mètres en arrière de la machine, le second s'enroulant directement sur le treuil pour remplacer le premier, lorsque celui-ci ne pouvait plus servir à abaisser la flèche. On avait à craindre que le mouvement des câbles nécessaires pour élever le contre-poids et abaisser la flèche ne brisât quelque partie de la machine : on trouva heureusement le moyen de s'en débarrasser en les passant en arrière de l'axe de suspension, avant de lâcher le déclic et de faire jouer la machine. Le chantier n'était pas assez grand pour qu'on hasardât de lancer un projectile, et l'on dut faire partir la machine à vide; mais alors, le mouvement de la flèche fut si violent qu'elle alla choquer plusieurs fois successivement la caisse du contre-poids; cette caisse se retourna, et des poids en tombèrent, mais sans causer un grand dommage. On rembourra les bords de la caisse et l'on fixa mieux, dedans, les contre-poids. On vit, du reste, par les expériences suivantes, que la machine a d'autant moins à souffrir, qu'elle lance un poids plus lourd, elle ne se fatigue jamais tant qu'en jouant à vide.

La machine, paraissant en état de fonctionner, fut transportée et montée dans le polygone de Vincennes. On n'avait aucun renseignement certain sur la longueur à donner à la fronde; on se décida, d'après l'avis du prince et quelques essais faits en petit, à adopter la longueur de 5 mètres comptés de l'un des bouts au fond de la poche. On mit dans la fronde une bombe de 32 centimètres, et on fit partir la machine : la bombe fut lancée en arrière, à 70 mètres environ. La même chose arriva pour une bombe de 27 centimètres. On recommença les jours suivants en augmentant l'inclinaison du crochet pour retarder le départ du projectile qui retomba encore en arrière, mais moins loin. On avait placé au bout libre de la fronde un anneau en fer qu'on introduisait dans le crochet afin de ne pas user la corde; on supprima cet anneau et on mit dans le crochet la boucle de la corde :

alors le projectile fut lancé en avant. Ainsi, une différence dans le frottement de la boucle de la fronde sur le crochet fait varier le départ assez pour que le projectile aille dans la direction opposée à celle qu'il doit avoir. On a eu occasion d'observer depuis, que, lorsque la corde est mouillée, cette circonstance suffit pour modifier l'angle de départ du projectile.

Un accident survint pendant la manœuvre. La flèche, qui était en sapin, ayant été brisée, fut remplacée par une flèche en chêne, et on rendit plus facile et plus sûre l'opération nécessaire pour passer le second câble en remplacement du premier, sur le treuil en abaissant la flèche.

Le contre-poids fut porté de 3,000 à 4,500 kilogrammes, savoir : 1,500 kilogrammes en lingots de plomb, fixés invariablement à la flèche, et 3,000 kilogrammes dans la caisse suspendue à un arbre en fer passé dans la flèche. Dans les expériences qui suivirent, on lança un boulet de 24 à la distance de 175 mètres, une bombe de 22 centimètres remplie de terre à 145 mètres, et les bombes de 27 et 32 centimètres remplies de terre à 120 mètres. Les montants en charpente qui portaient l'axe de la flèche manquaient un peu de force, et les arcs-boutants n'étaient pas assez inclinés ; l'ébranlement de la machine après le départ du projectile faisant craindre pour sa solidité, et on n'osa pas augmenter le contre-poids pour le porter à 8,000 kilogrammes, comme le prince l'avait demandé.

Ce grand ébranlement éprouvé par la machine, à chaque coup, empêcha de répéter les expériences assez pour arriver au maximum d'effet; mais on put reconnaître 1° que l'ébranlement de la machine diminuait quand le tir se rapprochait de la verticale ; 2° que le projectile échappait d'autant plus promptement, toutes choses égales d'ailleurs, à la fronde, qu'il était plus lourd ; 3° qu'en augmentant la longueur de la fronde, on retardait au contraire le départ qui avait lieu sous un angle moins élevé. La rectitude du tir de cette machine était remarquable, elle n'eut jamais 3 mètres de déviation latérale.

Ces machines n'ont pas servi seulement à lancer des pierres, on les a employées à projeter des marmites rondes, percées de trous, remplies de feu grégeois, des tonneaux remplis de compositions incendiaires, ou de matières putréfiées, des morceaux de fer rougis au feu ; enfin, on a lancé, par leur moyen, des quartiers de chevaux morts et même des hommes vivants. Lorsque la machine devait lancer des projectiles incendiaires, on mettait à la fronde une poche en fer, afin qu'elle ne fût pas brûlée.

Ainsi faisaient les Sarrasins, qui, en Egypte, combattaient contre saint Louis, d'après le récit de Joinville : « Ung soir advint que les Turcs amenèrent un engin qu'ilz appeloient la perrière, un terrible engin à mal faire... par lequel engin il nous gettoient le feu grégeois à planté, qui estoit la plus orrible chose que onques jamés je veisse. » Froissart rapporte, dans sa relation d'un siége d'Auberoche, que les assiégeants ayant pris un varlet envoyé par les assiégés au comte Derby pour lui demander des secours « lui pendirent les lettres au cou, et le mirent tout en un mont en la fonde d'un engin et puis le renvoyèrent dedans Auberoche. Le varlet chéi tout mort devant les chevaliers qui là estoient, et qui furent moult ébahis et déconfortés. »

Tous les différents effets rapportés par les chroniqueurs sont actuellements si faciles à comprendre et même à reproduire, qu'il a paru inutile de faire pour cela des expériences spéciales. Le mode d'action de la machine explique ses différents emplois.

On a fait usage de ces machines en Asie et en Afrique, comme en Europe, pendant plusieurs siècles, mais leurs noms ont varié avec les pays, les époques et les détails de construction. En occident, elles ont été appelées *trébuchet*, *tripantum*, *biffa*, *pierrier*, *mangonneau*, *bricole*, *bible*, etc. Giles Colonne, précepteur de Philippe le Bel, les divise en quatre classes :

Celles dont le contre-poids est fixé à la flèche ;

Celles dont le contre-poids est mobile autour d'un axe ;

Celles qui ont un contre-poids fixe et un autre mobile (le trébuchet de Vincennes est dans ce cas);

Celles qui ne sont pas mues par un contre-poids, mais tirées à bras au moyen de cordes.

La machine de cette dernière sorte lançait plus promptement des pierres moins grosses, et elle portait plus particulièrement le nom de mangonneau (*mangonellum*).

Les résultats obtenus avec le trébuchet qui a été établi dans le polygone de Vincennes sont comparables aux effets produits pendant le moyen âge, dans la plupart des siéges; ils sont cependant inférieurs à ceux qui sont indiqués par les chroniqueurs dans quelques circonstances particulières, où l'on a lancé des projectiles énormes; mais il n'y a nul doute qu'en s'exerçant à cette sorte de construction, et en y employant des bois de très-forte dimension, on parviendrait à réaliser des effets très-puissants.

Le trébuchet est une machine si différente de tout ce qui est en usage actuellement, que les personnes qui le voient tout monté et prêt à lancer, ne savent pas dire de quel côté ira le projectile; sa construction présentait donc une question d'archéologie intéressante par elle-même, et qui avait en outre une véritable importance, car il était impossible d'arriver à comprendre les siéges du moyen âge sans connaître les machines de jet dont se servaient l'attaque et la défense.

Le Précis historique sur l'arme de l'artillerie n'est au reste que la préface d'un livre important, d'un grand travail, dont le premier volume a déjà paru. Les idées du prince ont été exposées sous une forme spéciale à l'usage de l'arme dans un

Manuel d'artillerie à l'usage des officiers d'artillerie de la

République helvétique, 1 vol. orné de trente-neuf planches, Zurich, 1836.

Il faut ajouter aux œuvres militaires de l'Empereur Napoléon III, les *Considérations politiques et militaires sur la Suisse*, Paris, Levavasseur, 1833.

Projet de loi sur le recrutement de l'armée, 1 vol. in-24, Ham, 23 août 1841.

Le grand ouvrage que nous avons dit devoir résumer les travaux spéciaux de Louis-Napoléon sur l'arme de l'artillerie et dont il n'a paru qu'un volume in-4° orné de planches gravées, Paris, Dumaine, 1848, a pour titre :

Études sur le passé et l'avenir de l'artillerie.

Il renferme des vues tout à fait nouvelles sur l'influence de l'artillerie dans les guerres modernes.

Fragments historiques, ou comparaison des révolutions de 1688 et de 1830. Brochure in-8° écrite à Ham, Paris, administration de la librairie, 1841.

Ce remarquable ouvrage est précédé des considérations suivantes :

« En livrant à la publicité cet extrait de mes études historiques, j'obéis au désir de repousser d'injustes attaques par le simple exposé de mes convictions et de mes pensées.

» Je n'ignore pas que le silence convient au malheur ; il est inutile au vaincu de refaire à la fortune le procès qu'il a subi de la part des hommes ; cependant, lorsque les vainqueurs ont abusé de leur victoire au point de s'en venger comme d'une défaite, appelant à leur aide la calomnie et le mensonge, ces armes de la faiblesse et de la peur, la résistance devient un devoir et se taire serait une lâcheté.

» Loin de moi l'idée de recommencer une polémique où les passions luttent toujours avec plus de succès que la raison; il me suffit, pour venger mon honneur, de prouver que si je me suis embarqué audacieusement sur une mer orageuse, ce n'est pas sans avoir d'avance médité profondément sur les causes et les effets des révolutions, sur les écueils de la réussite comme sur les gouffres du naufrage.

» Pendant qu'à Paris on déifie les restes mortels de l'Empereur, moi, son neveu, je suis enterré vivant dans une étroite enceinte; mais je me ris de l'inconséquence des hommes, et je remercie le ciel de m'avoir donné comme un refuge, après tant d'épreuves cruelles, une prison sur le sol français. Soutenu par une foi ardente et une conscience pure, je m'enveloppe dans mon malheur avec résignation, et je me console du présent en voyant l'avenir de mes ennemis écrit en caractères ineffaçables dans l'histoire de tous les peuples.

» Citadelle de Ham, le 18 mai 1841.

» LOUIS-NAPOLÉON BONAPARTE. »

Les Fragments historiques reposent sur cette grande vue d'une comparaison entre les révolutions des deux peuples.

L'Angleterre, dit Louis-Napoléon, en 1649, a été ébranlée par une grande révolution; la tête d'un roi a roulé sur l'échafaud, la république fut proclamée, elle dura onze ans.

En 1660, le fils du roi décapité fut ramené en triomphe dans Londres.

Charles II régna un quart de siècle ; mais il laissa (1685) à son frère un pouvoir chancelant, que Jacques II ne put conserver que trois années.

Enfin, en 1688, une nouvelle révolution vint s'établir comme médiatrice entre tous les partis qui, depuis quarante-huit ans, divisaient l'Angleterre.

En France aussi, nous avons eu une révolution qui a renversé l'ancien régime ; un échafaud, une république, un empire, une restauration et une nouvelle révolution ; mais l'année 1830, à l'instar de l'année 1688, sera-t-elle envisagée, par les générations futures, comme le commencement d'une nouvelle ère de gloire et de liberté ? Telle est la question qui nous intéresse tous.

Il nous serait facile, dit le prince, de rejeter de prime abord la comparaison des événements qui eurent lieu dans les deux pays, et de montrer qu'il n'y a que les squelettes de ces deux histoires qui se ressemblent. Il nous serait facile de prouver qu'à l'origine des deux premières révolutions la société anglaise était bien différente de la société française. Il nous serait facile de prouver que l'Empire, monument impérissable de gloire civile et militaire, ne ressemble en rien au pouvoir sanglant et fanatique de Cromwell, et qu'enfin la restauration des Bourbons diffère, sous beaucoup de rapports, de la restauration des Stuart. Mais, à l'exemple de tant d'écrivains recommandables, nous passerons sur toutes ces dissemblances, et nous admettrons un moment la similitude des deux dernières époques, afin de juger si les causes qui ont consolidé la révolution de 1688 consolideront aussi la révolution de 1830.

La vie des peuples se compose de drames complets et d'actes isolés. Lorsqu'on embrasse dans leur ensemble les événements du drame, on découvre la raison de tous les faits, le lien de toutes les idées, la cause de tous les changements; mais si l'on ne considère que les actes partiels, ces grandes convulsions sociales n'apparaissent plus que comme l'effet du hasard et de l'inconséquence humaine.

En rapprochant les périodes détachées de l'histoire de la Grande-Bretagne, sans envisager leur rapport philosophique, on voit le peuple anglais adorer le pouvoir absolu d'Élisabeth et renverser le pouvoir moins arbitraire de Charles Ier. On le voit se révolter contre ce prince pour la levée illégale de quelques impôts, et se laisser ensuite taxer et gouverner, sans contrôle et sans droit, par le Long-Parlement de Cromwell. On le voit enfin, de son libre arbitre, venir abjurer la révolution aux pieds de Charles II, pour plus tard maudire son règne et renverser son frère.

Que de contradictions cet aperçu superficiel des faits ne semble-t-il pas contenir! Et cependant, si nous embrassons d'un coup d'œil tout le drame historique qui commença au XVIe siècle, et dont le dénoûment n'eut lieu qu'à la fin du XVIIe, nous verrons que la nation anglaise a toujours voulu la même chose, et qu'elle ne s'est reposée qu'après avoir atteint le terme de ses désirs, le but de ses volontés.

Depuis le XVIe siècle, les Anglais cherchaient à obtenir :

Premièrement, et avant tout, l'affermissement de leur réforme religieuse, qui représentait chez eux tous les intérêts nationaux.

Secondement, la prépondérance de leur marine, et par conséquent l'accroissement de leur influence sur le continent.

Troisièmement, l'entier usage de leurs libertés.

Élisabeth assura le triomphe de la cause du protestantisme, elle augmenta la gloire nationale. Sa mémoire fut bénie.

La république et Cromwell cachèrent, à l'abri de la dignité nationale, leurs vues despotiques et exclusives. Ils passèrent.

Les Stuart froissèrent également les trois grandes volontés de la majorité anglaise. Ils tombèrent.

Guillaume III seul assura à la fois la religion, la gloire et les libertés de son pays. Il consolida son ouvrage.

Ainsi donc, ce n'est pas le hasard qui règle les destinées des nations, ce n'est pas un accident imprévu qui renverse ou qui maintient les trônes ; il y a une cause générale qui règle les événements et les fait dépendre logiquement les uns des autres.

Un gouvernement peut souvent violer impunément la légalité et même la liberté ; mais, s'il ne se met pas franchement à la tête des grands intérêts de la civilisation, il n'a qu'une durée éphémère, et cette simple raison philosophique, qui est la cause de sa mort, est appelée *fatalité*, lorsqu'on ne veut pas s'en rendre compte.

Attribuer à des événements secondaires la chute des empires, c'est prendre pour la cause du péril ce qui n'a servi qu'à le déclarer.

Il a fallu à l'Angleterre près d'un siècle de lutte de la société contre les mauvaises passions du pouvoir, et du pouvoir contre les mauvaises passions de la société, pour bâtir cet immense *édifice anglais* que nous avons haï, que nous avons cherché à renverser, mais qu'il nous est impossible de ne pas admirer.

La cause nationale eut des obstacles opposés à surmonter, parce qu'elle se divisa dès qu'elle ne fut plus conduite par cet esprit élevé qui animait Élisabeth, et elle fut tantôt trahie par la tyrannie, qui est l'erreur du vice, tantôt égarée par le fanatisme, qui est l'erreur de la vertu.

C'est que, dans tous les pays, les besoins et les griefs du peuple se formulent en idées, en principes, et forment les partis.

Ces associations d'individus qui naissent d'un mouvement commun, mais d'esprits différents, ont chacune leurs défauts et leurs passions, comme elles ont aussi chacune leur vérité. Pressées d'agir par la fermentation sociale, elles se heurtent, se détruisent réciproquement, jusqu'à ce que la vérité nationale, se formant de toutes ces vérités partielles, se soit élevée, d'un commun accord, au-dessus des passions politiques.

Pour consolider cette cause, il faut au pouvoir un représentant qui n'ait d'autres intérêts que les siens.

Pour l'Angleterre, sans aucun doute, avec ses antécédents et son organisation, la révolution de 1688 a été, à la fin du XVIIe siècle, l'expression sincère de cette vérité nationale, et Guillaume III son véritable représentant. La preuve, c'est que cette révolution a donné, jusqu'à nos jours, à l'Angleterre, cent cinquante-trois années de prospérité, de grandeur et de liberté.

La révolution de juillet, ajoutait le prisonnier de Ham, donnera-t-elle à la France les mêmes avantages? A l'avenir à résoudre cette question. Quant à nous, sans vouloir percer les secrets de la Providence, contentons-nous d'examiner les causes et les effets de ces grands drames politiques, et de chercher dans l'histoire du passé quelques consolations à nos maux, quelque espoir pour notre patrie.

Et l'auteur continue ainsi, comparant ingénieusement l'établissement nouveau de Guillaume III et l'établissement tombé des Stuart; ici un gouvernement qui ne cherche qu'à se soutenir par tous les moyens possibles, qui abandonne ses instruments et s'abandonne lui-même, entraînant le pays tout entier dans une révolution formidable, cédant à l'opinion publique sans la calmer, ou ne sachant pas lui céder en temps utile, signalant son administration intérieure par des procès politiques, par des traités honteux; là, un gouvernement nouveau, sorti de l'acclamation populaire, repoussant toute solidarité avec les règnes précédents, chef et cause de sa propre révolution, pouvant, sans attaquer la liberté, renouveler la gloire, employant le plus fort des instruments politiques, la franchise, et satisfaisant à toutes les exigences d'une époque nouvelle.

Qui ne reconnaîtrait, sous l'étude de temps historiques déjà ensevelis dans le passé, une singulière perception du présent et de l'avenir. Le règne immoral de Louis-Philippe, avec ses transactions honteuses, avec sa politique de compression à l'intérieur et d'humilité au dehors, n'est-il pas comme le retour providentiel de cette monarchie anglaise qui s'abîme dans sa faiblesse et succombe sous le mépris.

Le règne populaire de Guillaume III n'est-il pas au contraire, comme l'annonce de cette révolution merveilleuse qui devait plus tard, en France, placer sur le pavois populaire un nouveau Guillaume III.

Quelle remarquable intelligence des conditions du pouvoir populaire dans le futur auteur du coup d'État, dans le futur vainqueur de la démagogie française ! Écoutez-le faire du haut de son droit et de son bon sens politique la théorie des révolutions :

« En général, les révolutions conduites et exécutées par un chef tournent entièrement au profit des masses ; car, pour réussir, le chef est obligé d'abonder entièrement dans le sens national; et, pour se maintenir, il doit rester fidèle aux intérêts qui l'ont fait triompher ; tandis, qu'au contraire, les révolutions faites par les masses ne profitent souvent qu'aux chefs, parce que le peuple croit le lendemain de sa victoire son ouvrage achevé, et qu'il est dans son essence de se reposer longtemps de tous les efforts qu'il a fallu pour vaincre. »

Le corollaire théorique de ces études, c'est la partie des œuvres de Louis-Napoléon Bonaparte qui touche à la politique pure. Ici, se dégage le système dont nous avons établi les bases au commencement de cet ouvrage ; il prend sa source dans la politique même du chef de la dynastie. Le premier ouvrage qui montre comme l'ébauche de cette politique nouvelle a pour titre :

Rêveries politiques. Brochure publiée en mai 1832.

Il y a dans ce petit ouvrage un projet de constitution pour la France, dans lequel on peut saisir les premiers germes d'une pensée qui pourra se développer, mais qui ne variera jamais. « Je voudrais, y dit l'auteur, un gouvernement qui procurât tous les avantages de la république, sans entraîner les mêmes inconvénients ; un gouvernement qui fût fort sans despotisme, libre sans anarchie, indépendant sans conquêtes. » La solution que le prince trouvait à ce problème était celle-ci : « Le peuple ayant la souveraineté réelle et organisée comme source élective, comme constrôle et comme rectification de tous les pouvoirs ; deux chambres composant le pouvoir législatif, la première élue, mais l'une exigeant certaines conditions de services rendus ou l'expérience acquise de la part des éligibles.

Les *Rêveries politiques* sont l'abstraction politique : Les *Considérations politiques et militaires* sur la Suisse sont une application plus directe, plus pratique de la politique impériale. L'illustre auteur y touche accidentellement la forme de gouvernement à donner à la France.

« Il est impossible, dit-il, de reconnaître un système bon pour tous les peuples ; et vouloir étendre indistinctement à tous les mêmes institutions, est une idée fausse et malheureuse. Chaque nation a ses mœurs, ses habitudes, sa langue, sa religion ; chacune a son caractère particulier, un intérêt différent qui dépend de sa position géographique ou de sa statistique. S'il y a des maximes bonnes pour tous les peuples, il n'y a pas de système bon pour tous..... Suivant les besoins du moment, les hommes tournent leurs regards ou vers le passé ou vers l'exemple d'un peuple étranger. S'ils se bornaient à n'imiter chez leurs voisins que les institutions qui peuvent leur convenir, ils ne suivraient en cela que les lois de la sagesse ; mais, trop souvent, quand on copie, on adopte jusqu'aux défauts. En 1815, en France, on ne rêvait que le gouvernement anglais ; aujourd'hui, on ne rêve que le gouvernement américain. Nous ne sommes pas Anglais, parce que depuis 89 nous n'avons plus d'aristocratie, parce que nous ne sommes pas entourés d'une mer qui à elle seule protége notre indépendance, parce que nous n'avons ni les mêmes mœurs, ni le même climat, ni le même caractère, ni les mêmes qualités, ni les mêmes défauts, ni par conséquent les mêmes besoins. Nous ne sommes pas non plus Américains, parce que nous sommes trente-deux millions d'hommes sur vingt mille lieues carrées, tandis que les États-Unis d'Amérique n'en ont que dix millions sur deux cent quatre-vingt mille lieues carrées; parce que l'Amérique est un pays neuf, où les terres à exploiter sont immenses, et où toutes les facultés se portent vers le commerce et l'agriculture; parce qu'elle n'a ni ces partis acharnés qui, oubliant qu'ils sont fils d'une même patrie, se haïssent mortellement et ébranlent sans cesse le gouvernement pour le remplacer par un autre plus en rapport avec leurs opinions et leurs intérêts; parce qu'enfin les États-Unis n'ont pas autour d'eux des voisins inquiets et redoutables qui hérissent de baïonnettes leurs frontières, dès que le mot liberté a retenti à leurs oreilles. »

Ce sont là des aperçus politiques qui devancent de vingt ans au moins les doctrines étroites du républicanisme anglo-américain.

Le système définitif que nous voyons si hautement et si énergiquement appliqué aujourd'hui, est tout entier dans deux ouvrages de premier ordre que nous aurons à étudier spécialement dans le volume suivant.

Des idées napoléoniennes, 1 volume. Paris, Paulin, 1839.

L'*Idée napoléonienne*, brochure qui devait paraître mensuellement, et dont le premier numéro seulement parut en juil-

A ces deux ouvrages, il faut ajouter de remarquables articles inscrits dans le :

Capitole, journal fondé à Paris par le prince Louis-Napoléon Bonaparte en 1839 et qui était destiné à faire connaître à la France les opinions et les vues politiques de l'héritier de l'Empereur.

Analyse de la question des sucres, brochure in-18. Paris, Administration de la librairie, 1852.

C'est ici le premier ouvrage que le prisonnier de Ham a publié sur des questions spécialement économiques. On sait quelle fut, à partir de la seconde partie du règne de Louis-Philippe, l'importance donnée par un certain groupe d'esprits distingués, aux questions qui concernent l'organisation industrielle des peuples, les rapports internationaux, la sociabilité en général. C'est alors qu'apparaissaient de tous côtés, avec plus d'ingéniosité peut-être que de profondeur, ces systèmes confus dans lesquels l'esprit nouveau cherchait plutôt à refondre et à réorganiser le monde moderne qu'à le réformer. Époque singulière, où bouillonnaient les intelligences, où les doctrines de Saint-Simon coudoyaient le fouriérisme, où l'économie politique, à peine encore sortie des théories de Turgot ou de Say, préludait à l'enfantement d'une doctrine destinée à fonder le nouvel ordre social.

Louis-Napoléon Bonaparte prit, du premier élan, une place remarquable parmi ces esprits féconds qui voyaient au-dessus de la politique inaugurée par le gouvernement de juillet. La question des encouragements à donner à la production du sucre indigène renfermait, pour un esprit aussi élevé, l'avenir de nos colonies, et aussi et surtout, la constitution même de l'industrie nationale. Tour à tour chimiste, praticien, économiste, le prince traite dans tous ses détails cette question importante qu'affermaient alors les journaux les plus honnêtes dans un but de spéculation servile. Il s'y dégage de l'intérêt momentané, pour s'élever à l'intérêt général, immuable. La conclusion, on le comprend, est dans une conciliation intelligente de l'industrie indigène et de l'industrie coloniale, dans le sens de la liberté, de l'organisation et de la moralisation du travail.

A ces travaux si rares à cette époque, et qui précédaient de plusieurs années les aperçus timides des plus hardis novateurs d'aujourd'hui, se rapporte un petit ouvrage qui renferme plus d'idées que de mots.

Extinction du paupérisme. Brochure in-24. Paris, Pagnerre, 1834.

Détruire la pauvreté, ce fut là le problème sublime que, longtemps avant les Louis Blanc, les Vidal, les Proudhon, les Cabet, les Considérant, se posait, sur le trône impérial, le soldat couronné, qu'il poursuivait encore sur le rocher de Sainte-Hélène. Ce noble héritage, le futur empereur de 1852, l'avait déjà revendiqué en 1844. Accueilli, à cette époque, par l'estime de quelques rares penseurs, par le mépris insultant des prétendus hommes politiques, il cherche avec ardeur à procurer aux classes souffrantes l'aisance, le bien-être, les avantages de la civilisation jusqu'alors attribués seulement aux classes privilégiées. C'est du fond du cachot de Ham qu'il écrit ces lignes immortelles dans lesquelles est toute une promesse d'avenir :

« Il est naturel de songer, dans le malheur, à ceux qui souffrent. »

Ah! soyez-en sûr, il y songera encore, lorsque, d'un coup de sa main puissante, le Dieu qui fonde et renverse les empires, l'aura rendu l'arbitre des destinées de la grande nation.

Dans ce livre curieux, auquel il serait difficile aujourd'hui d'assigner sa date véritable, l'illustre auteur pose ces principes d'une élévation incontestable :

La richesse d'un pays dépend de la prospérité de l'agriculture et de l'industrie, du développement du commerce intérieur et extérieur, de la juste et équitable répartition des revenus publics.

Il n'y a pas un seul de ces éléments divers du bien-être matériel qui ne soit miné en France par un vice organique;

tous les esprits indépendants le reconnaissent. Ils diffèrent seulement sur les remèdes à apporter.

Et il les passe en revue l'un après l'autre.

L'agriculture. Elle est menacée par l'extrême division des propriétés, et cependant le remède ne doit pas être cherché dans le rétablissement du droit d'aînesse, vieux débris des temps féodaux.

L'industrie. Elle n'est ni réglée, ni organisée : elle va au hasard et sans but. C'est une machine qui fonctionne sans régulateur ; peu lui importe la force motrice qu'elle emploie. Broyant également dans ses rouages les hommes comme la matière, elle dépeuple les campagnes, agglomère la population dans des espaces sans air, affaiblit l'esprit comme le corps, et jette ensuite sur le pavé, quand elle n'en sait plus que faire, les hommes qui ont sacrifié pour l'enrichir leur force, leur jeunesse, leur existence. Véritable Saturne du travail, l'industrie dévore ses enfants et ne vit que de leur mort.

Et cependant, se demande l'écrivain, faut-il, sous prétexte de la guérir, la courber sous un joug de fer, lui ôter cette liberté qui est comme le sang de ses veines. Non, il faut guérir ses blessures, mais sans l'entraver.

Le Commerce. A l'intérieur il souffre, parce que l'industrie produisant trop, en comparaison de la faible rétribution qu'elle donne au travail, et l'agriculture ne produisant pas assez, la nation se trouve composée de producteurs qui ne peuvent pas vendre, et de consommateurs affamés qui ne peuvent pas acheter. A l'extérieur, Louis-Napoléon pose ce principe que la quantité de marchandises qu'un pays exporte est toujours en raison directe du nombre de boulets qu'il peut envoyer à ses ennemis, quand son honneur et sa dignité le commandent.

L'impôt. La France, pays très-imposé, serait incomparablement plus riche, si la fortune publique y était répartie d'une manière plus équitable.

Ecoutez cette théorie profonde de l'impôt, tel que l'entendait le prince.

Le prélèvement de l'impôt peut se comparer à l'action du soleil qui absorbe les vapeurs de la terre, pour les répartir ensuite, à l'état de pluie, sur tous les lieux qui ont besoin d'eau pour être fécondés et pour produire. Lorsque cette restitution s'opère régulièrement, la fertilité s'ensuit; mais lorsque le Ciel, dans sa colère, déverse partiellement, en orages, en trombes et en tempêtes, les vapeurs absorbées, les germes de production sont détruits, et il en résulte la stérilité, car il donne aux uns beaucoup trop, et aux autres pas assez. Cependant, quelle qu'ait été l'action bienfaisante ou malfaisante de l'atmosphère, c'est presque toujours, au bout de l'année, la même quantité d'eau qui a été prise et rendue. La répartition seule fait donc la différence. Equitable et régulière, elle crée l'abondance; prodigue et partiale, elle amène la disette.

Il en est de même des effets d'une bonne ou mauvaise administration. Si les sommes prélevées chaque année sur la généralité des habitants sont employées à des usages improductifs, comme à créer des places inutiles, à élever des monuments stériles, à entretenir au milieu d'une paix profonde une armée plus dispendieuse que celle qui vainquit à Austerlitz, l'impôt, dans ce cas, devient un fardeau écrasant ; il épuise le pays, il prend sans rendre; mais si, au contraire, ces ressources sont employées à créer de nouveaux éléments de production, à rétablir l'équilibre des richesses, à détruire la misère en activant et organisant le travail, à guérir enfin les maux que notre civilisation entraîne avec elle, alors certainement, l'impôt devient pour les citoyens *le meilleur des placements*.

C'est donc dans le budget qu'il faut trouver le premier point d'appui de tout système qui a pour but le soulagement de la classe ouvrière. Le chercher ailleurs est une chimère.

Caisses d'épargne. Constituer un superflu pour ceux qui ont à peine le nécessaire, étendre à tous le bienfait de la propriété par l'économie, c'est là un problème nouveau que les caisses d'épargne ont résolu en partie. Mais le système moderne est encore insuffisant. Mettre quelque chose de côté lorsqu'on n'a pas de quoi vivre, n'est pas en effet une chose possible. Il fallait donc trouver dans l'organisation du travail et des ressources acquises, un mode de constitution de la richesse populaire. Nous ne voulons pas dire que l'auteur l'ait trouvé, qu'il ait toujours louvoyé heureusement entre ces deux écueils redoutables, l'organisation et la liberté. Mais nous prouverons surabondamment que, prédécesseur de M. Louis Blanc et des économistes démocratiques, Louis-Napoléon Bonaparte a touché le but de plus près qu'eux.

Instruction, éducation, colonisation, toutes ces nécessités sociales sont étudiées avec un rare bonheur dans les œuvres du prince.

Mais ce n'est pas seulement dans des traités spéciaux qu'il a élucidé ces questions fondamentales. Il l'a fait encore dans des brochures, dans des articles nombreux insérés dans le *Progrès du Pas-de-Calais*. Nous recommandons entre autres un article intéressant sur *la traite des nègres ;* un article dans lequel l'illustre captif flétrit la politique abrutissante de Louis-Philippe, en attaquant par des allusions transparentes le système de Jacques II. Cet article a pour titre : *L'union fait la force ; enseignement historique* ; un article sur : *Nos colonies dans l'Océan Pacifique*, à propos du nouvel établissement fondé dans les îles Marquises ; un article très-remarquable sur les *Améliorations à introduire dans nos mœurs et nos habitudes parlementaires*.

Vieille histoire toujours nouvelle, *les Spécialités*, *les Nobles*, ces articles divers renferment, sous la forme légère et superficielle du journal, des solutions aux questions fondamentales de la société moderne.

Ajoutons enfin à cette longue liste une monographie écrite avec le cœur et que nous avons déjà eu l'occasion de citer. Elle a pour titre :

Quelques mots sur Joseph-Napoléon Bonaparte. Ham, 1844.

Ces quelques pages ont paru dans la *Revue de l'Empire*, fondée par M. Temblaire.

Réponse du prince Napoléon-Louis à M. de Lamartine. Brochure in-24. Ham, 23 août 1844.

Canal of Nicaragua, or a project to connect the Atlantic and Pacific Oceans by means of a canal. London, Mills and son, 1846.

Ce dernier écrit, dans lequel est savamment traitée la question de la jonction des deux Océans, donne une remarquable solution d'un problème destiné peut-être à changer la face du monde.

LA REINE HORTENSE.

Le souvenir devenu populaire des chansons de la reine Hortense, est peu fait pour donner une idée juste du talent de la mère de l'Empereur Napoléon III. Le succès de ces compositions légères est tout entier dans la composition musicale et dans le sentiment qui les inspire. Déjà, nous avons rappelé des chants patriotiques qui réveillèrent, en 1815, l'esprit de résistance à l'invasion étrangère. On n'aura pas oublié celui-ci, par exemple :

Entends le cri de tous les cœurs,
Il faut défendre la patrie.

D'autres chansons, composées dans l'esprit chevaleresque du commencement du XIXe siècle, sont restées dans toutes les mémoires, celle-ci entre autres :

Reposez-vous, bon chevalier.

Et surtout la célèbre romance qu'on nomme particulièrement la romance de la reine Hortense, et dont voici les paroles :

Partant pour la Syrie,
Le jeune et beau Dunois
Allait prier Marie
De bénir ses exploits.
Faites, reine immortelle,
Lui dit-il en partant,
Que j'aime la plus belle
Et sois le plus vaillant. (Bis.)

On lui doit la victoire.
Eh! bien, dit son seigneur,
Puisque tu fais ma gloire,
Je ferai ton bonheur.
De ma fille Isabelle,
Sois l'époux à l'instant;
Car elle est la plus belle
Et toi le plus vaillant. (Bis.)

A l'autel de Marie
Ils contractent tous deux

Cette union chérie
Qui seule rend heureux.
Chacun à la chapelle
Disait en les voyant :
Amour à la plus belle,
Honneur au plus vaillant. (Bis.)

On le voit, il n'y a rien dans cette inspiration qui l'emporte sur les compositions du style troubadour et suranné des Baour-

Lormian et des Fontanes. Mais comment Hortense eût-elle échappé au faux goût qui domine Châteaubriand lui-même à ses débuts, et par lequel la littérature française préludait à des essais plus sérieux d'une manière nouvelle.

C'est dans les lettres, c'est dans les *Mémoires* de la reine Hortense qu'il faut chercher la meilleure partie de son âme et de son intelligence. Là on retrouve la mère sublime, la femme avec toutes ses délicatesses, avec toute son élévation.

Lisez, par exemple, le :

Testament de la reine Hortense et lettres à son fils,

Insérés dans le tome 3e des Œuvres complètes du prince Louis-Napoléon Bonaparte. On y remarquera, avec le prince lui-même, « la force d'âme et la sublime résignation d'une femme qui, en proie aux plus vives douleurs, les oublie la veille d'une opération qui peut lui être fatale, pour ne penser qu'à son fils, à ses amis et à sa patrie. »

La lettre renferme les adieux que la pauvre mère envoyait à son fils au delà de l'Océan et cette bénédiction qu'il put recevoir lui-même à son lit de mort. Nous l'avons citée textuellement.

PAULINE BONAPARTE.

On a d'elle les *Lettres à Stanislas Fréron*, dont nous avons donné quelques extraits, et qu'on trouvera dans l'excellent ouvrage du baron de Coston.

JOSÉPHINE.

On trouvera, à l'article qui concerne Napoléon Ier, l'indication des *Lettres* de Joséphine. Nous les avons appréciées et citées plus d'une fois.

FANNY DE BEAUHARNAIS.

La comtesse Fanny de Beauharnais dont Ecouchard Lebrun disait assez méchamment :

> La belle Eglé, dit-on, a deux petits travers ;
> Elle fait son visage et ne fait pas ses vers,

et à qui Demoustier adressait ce vers précieux :

> L'encre sied mal aux doigts de rose,

a laissé quelques essais poétiques d'une valeur assez contestable dans lesquels on retrouve la sentimentalité fausse et le naturalisme affecté de l'école de Jean-Jacques Rousseau :

> Sauvages, soyez nos modèles :
> Le sentiment guide vos pas ;
> A sa loi vous êtes fidèles,
> Que n'habité-je vos climats !

Ce jargon à la mode était déjà, à la fin du XVIIIe siècle, l'objet d'une réaction de bon sens. On trouve, par exemple, dans un vieux prix des concours de Toulouse cette tirade qui semble être à l'adresse des sauvages et des bergers de la comtesse Fanny :

> Ils n'ont ni ruban ni houlette,
> Des fleurs n'ornent point leur chapeau ;
> Et, pour rassembler leur troupeau,

Un cornet leur sert de musette.
Mais nos Pierrots et nos Toinons
Valent, dans leur grotesque allure,
Les Philis et les Corydons ;
Ils sont vrais comme la nature
Et simples comme leurs moutons.

FIN DU QUATRIÈME VOLUME.

TABLE DES MATIÈRES

FIN DE LA TABLE.

LE LIVRE D'OR

DE LA

FAMILLE BONAPARTE

POISSY. — TYPOGRAPHIE ARBIEU.

LE

LIVRE D'OR

DE LA

FAMILLE BONAPARTE

ÉTUDES HISTORIQUES

BIOGRAPHIES ET PORTRAITS NAPOLÉONIENS

PUBLIÉS

D'APRÈS DES DOCUMENTS AUTHENTIQUES ET DES NOTES PARTICULIÈRES

RECUEILLIES ET MISES EN ORDRE AVEC LE PLUS GRAND SOIN

PAR

PAR UNE SOCIÉTÉ DE PUBLICISTES ET DE LITTÉRATEURS

TOME QUATRIÈME

A. C.

PARIS

LIBRAIRIE A. COURCIER, ÉDITEUR

RUE HAUTEFEUILLE, 9

www.ingramcontent.com/pod-product-compliance
Lightning Source LLC
Chambersburg PA
CBHW072006270326
41928CB00009B/1556
* 9 7 8 2 0 1 2 6 8 7 3 6 3 *